우리는 디지털튜터다

디지털 교육 현장의
전문가들이 전하는 성공 실전 가이드

한국디지털튜터협회

우리는 디지털튜터다

디지털 교육 현장의 전문가들이 전하는 성공 실전 가이드

ⓒ한국디지털튜터협회, 2025
초판 1쇄 인쇄 2025년 1월 24일
초판 1쇄 발행 2025년 1월 24일

공저자   한국디지털튜터협회 김혜란외 99인
펴낸곳   재노북스
펴낸이   이시은
편 집   임지수
디자인   윤서아 임지수

ISBN   979-11-93297-61-2 (13320)
정가   28,900원

출판등록   2022년 4월 6일 (제2022-000006호)

서울시 금천구 가산디지털1로 205-27, 에이원 705호
팩 스 ㅣ 050-4095-0245
이메일 ㅣ dasolthebest@naver.com
원고접수 ㅣ 이메일 혹은 재노북스 카카오톡채널

당신의 경험이 재능이 되는 곳
당신의 노력이 노하우가 되는 곳
책으로 당신의 성장을 돕습니다.

작가님의 참신한 아이디어나 원고를 기다립니다.
접수한 원고는 검토 후 연락드리겠습니다.

재노북스

우리는 디지털튜터다

디지털 교육 현장의 전문가들이 전하는 성공 실전 가이드
당신의 지식을 수익으로 만드는 가장 확실한 방법

한국디지털튜터협회

추천사

"디지털 대전환 시대, 우리에게 진정으로 필요한 것은 기술 그 자체가 아닌 기술을 인간답게 활용하는 방법입니다. 이 책은 바로 그 해답을 제시합니다. 디지털 튜터들이 들려주는 생생한 현장 이야기와 실전 노하우는 디지털 교육의 새로운 패러다임을 보여줍니다. 특히 세대 간 격차 해소를 위한 다양한 교수법과 커리큘럼 설계 방법은 매우 실용적입니다. 4차 산업혁명 시대의 교육자들이 반드시 읽어야 할 필독서라고 생각합니다. AI 시대를 맞아 더욱 중요해진 디지털 리터러시 교육의 방향성을 제시하는 이정표와 같은 책입니다. 특히 100명의 현장 전문가들이 전하는 생생한 경험담은 이 책의 가치를 한층 높여줍니다. 무엇보다 디지털 교육이 지향해야 할 인간 중심의 가치를 잘 담아낸 점이 인상적입니다."

윤서아 코치, 국제미디어예술협회장

"기업의 디지털 전환에서 가장 큰 과제는 구성원들의 디지털 역량 강화입니다. 이 책은 그 해결책을 제시합니다. 특히 1부의 실전 가이드는 디지털 교육 프로그램을 기획하고 운영하는데 있어 완벽한 로드맵을 제공합니다. 개인과 조직의 디지털 전환을 고민하는 모든 기업 교육 담당자들에게 이 책을 강력히 추천합니다. 디지털 시대의 인재 육성을 위한 실질적인 해답을 찾으실 수 있을 것입니다. 기업의 디지털 전환은 이제 선택이 아닌 필수가 되었으며, 이 책은 그 과정에서 발생하는 실질적인 문제들에 대한 해결방안을 제시합니다. 현장에서 직접 검증된 교육 방법론과 사례들은 기업 교육 담당자들에게 큰 도움이 될 것입니다. 특히 임직원 교육을 위한 체계적인 커리큘럼 설계 방법은 매우 실용적입니다."

이동호, 글로벌이비즈니스 연구소장

"고령화 시대, 노인 세대의 디지털 소외는 심각한 사회문제입니다. 이 책은 시니어 디지털 교육의 새로운 지평을 열어줍니다. 특히 2부에서 소개된 시니어 대상 교육 사례들은 실제 현장에서 바로 적용할 수 있는 귀중한 자료입니다. 시니어 교육을 담당하는 모든 교육자들에게 이 책은 훌륭한 길잡이가 될 것입니다. 디지털 포용이라는 시대적 과제에 대한 명쾌한 해답을 제시하고 있습니다. 특히 인상적인 것은 시니어들의 눈높이에 맞춘 단계별 학습 방법론입니다. 디지털 기기에 대한 두려움을 넘어 자신감을 키워주는 심리적 접근법도 돋보입니다. 시니어 교육현장에서 실제 겪을 수 있는 다양한 상황별 해결방안도 상세히 다루고 있습니다."

이은호, 원비즈 연구소 대표

"평생교육의 핵심은 변화하는 시대에 맞춘 실용적인 지식 전달입니다. 이 책은 그런 면에서 완벽한 교재입니다. 디지털 튜터들의 실전 경험과 노하우가 체계적으로 정리되어 있어, 교육 현장에서 즉시 활용할 수 있습니다. 특히 다양한 연령대와 배경을 가진 학습자들을 위한 맞춤형 교육 방법론은 매우 유용합니다. 평

추천사

생교육 분야에서 활동하는 모든 교육자들에게 필수적인 지침서가 될 것입니다. 디지털 교육의 최신 트렌드와 미래 방향성을 제시하는 점도 인상적입니다. 교육자와 학습자 모두의 관점에서 균형 잡힌 시각을 제공합니다. 무엇보다 평생학습 시대에 걸맞은 지속가능한 교육 모델을 제시하고 있습니다."

정원훈, 텐스페이스 이사

"경력단절 여성들의 새로운 도전, 그 중심에 디지털 튜터가 있습니다. 이 책은 전직을 꿈꾸는 여성들에게 구체적인 길을 제시합니다. 실제 경력단절 여성들이 디지털 튜터로 성공한 사례부터 실전 노하우까지, 필요한 모든 정보가 담겨있습니다. 새로운 직업을 찾는 여성들에게 이 책은 훌륭한 나침반이 될 것입니다. 더 나은 내일을 꿈꾸는 모든 여성들에게 강력히 추천합니다. 특히 육아와 교육을 병행하는 여성들을 위한 시간 관리 노하우가 실용적입니다. 전문성 개발부터 네트워크 구축까지 체계적인 경력 개발 방법을 제시합니다. 여성의 경제적 자립과 사회 참여를 위한 구체적인 청사진을 보여줍니다."

서성미, 한국미디어창업뉴스 수석기자

"디지털 전환은 이제 소상공인들의 생존과 직결된 과제가 되었습니다. 이 책은 현장에서 실제 적용 가능한 디지털 혁신 방법론을 제시합니다. 특히 소상공인의 디지털 역량 강화를 위한 단계별 교육 프로그램과 성공 사례는 매우 인상적입니다. SNS 마케팅, 온라인 판매, 디지털 결제 시스템 등 실무에 필요한 교육 노하우가 체계적으로 정리되어 있어, 소상공인 교육을 담당하는 모든 분들에게 실질적인 도움이 될 것입니다. 디지털 시대, 소상공인의 경쟁력 강화를 위한 명확한 해답을 제시하는 책입니다. AI와 빅데이터를 활용한 소상공인 맞춤형 디지털 전략도 눈여겨볼 만합니다. 특히 지역 상권별 특성을 고려한 맞춤형 교육 방법론이 돋보입니다. 디지털 전환의 성공 사례와 실패 사례를 통한 실질적인 교훈도 제공합니다."

김진수, AI콘텐츠융합연구 연구소장

목 차

추천사   4
프롤로그   12

1부 디지털 튜터의 실전 가이드

PART 1
디지털 튜터의 성장과 자기계발

1. 김혜란_디지털튜터의 성장 로드맵   16
2. 이주원_디지털 튜터의 성장 로드맵: 새벽 기상에서 디지털 혁신까지   18
3. 김윤아_디지털 시대, 블록 코딩으로 시작하는 새로운 세상!   20
4. 박정효_디지털튜터의 독서활용법   22
5. 홍현정_디지털튜터 스트레스를 넘어서는 지혜   25
6. 김영신_디지털튜터의 첫걸음, 자격증 취득부터   27
7. 김경화_디지털튜터의 건강 관리법   29
8. 손주혁_우리가 함께 만드는 안전한 온라인 세상   31

PART 2
강의 콘텐츠 제작의 기술

1. 나미순_성공적인 강의 커리큘럼 설계하기   38
2. 이재숙_수업 목표 설정하기   39
3. 김이희_수강생의 눈을 사로잡는 강의 제목 만들기   41
4. 정보경_마인드맵으로 강의 교안 만들기   43
5. 김나애_AI로 PPT 메인컬러와 서브컬러 쉽게 정하는 방법 5단계   46
6. 조은진_저작권 무료 이미지 사이트 모음   51
7. 이애경_디지털 교육을 위한 Google 문서도구   53
8. 서정주_Google 설문지 만들기   56
9. 최유진_쉽게 사용할 수 있는 노션기능과 사용법   58
10. 강지연_헤이젠으로 말하는 AI 아바타 만들기   62

목 차

1부 디지털 튜터의 실전 가이드

PART 2
강의 콘텐츠 제작의 기술

11.이세라_미드저니와 함께 나도 AI Artist	65
12.강유미_Suno AI로 나만의 뮤직비디오 만들기: 초보자를 위한 완벽 가이드	68
13.이홍란_캔바로 SNS 이미지 만들기	71
14.서정숙_만능 매직 툴 캔바! 200% 활용하기 그리드로 카드 만들기	73
15.손애희_캔바 Magic Media	77
16.조미리_캔바로 가독성 있는 강의안 만들기	85

PART 3
영상 제작의 모든 것

1.김명화_내 손안의 작은 세상, 스마트폰 카메라 설정법	90
2.최미은_모바일 라이브 방송하기	93
3.정화영_OBS 기초 사용법	95
4.하은주_클릭률 100%! 영상 썸네일 제작하기	101
5.이선용_캡컷으로 초보도 만드는 멋진 영상	103
6.이현정_캡컷 템플릿 활용하기	107
7.오경옥_크로마키 촬영 및 캡컷 앱에서 배경제거하기	110
8.류승희_AI로 영상 쉽게 제작하기	113
9.이태경_5분만에 뚝딱 ppt제작하기	116
10.최영란_TOONING AI로 쉽고 재미있는 그림 일기	118
11.권소희_TOONING AI로 워크시트 뚝딱 만들기	121
12.박미래_유튜브 업로드하기	124

목 차

1부 디지털 튜터의 실전 가이드

PART 4
SNS로 만드는 브랜드 파워

1.이중호_갤러리 사진 활용 나만의 퍼스널 컬러로 이미지 브랜딩 하기	132
2.서유진_인스타그램 프로필 꾸미기: 나만의 디지털 아트 공간 만들기	135
3.김명숙_인스타그램 릴스 만들기	136
4.박현진_인스타그램 릴스로 브랜딩하기	138
5.하연지_인스타그램 스토리 활용법	141
6.전병희_인스타그램 피드 구성하기: 디지털튜터의 브랜딩 전략	143
7.김희수_브랜드 로고 만들기	145
8.유정애_개인브랜딩을 위한 AI활용 마케팅	148
9.안소윤_디지털튜터를 위한 명함 마케팅 : 개인 브랜드 강화	150
10.강버들_디지털튜터의 첫 걸음 : 블로그 당장 시작하기	152
11.한향기_뤼튼 AI 활용하는 블로그 글쓰기	151
12.김정란_네이버 밴드 운영	156
13.서순희_카카오 프로필 예쁘게 꾸미기	160
14.장보경_바로적용! 채널 메시지 이모지 사용 팁	161

PART 5
수강생과 함께 성장하기

1.서미애_ 성공적인 강의를 위한 가이드라인	166
2.김연우_수강생 출석 관리	168
3.류다현_수강생의 마음을 사로잡는 3가지 비결!	170
4.유영희_디지털튜터로서 온라인 동기부여 전략	172

1부 디지털 튜터의 실전 가이드

PART 5
수강생과 함께 성장하기

5.이보하_디지털, 나이의 벽을 넘다	175
6.이현숙_재강의 요청 폭주! 디지털 전환의 마법사	177
7.박명희_ 만족도 최고 받는 강의 꿀팁 나눔	178
8.강이구_디지털 교육 현장의 위기관리: 공감과 전문성으로 이끄는 해결의 기술	184

2부 디지털 튜터의 성장 스토리

우리는 디지털튜터입니다

1.강옥자_MKYU 문화센터 디지털튜터 3년동안 매주 강의하는 노하우	190
2.곽연_디지털 리터러시 강사에서 생성형 AI 강사로	192
3.권혁남_디지털 세상의 길잡이! 디지털튜터로 새로운 시작	194
4.김귀랑_주부에서 디지털 튜터로: 나의 꿈을 향한 디지털 전환	196
5.김근영_디지털튜터와 함께 멘토링 프로그램	197
6.김미순_부동산 공인중개사 소장에서 꿈 성장을 돕는 디지털튜터로	199
7.김미진_시니어를 위한 디지털 교육	201
8.김영미_꾸준함과 작은 도전으로 이뤄낸 디지털튜터로서의 행복한 삶	202
9.김영숙_다양한 앱을 이용해서 해외여행 일정 계획 세우기	204
10.김지은_디지털 튜터로서 배운 5가지 교훈	206
11.박경순_챗GPT 기반 AI 강사와 디지털 튜터의 미래 전망	208
12.박기화_디지털 튜터에서 챗gpt 강사로 성장하기	209
13.박수영_디지털튜터의 하루: 소통과 나눔의 여정	212

목 차

2부 디지털 튜터의 성장 스토리

 **우리는 디지털튜터입니다**

14. 박재연_ 늦은 시작은 없다, 디지털 튜터로 사는 오늘	213
15. 박찬희_어르신 문해학당에서 디지털튜터의 꽃을 피우다	214
16. 송선정_100세 시대 내 인생의 3번째 선택 디지털튜터	215
17. 신귀숙_스터디 그룹 운영하기. 같이 배우고 가치로운 디지털튜터	217
18. 신미영_인생 리셋:디지털튜터와 함께하는 새로운 도전	218
19. 오영진_디지털 바보가 디지털 튜터로, 함께 가는 디지털 세상	220
20. 오정숙_시니어를 위한 디지털 튜터링의 첫걸음	222
21. 용선영_부업으로 시작하는 디지털튜터	223
22. 유미영_23년 중견기업 직장인에서 디지털튜터로 전환기	226
23. 윤성녀_인생 리부트, 디지털 튜터와 함께	227
24. 이경란_디지털 세계로 한 발짝: 튜터의 시작과 성장	229
25. 이봉숙_디지털문맹에서 디지털튜터가 되기까지	230
26. 이세연_만학의 열정으로 제2의 직업 디지털튜터가 되다!	232
27. 이순영_카센터 아줌마에서 디지털튜터로 성장하기	234
28. 이은영_디지털튜터가 되기까지의 여정	237
29. 이은정_디지털 왕초보에서 디지털고수로 포지셔닝하기	238

목 차

2부 디지털 튜터의 성장 스토리

 **우리는 디지털튜터입니다**

30.이은주_퍼스널 브랜딩의 첫걸음, 포트폴리오 만들기	240
31.이은화_디지털튜터로 빠르게 성장하는 방법	242
32.이정희_어쩌다 디지털, 어차피 디지털! 디지털 전사로 변신 중	244
33.이주현_디지털과 소명의 만남	246
34.이화선_사회복지사에서 디지털 튜터로의 새로운 도전	248
35.정계근_세번째 스무살을 준비하는 늦깎이 디지털튜터	249
36.정재영_제자리 걸음이 아닌 다음을 향한 발돋움	251
37.조경숙_디지털튜터, 나를 키우는 배움의 기술	253
38.최교빈_디지털 세상에서 자기 개발	255
39.최규연_안전제일주의 쫄보 직장인에서 디지털튜터로: 도전과 성장의 여정	257
40.최영례_50대 새로운 시작, 디지털튜터	259
41.허수정_부업에서 직업으로: 디지털 강사로 성공하는 법	262
42.홍희정_절망 끝에서 행복한 일상으로	265

에필로그	268

프롤로그

"디지털 혁신의 시대, 새로운 길잡이가 필요하다"

우리는 지금 역사적인 변곡점에 서 있습니다. 디지털 기술이 우리의 일상을 재편하고, 인공지능이 새로운 가능성을 열어가는 시대. 이 급격한 변화의 흐름 속에서 많은 이들이 불안과 혼란을 경험하고 있습니다. 특히 디지털 기술과 거리가 있던 세대들에게 이러한 변화는 더욱 큰 도전으로 다가옵니다.

바로 이 지점에서 디지털 튜터의 역할이 중요해집니다. 디지털 튜터는 단순히 기술을 가르치는 강사가 아닙니다. 우리는 디지털 시대의 안내자이자, 두려움을 희망으로 바꾸는 조력자입니다. 세대 간 디지털 격차를 해소하고, 누구나 디지털의 혜택을 누릴 수 있도록 돕는 것이 우리의 사명입니다.

본 책은 디지털 튜터로서의 여정을 시작하고자 하는 이들을 위한 안내서입니다. 1부에서는 디지털 튜터가 갖춰야 할 실무 능력과 노하우를 체계적으로 다룹니다. 강의 기획부터 콘텐츠 제작, 수강생 관리까지, 현장에서 반드시 필요한 실전 지식을 담았습니다. 2부에서는 현직 디지털 튜터들의 생생한 경험담을 통해, 다양한 삶의 경로에서 디지털 튜터로 성장해간 과정을 들려드립니다.

특히 주목할 점은 이 책의 저자들이 모두 현장의 전문가들이라는 것입니다. 그들은 각자의 자리에서 디지털 교육의 최전선을 지키며, 끊임없는 학습과 혁신을 통해 자신만의 교육 철학을 만들어왔습니다. 전통 시장의 상인들과 함께하며 디지털 전환을 이끌어낸 경험, 평생학습관에서 시니어들과 소통하며 찾은 효과적인 교수법, 온라인 플랫폼을 활용한 새로운 교육 방식의 발견 등 다양한 현장의 이야기가 이 책에 담겨있습니다.

디지털 시대는 끊임없는 변화와 혁신을 요구합니다. 하지만 이 변화의 중심에는 언제나 '사람'이 있어야 합니다. 기술은 도구일 뿐, 그것을 의미 있게 활용하는 것은 결국 사람의 몫이기 때문입니다. 디지털 튜터는 이 과정에서 중요한 가교 역할을 합니다. 우리는 기술과 사람을 연결하고, 두려움을 자신감으로 바꾸며, 새로운 가능성을 발견하도록 돕습니다.

본서의 1부는 디지털 튜터의 실전 가이드라인을 총 5개의 파트로 구성했습니다. 디지털 튜터로서의 기본기를 다지는 자기계발부터 강의 콘텐츠 제작, 영상 제작 노하우, SNS 마케팅과 브랜딩, 그리고 수강생 관리까지 현장에서 필요한 모든 내용을 담았습니다.

프롤로그

   2부에서는 현직 디지털 튜터들의 생생한 경험담을 통해 다양한 성공 스토리를 만나보실 수 있습니다. 전직 회사원에서 프리랜서 강사로, 주부에서 전문 교육자로, 은퇴자에서 새로운 삶을 시작한 이들까지, 각기 다른 배경에서 시작된 디지털 튜터의 여정을 들려드립니다.

   이 책은 순차적으로 읽어나가셔도 좋지만, 현재 자신에게 가장 필요한 부분부터 선택적으로 읽으실 것을 추천드립니다. 예를 들어 강의 콘텐츠 제작이 시급하다면 1부의 Part 2부터, 수강생 관리에 어려움을 겪고 계시다면 Part 5부터 시작하는 것도 좋은 방법입니다.

   이 책이 디지털 교육에 관심을 가진 모든 분들에게 실질적인 도움이 되기를 바랍니다. 더불어 우리 사회가 디지털 포용으로 한 걸음 더 나아가는 데 작은 디딤돌이 되기를 희망합니다. 디지털 튜터의 여정은 계속됩니다. 함께 배우고 성장하며, 더 나은 미래를 만들어가는 여정에 여러분을 초대합니다.

   한국디지털튜터협회는 디지털 교육의 혁신을 선도하며, 모든 세대가 디지털의 혜택을 누릴 수 있는 포용적인 사회를 만들어가고 있습니다. 4차 산업혁명 시대의 교육 패러다임을 새롭게 정립하고, 전문성과 열정을 겸비한 디지털 튜터들과 함께 더 나은 미래를 향해 나아가겠습니다.

우리는 디지털튜터다

디지털 교육 현장의
전문가들이 전하는 성공 실전 가이드

당신의 지식을 수익으로 만드는 가장 확실한 방법

1부 디지털 튜터의 실전 가이드

Part 1

디지털 튜터의 성장과 자기계발

CONTENTS

1. 김혜란_디지털튜터의 성장 로드맵   16

2. 이주원_디지털 튜터의 성장 로드맵: 새벽 기상에서 디지털 혁신까지   18

3. 김윤아_디지털 시대, 블록 코딩으로 시작하는 새로운 세상!   20

4. 박정효_디지털튜터의 독서활용법   22

5. 홍현정_디지털튜터 스트레스를 넘어서는 지혜   25

6. 김영신_디지털튜터의 첫걸음, 자격증 취득부터   27

7. 김경화_디지털튜터의 건강 관리법   29

8. 손주혁_우리가 함께 만드는 안전한 온라인 세상   31

1. 김혜란 _ 디지털 튜터의 성장 로드맵

> kimera784@naver.com
> 대표경력: 함께성장커뮤니티 '리챌' 운영자 / AI튜닝 공인인증강사/ 슬리드 공식티처
> 디지털, AI활용 전문지식과 경험을 바탕으로 개인과 커뮤니티가 함께 성장할 수 있도록 돕고 있습니다. 커뮤니티 운영자, 디지털 멘토, 학습코치로서 디지털 시대를 시대를 잘 헤쳐나가기 위한 프로그램을 기획하고 맞춤형 디지털교육과 멘토링을 통해 역량강화 및 퍼스널 브랜딩 실천 로드맵을 제공합니다.

코로나 팬데믹은 전 인류를 '디지털 트렌스포메이션(Digital Transformation)' 시대로 이끌었습니다. 이때를 기점으로 제 삶의 방향과 목표도 함께 변화했습니다. 온라인 교육을 통해 몰입해서 학습하고 배운 것을 나누다보니 커뮤니티 리더, 디지털 멘토, 강사로 활동하게 되고 새로운 기회의 문이 열리기 시작했습니다.

디지털 튜터가 되는 길은 새로운 도전을 통해 자신을 발전시키고 학습자들과 따뜻하게 소통하는 보람 있는 과정입니다. 디지털 멘토가 알려주는 4060 중년 여성들도 접근하기 쉬운 <4단계 로드맵> 으로 디지털 튜터로서의 여정을 시작해보세요

1단계: 나만의 전문 분야와 방향 찾기
디지털 튜터로 성공하려면 먼저 자신이 잘할 수 있는 분야와 가르치고 싶은 방향을 명확히 설정해야 합니다. 이를 위해 자신의 경험과 강점을 돌아보고, 디지털 도구를 활용해 구체적인 방향을 탐색해 보세요.

1. 자신을 돌아보기
아래 질문에 답하면서 내가 좋아하면서 잘하는 일, 가치있는 일을 생각해보세요
- 내가 가르치고 싶은 주제는 무엇인가요?
- 경험이나 취미, 또는 직장에서 쌓은 전문성을 바탕으로 사람들에게 도움을 줄 수 있는 부분은 무엇인가요?
- 무엇을 할 때 가장 즐겁고 보람을 느끼나요?

2. 도구를 활용해 탐색하기
- SWOT 분석: Strength(강점), Weakness(약점), Opportunity(기회), Threat(위협)을 표로 만들어 내가 가진 역량과 기회를 객관적으로 파악하세요.
- 성격 및 강점 테스트: Gallup 강점 진단이나 MBTI 테스트 같은 온라인 도구를 활용하면 자신이 잘하는

것과 좋아하는 것을 발견하는 데 도움을 받을 수 있습니다.
 -시장 조사: 구글 트렌드(Google Trends)나 SNS 해시태그 분석을 통해 사람들이 많이 찾고 관심을 가지는 주제를 확인해 보세요.

3. 피드백을 통해 방향 구체화하기
주변 사람들에게 내가 잘하는 것이 무엇인지 물어보거나, 가르치고자 하는 내용을 공유하며 반응을 확인해 보세요. 타인의 시각은 내 강점을 더 잘 이해하는 데 큰 도움이 됩니다.

2단계: 디지털 도구 배우기
디지털 세상에서는 기본적인 기술을 익히는 것이 중요합니다. 처음부터 어려운 것을 배우려 하기보다는 강사로서 필요한 프리젠테이션 도구, 동영상 편집도구, 온라인 강의를 위한 플랫폼 등 간단한 도구부터 시작해 보세요. 처음에는 무료 강좌나 튜토리얼을 보면서 차근차근 배워가면 됩니다. 중장년들의 성장놀이터 큐리어스(https://curious-500.com)에서 중장년을 위한 디지털 & AI 도구 전자책을 무료로 다운로드 받을 수 있으니 활용해보세요

3단계: 매력적이고 이해하기 쉬운 콘텐츠 만들기
디지털 강의에서 가장 중요한 것은 학습자들이 쉽게 이해할 수 있는 콘텐츠를 만드는 것입니다. 강의를 논리적으로 구성하고, 내용을 짧고 간단하게 정리하세요. 이미지를 추가하거나, 필요한 경우 동영상을 삽입해 시각적으로도 흥미를 끌어보세요. 퀴즈나 질문을 활용해 학생들이 강의에 적극적으로 참여하도록 만들어 보세요. 강의를 완성한 후 가족이나 친구들에게 보여주고 의견을 수렴 해보세요. 이를 통해 더 나은 콘텐츠로 개선할 수 있습니다.

4단계: 네트워킹, 소통, 그리고 나눔으로 성장하기
디지털 튜터로서 꾸준히 성장하려면 다른 사람들과의 연결을 강화하고, 배우는 자세를 유지하며, 자신이 얻은 지식을 나누는 것이 중요합니다. 이를 통해 강점은 더욱 커지고, 교육자로서의 영향력도 확장됩니다.
 - 평생 학생입니다: 새로운 도구와 트렌드를 배우기 위해 강좌나 웨비나에 참여하세요. 디지털튜터협회에서 진행되는 일일특강, 레벨업 과정, 지역모임 등에 참여해서 다른 튜터들과 네트워킹을 통해 최신 정보를 얻고, 교육 분야에서의 변화에 빠르게 적응할 수 있습니다.
 - 소통이 중요합니다: 강의를 마친 후 학습자들에게 피드백을 요청하고, 이를 바탕으로 강의 자료와 전달 방식을 개선하세요. 열린 대화를 통해 신뢰를 쌓고, 그들이 필요로 하는 부분을 더 잘 이해할 수 있습니다.
 - 커뮤니티의 힘이 나의 힘입니다: 자신만의 노하우를 블로그, 브런치 또는 소셜미디어를 통해 공유하세요.

관심있는 커뮤니티에 가입하고 디지털 튜터를 꿈꾸는 초보자들에게 자신의 경험과 내가 만든 콘텐츠를 나눠 보세요. 빠른 시간내에 성장하고 싶다면 나만의 커뮤니티를 만들어보는 것을 추천드립니다. 혼자서는 할 수 없는 일도 커뮤니티안에서는 가능합니다

'아무것도 하지 않으면 의심과 공포가 생긴다.그러나 행동하면 자신감과 용기가 생긴다.' -데일리카네기
시작은 누구에게나 어렵습니다. 5%만 성장하자는 마음으로 <4단계 로드맵>을 한단계씩 실행해가신다면 자신감과 용기가 생기고 이과정을 반복하다보면 10%, 50%, 100% 실행력을 갖게 될 것입니다. 성장 로드맵을 통해 여러분이 원하는 디지털튜터로서의 모습을 만나게 되길 바랍니다.

2. 이주원 _ 우리는 디지털튜터입니다: 디지털튜터의 성장 로드맵

> wona213@gmail.com
> 대표경력: 디지털튜터 1급 강사 / AI 브랜딩 연구소 강사 / AI투닝 공인인증강사
> 12년간의 보육교사 경험으로 쌓은 공감과 소통의 역량을 바탕으로, AI와 스토리텔링을 결합한 디지털 교육 콘텐츠를 개발하고 있습니다. 사람들의 잠재력을 이끌어내고 성장하도록 돕는 강의와 코칭을 진행하며, 저서로는 「우리는 디지털튜터입니다」(공저)와 「서툴러도 토닥토닥 내 아이 행복 찾기」가 있습니다. AI와 교육의 결합을 통해 개인의 이야기가 세상과 연결될 수 있도록 돕는데 힘쓰고 있습니다.

처음 '디지털튜터'라는 단어를 떠올렸을 때, 저는 머릿속에 하나의 질문을 던졌습니다. "보육교사였던 내가 디지털 세상에서 무엇을 할 수 있을까?" 낯설고 광활한 디지털 세계 앞에서 저는 작아졌습니다. 줌(Zoom) 화면에 펼쳐진 수많은 버튼들, 사람들이 쉽게 말하던 'AI 기술'이라는 단어들은 제게 마치 외계어처럼 느껴졌습니다.

하지만 저는 보육교사로 일하며 배웠던 한 가지를 떠올렸습니다. "성장은 언제나 불편함 속에서 이루어진다." 디지털튜터가 되는 길은 제게 삶의 두 번째 장이었습니다. 첫 장이 아이들과 함께 울고 웃으며 그들의 가능성을 키워가는 시간이었다면, 이 두 번째 장은 디지털과 사람을 연결하는 안내자가 되고 싶다는 소망에서 시작되었습니다. 그리고 저는 이 꿈을 이루기 위한 성장의 로드맵을 만들어가기 시작했습니다.

1단계: "나는 누구인가?" - 디지털과의 첫 만남

저는 보육교사로 12년을 보냈습니다. 그 시간 동안 아이들의 눈빛 속에서 작은 가능성을 발견하고, 부모의 마음 속에서 깊은 공감을 배웠습니다. 제 강의와 대화는 늘 따뜻한 교감으로 가득 찼습니다. 그러나 디

지털 세계에 첫 발을 내디뎠을 때, 저는 마치 거대한 얼음벽 앞에 홀로 선 기분이었습니다. 줌(Zoom) 화면을 켜면 소리는 끊기기 일쑤였고, 구글 클래스룸에 나타난 복잡한 아이콘들은 제게 낯설고 어려웠습니다.

그럴 때마다 저는 제 자신에게 물었습니다. "나는 누구인가?" 그 답은 늘 같았습니다. "나는 사람과 연결되는 교육자다." 디지털 기술에 서툴렀던 순간에도, 저는 사람의 가능성을 발견하는 능력만큼은 잃지 않았습니다. 그리고 그 능력을 디지털 세상으로 확장하겠다는 믿음은 제게 용기를 주었습니다.

2단계: "사람을 중심에 두다" - 기술보다 중요한 것

디지털튜터의 역할을 정의하기 위해 저는 스스로에게 물었습니다. "기술은 목적일까, 수단일까?" 결론은 명확했습니다. 기술은 수단일 뿐, 그 중심에는 사람이 있어야 한다. 저는 강의 콘텐츠를 다시 설계하기 시작했습니다.

보육교사로서 아이들의 사소한 신호를 놓치지 않으려 했던 경험은 디지털 강의에서도 유효했습니다. 어른 학습자들 역시 좌절과 두려움을 가지고 있었습니다. "내가 할 수 있을까?" 학습자들의 이 질문은 디지털 앞에서 스스로를 의심했던 과거의 저를 떠올리게 했습니다.

그래서 저는 기술을 가르치기 전에, 학습자들의 감정을 이해하고 그들의 강점을 발견하는 과정을 돕기로 했습니다. 학습자와의 교감이 시작되자 디지털 기술은 단순한 도구가 아닌 가능성을 실현하는 다리가 되었습니다.

3단계: "우리의 이야기를 디지털로 전하다" - AI와 스토리텔링의 만남

저는 사람들의 이야기를 듣는 것을 좋아합니다. 강의 중에도, 글을 쓰는 순간에도, 그리고 일상 속에서도요. 하지만 많은 학습자들은 자신의 이야기를 세상에 꺼내는 데 어려움을 느꼈습니다. "내 이야기가 세상과 연결될 수 있을까요?" 그 질문은 디지털튜터로서의 제게 또 하나의 도전이 되었습니다. 그들의 이야기를 세상과 연결할 방법을 찾아야 했습니다.

그때 제가 발견한 도구가 AI였습니다. AI는 단순히 텍스트를 생성하는 기계가 아니었습니다. AI는 학습자들의 두려움을 낮추고, 복잡한 생각을 정리하며, 그들의 이야기를 새로운 시각으로 풀어낼 수 있도록 돕는 창조의 도구였습니다.

한 학습자는 강의 중에 챗GPT를 사용해 자신의 이야기를 글로 정리했습니다. 그는 수업 후 제게 말했습니다. "제 이야기를 글로 정리하니 제 삶이 다르게 보였어요. 제가 몰랐던 가능성을 발견한 기분이에요."

이 순간 저는 확신했습니다. 디지털튜터의 역할은 단지 기술을 가르치는 것이 아니라, 사람의 이야기를 세상과 연결하는 안내자라는 것을요.

4단계: "우리를 성장시키는 창조의 힘" - 가능성을 연결하다

디지털튜터로서 가장 보람을 느낄 때는 사람들의 가능성을 디지털 콘텐츠로 연결하는 모습을 볼 때입니다. 한 학습자는 제 강의를 통해 자신의 이야기를 웹툰으로 풀어냈고, 또 다른 학습자는 AI 도구를 활용해 블로그를 시작했습니다. 그들의 이야기는 세상과 연결되었고, 또 다른 사람들에게 영감이 되었습니다. 디지털은 단지 도구일 뿐입니다. 하지만 그 도구를 통해 우리는 사람과 세상을 잇는 창조의 기회를 만들 수 있습니다. 저는 디지털튜터로서 이 연결을 확장시키는 역할을 이어가고자 합니다.

디지털로 잇는 우리의 이야기

디지털튜터의 길은 멈추지 않는 여정입니다. 기술에 서툴렀던 저도, 디지털이 낯설었던 누군가도 모두 이 길에 설 수 있습니다. 중요한 것은 단 하나, "사람과 가능성을 믿는 마음" 입니다. 이 글이 디지털튜터를 꿈꾸는 분들에게 출발점이 되기를 바랍니다. 디지털튜터는 단지 기술을 가르치는 사람이 아니라, 사람의 잠재력을 세상에 연결하는 안내자입니다. 그리고 그 역할은 지금, 우리의 차례입니다.

3. 김윤아 _ 디지털 시대, 블록 코딩으로 시작하는 새로운 세상!

kyn790326@gmail.com
주요 저서: 공저시집 [향기로운 일상의 초대]
10년 경력의 회계사에서 블록코딩 강사로! 숫자 세상을 넘어 아이들의 미래를 밝히는 코딩 교육 전문가입니다. 코로나 시기, 온라인 강의를 통해 만난 다양한 연령대의 수강생들과 함께 성장하며 디지털 강사로 변신하였습니다. 숫자와 논리적 사고를 바탕으로, 블록코딩, 생성형 ai 등 다양한 디지털 도구를 통해 아이들에게 창의력과 문제 해결 능력을 키워주는 데 힘쓰고 있습니다.

"코딩? 어렵고 복잡해서 나랑은 상관없는 이야기 아닐까?"라는 생각을 하시는 분들도 많으실 겁니다. 하지만 디지털 시대를 살아가는 우리에게 코딩은 더 이상 선택이 아닌 필수가 되어가고 있습니다. 특히, 블록 코딩은 코딩에 대한 두려움을 없애고 누구나 쉽고 재미있게 코딩의 세계에 입문할 수 있도록 도와주는 매력적인 도구입니다.

블록 코딩이란 무엇일까요?

블록 코딩은 텍스트 기반의 복잡한 코드 대신, 레고 블록을 쌓듯이 시각적인 블록을 연결하여 프로그램을 만드는 방식입니다. 마치 그림을 그리거나 레고를 조립하듯 직관적인 방식으로 코딩을 할 수 있기 때문에 초보자들도 쉽게 접근할 수 있습니다.

블록 코딩을 배워야 하는 이유

컴퓨팅 사고력 향상: 블록 코딩을 통해 문제를 해결하고 논리적인 사고 능력을 키울 수 있습니다.
창의력 증진: 다양한 블록을 조합하여 자신만의 독창적인 프로그램을 만들어 보면서 창의력을 발휘할 수 있습니다.
미래 사회를 위한 준비: 4차 산업혁명 시대에는 코딩 능력이 필수적인 자산이 될 것입니다.
디지털 리터러시 향상: 디지털 기기를 효과적으로 활용하고 정보를 분석하는 능력을 키울 수 있습니다.

블록 코딩만의 차별성

쉬운 학습: 텍스트 코딩에 비해 훨씬 쉽고 빠르게 학습할 수 있습니다.
시각적인 표현: 시각적인 블록을 통해 코드의 흐름을 직관적으로 파악할 수 있습니다.
오류 감소: 문법 오류를 줄일 수 있어 디버깅 시간을 단축시킬 수 있습니다.
다양한 분야 활용: 게임 개발, 애니메이션 제작, 웹사이트 구축 등 다양한 분야에 활용될 수 있습니다.

블록 코딩을 처음 시작할 때 어떤 툴을 사용하면 좋을까요?

스크래치(Scratch): 전 세계적으로 가장 많이 사용되는 블록 코딩 도구로, 다양한 게임과 애니메이션을 만들 수 있습니다.
엔트리(Entry): 한국에서 개발된 블록 코딩 도구로, 스크래치와 유사하지만 한국어를 지원하고 교육용 기능이 강화되어 있습니다.
AI코디니(AICodiny): AI 코디니는 원클릭으로 AI 인공지능을 학습할 수 있는 최고의 AI 교육 환경을 제공합니다.
코드닷오알지(code.org): 미국 비영리단체에서 개발한 블록 코딩 플랫폼으로, 다양한 주제의 코딩 학습 콘텐츠를 제공합니다.

블록 코딩으로 어떤 프로젝트나 게임을 만들 수 있을까요?

간단한 게임: 움직이는 캐릭터, 점수 계산, 게임 오버 등 간단한 게임을 만들 수 있습니다.
애니메이션: 다양한 캐릭터를 활용하여 재미있는 애니메이션을 제작할 수 있습니다.
웹사이트: 간단한 웹페이지를 만들어 자신을 소개하거나 정보를 공유할 수 있습니다.
데이터 시각화: 수집한 데이터를 시각적으로 표현하여 분석할 수 있습니다.

실생활에서 블록 코딩 활용하기
스마트폰 앱 개발: 간단한 스마트폰 앱을 만들어 일상생활을 편리하게 만들 수 있습니다.
IoT 기기 제어: 아두이노와 같은 IoT 기기를 활용하여 스마트 홈을 구축할 수 있습니다.
데이터 분석: 엑셀이나 구글 스프레드시트와 연동하여 데이터를 분석하고 시각화할 수 있습니다.

블록 코딩을 잘 할 수 있는 팁:
꾸준히 연습: 꾸준히 연습하는 것이 가장 중요합니다.
다른 사람들과 함께: 친구나 가족과 함께 블록 코딩을 배우면 더욱 재미있습니다.
온라인 커뮤니티 활용: 온라인 커뮤니티에서 다른 사람들과 정보를 공유하고 도움을 받을 수 있습니다.
실생활에 적용: 배운 내용을 실생활에 적용하여 문제를 해결해 보세요.

블록코딩은 특히 시니어들에게 디지털 기술에 대한 두려움을 극복하고, 새로운 기술을 배우는 기회를 제공합니다. 이 과정에서 자신감을 얻고, 창의력을 발휘하며, 문제 해결 능력을 기를 수 있습니다. 다양한 플랫폼을 통해 쉽게 시작할 수 있으며, 여러 가지 재미있는 프로젝트를 통해 실생활에서도 유용하게 활용할 수 있습니다. 블록코딩은 단순히 기술을 배우는 것이 아니라, 새로운 경험을 통해 삶의 질을 향상시키는 기회를 제공합니다.

지금 바로 블록 코딩을 시작하여 디지털 시대의 주역이 되어 보세요!

4. 박정효 _ 디지털튜터의 독서활용법

pinkjh3707@naver.com
대표경력 : AI 튜닝 공인강사 / 디지털문해력 교육 전문 강사
창의적 디지털 콘텐츠 탐구와 AI 튜닝 공인 강사로 활동 중이며 웹툰은 독서의 재미를 더하고 상상력을 자극하는 매체로서 흥미로운 이야기를 발견해 가고 있습니다. 실버대학에서 어르신 대상 스마트폰 활용 교육 봉사를 하며 모든 세대가 디지털문해력 지식과 경험을 공유하며 성장하도록 돕고 있습니다. 디지털 기술과 독서로 더 나은 삶을 만들고자 합니다.

현대 사회는 디지털 기술의 급속한 발전으로 인해 끊임없이 변화하고 있습니다. 이러한 변화는 교육 분야에도 영향을 미치고 있으며, 디지털 기술을 활용한 교육의 중요성이 날로 강조되고 있습니다. 특히 디지털 리터러시(digital literacy)의 중요성이 부각되면서, 디지털 기술을 이해하고 활용하는 능력이 개인의

경쟁력을 좌우하는 핵심 요소로 자리 잡고 있습니다.

독서를 할 때는 단순히 텍스트를 읽는 것에 그치지 않고, 내용을 적극적으로 이해하고 분석하는 자세가 필요합니다. 중요한 부분은 메모하거나 밑줄을 그어 표시하고, 읽으면서 떠오르는 생각이나 질문을 기록해 두는 것도 좋은 방법입니다. 독서를 마친 후에는 읽은 내용을 정리하고 요약하는 시간을 갖는 것이 중요합니다.

이를 통해 읽은 내용을 장기적으로 기억하고, 필요할 때 쉽게 찾아볼 수 있습니다. 또한, 독서를 통해 얻은 지식을 실제 강의나 학습 자료 개발에 적용해 보는 것도 독서의 효과를 극대화하는 방법 중 하나입니다. 독서는 디지털 튜터로서의 역량을 향상시키는 데 큰 도움이 됩니다. 새로운 기술이나 개념을 배울 뿐만 아니라, 다양한 관점과 아이디어를 얻을 수 있어 창의적인 사고를 촉진합니다.

또한, 독서는 스트레스 해소와 정서적 안정에도 기여하며, 지속적인 학습과 성장을 위한 동기 부여가 됩니다. 디지털 튜터에게 독서는 필수적인 자기 계발 수단입니다. 독서를 통해 최신 지식을 습득하고, 자신의 역량을 향상시키며, 수강생들에게 보다 질 높은 교육을 제공할 수 있습니다. 따라서 디지털 튜터는 지속적인 독서 습관을 유지하며, 독서를 통해 얻은 지식과 경험을 적극적으로 활용해야 합니다.

디지털 세계에서의 독서 활용

디지털 시대의 도래와 함께 독서 문화도 크게 변화하고 있습니다. 전통적인 종이책과 인쇄 매체를 넘어 전자책, 오디오북, 온라인 독서 플랫폼 등 다양한 형태의 디지털 독서 자료가 등장하면서, 독서는 이제 언제 어디서나 누구나 쉽게 접근할 수 있는 활동이 되었습니다.

이러한 변화는 독서의 편리성과 접근성을 크게 향상시켰지만, 동시에 독서 습관과 방식에 대한 새로운 도전과 기회를 보여주고 있습니다.

전자책과 디지털 독서의 장점

전자책은 물리적인 공간을 차지하지 않으며, 수천 권의 책을 한 대의 기기에 담을 수 있어 휴대성과 접근성이 뛰어납니다. 또한, 검색 기능을 통해 원하는 정보를 빠르게 찾을 수 있고, 주석 추가, 하이라이트 표시, 메모 작성 등 다양한 기능을 통해 독서 경험을 더욱 풍부하게 만들 수 있습니다. 전자책 리더기의 경우, 눈의 피로를 줄여주는 전자 잉크 디스플레이를 사용하여 장시간 독서에도 편안함을 제공합니다.

오디오북과 멀티태스킹 독서

오디오북은 시각적 제약 없이 독서를 즐길 수 있는 방법으로, 운전이나 운동, 집안일 등 다른 활동을 하면서도 책의 내용을 들을 수 있습니다.

특히, 바쁜 일상 속에서 독서 시간을 확보하기 어려운 현대인들에게 오디오북은 효율적인 독서 수단이 됩니다. 성우나 저자가 직접 낭독한 오디오북은 이야기의 몰입감을 높여주며, 듣기 능력과 언어 학습에도 도움을 줄 수 있습니다.

온라인 독서 플랫폼과 커뮤니티

온라인 독서 플랫폼은 다양한 장르와 주제의 책을 제공하며, 사용자 리뷰와 평점을 통해 책 선택에 도움을 줍니다. 이러한 플랫폼은 독서 커뮤니티의 형성을 촉진하며, 독자들은 서로의 독서 경험을 공유하고 토론할 수 있는 공간을 갖게 됩니다.

온라인 토론 포럼이나 소셜 미디어 그룹에서는 특정 책이나 주제에 대한 심도 있는 논의가 이루어지며, 이는 독서의 즐거움을 더하고 지적 호기심을 자극합니다.

디지털 독서의 한계와 도전

디지털 독서가 많은 장점을 가지고 있지만, 여전히 종이책을 선호하는 사람들도 많습니다. 종이책의 물리적인 촉감과 페이지 넘기는 소리, 그리고 책장에 꽂힌 책들의 시각적 만족감은 디지털 독서로는 완전히 대체할 수 없는 요소들입니다. 또한, 디지털 기기의 과도한 사용은 눈의 피로, 자세 문제, 수면 패턴의 변화 등 건강상의 부정적인 영향을 초래할 수 있습니다.

디지털 독서 습관 형성

디지털 독서 습관을 형성하기 위해서는 꾸준한 노력이 필요합니다. 매일 일정 시간을 정해 놓고 독서하는 습관을 들이는 것이 좋으며, 자신에게 맞는 기기와 플랫폼을 선택하여 최적의 독서 환경을 조성하는 것이 중요합니다. 독서 목표를 설정하고, 달성 여부를 기록하는 것도 독서 습관을 유지하는 데 도움이 됩니다.

디지털 세계에서의 독서는 우리에게 더 많은 기회와 편의를 제공하지만, 동시에 새로운 도전과 과제를 안겨줍니다. 우리는 이러한 변화를 긍정적으로 받아들이고, 자신에게 맞는 독서 방식을 찾아 나가야 합니다. 디지털 독서의 장점을 최대한 활용하면서도, 종이책과 같은 전통적인 독서 방식의 가치를 존중하는 균형 잡힌 접근이 필요합니다.

독서는 우리의 지식을 넓히고, 삶을 풍요롭게 만드는 소중한 활동입니다. 디지털 시대에도 독서의 즐거움을 잃지 않고, 지속적으로 책과 함께하는 삶을 살아가길 바랍니다.

5. 홍현정 _ 디지털튜터 스트레스를 넘어서는 지혜

forg80@nate.com
대표경력: 디지털AI, SNS크리에이터 강의 400건 / 커뮤니케이션 및 동기부여 강의 120건
디지털 AI 활용 전문가로, 커뮤니케이션 코칭, 멘탈강화 교육과 컨설팅을 통해 스마트한 소통의 미래를 제시하는 강사이며, 동화로 배우는 영어,중국어 강사이자 글쓰는 작가로 길을 가고 있습니다. GPT및 생성형AI 활용 교육을 비롯해, 디지털 마케팅과 콘텐츠 제작 분야에서 다년간 경험을 쌓으며 새로운 가능성을 이끌어 내고 있습니다

어릴적 꿈이 선생님이었던 나는 대학을 교육학 전공을 택했다. 학업 재미를 느끼지 못해 다시 경영학으로 전향했다. 경영학은 나의 흥미를 충분히 끌었고 석사까지 마쳤다. 몇년 전 교통사고는 인생의 전환점이 되었다. 경영과 기업 컨설팅하던 모든 걸 내려놓고 입원해 있던 중 디지털 튜터 자격 2급을 취득하고 계속 도전하여 1급까지 취득했다.

컨디션을 조금씩 회복하면서 강사라는 새로운 길을 열어갔다. 온, 오프라인 강사의 길은 흥분과 행복감을 주었다.

반면 양질의 강의 자료 준비는 만만치 않은 스트레스를 안겨주었다. 심리학 공부도 꽤 되어있는 나는 이해를 바탕으로 스트레스 관리의 중요성을 깨달았고 나만의 관리 방법을 개발해 나갔다. 강의에 대한 부담감, 담당자들과 조율, 수강생들의 다양한 질문에 대한 피드백, 현장에서 발생하는 문제들과 기기의 이상들, 강사의 길은 신나고 재미있지만 높아지는 스트레스에 대한 관리도 절대 필요했다.

나만의 스트레스 관리 비법

1. 새벽 명상으로 하루를 시작한다.
새벽 4:30분에 기상해 입과 눈을 냉수로 씻은 후, 명상을 20분 정도 한다. 처음에는 조용한 음악을 틀어놓고 명상하는데 집중력에 방해가 되었다. 머릿속에서 온 신경이 음악 선율을 따라다녔다. 음악없이 해보았더니 마음에 안정감이 생겼다. 단련되기까지는 음악없이 하고, 익숙해진 후에는 음악을 틀어놓고 명상하면 효과적이다.

2. 배달 음식이나 외식 지양한다.
나는 집밥 예찬론자다. 내 건강비결은 경험상 먹거리가 크게 차지한다. 집에서 야채와 과일, 단백질과 지방 약간의 탄수화물로 구성된 균형잡힌 음식을 큰 접시 하나에 담는다.

한 끼 먹을 양만큼 영양군 골고루 담으면 먹는 양도 알게 되고 피부관리와 호르몬 관리에도 도움 된다. 스트레스를 덜 받는 컨디션베이스는 먹는 음식과 운동이다. 강하고 자극적인 맛과 시중판매 소스를 멀리하고 구입시 성분을 꼭 확인하는데 화학성분과 과당은 멀리한다. 호르몬 관리에도 많은 관심을 가진다.

3. 꾸준한 독서로 충분한 강의 준비한다.

강사는 강의 분야는 물론이고 다방면에 폭 넓은 지식이 필요하다. 충분한 강의 준비는 당당하고 자신감 있는 강사의 모습을 보여준다. 다양한 분야를 배우는 경영학 공부와 회사경영 경험이 많은 도움 되었다. 주말 새벽 독서모임을 운영하며 책 읽고 리더로서 회원에게 전달할 메시지를 만들다 보니 가장 많이 성장하는 것은 나였다. 리더의 자리는 부담감도 크지만, 많은 성장의 기회를 갖는 자리다. 독서는 내게 강의의 원천이자 성장의 동력이다.

4. 세심한 수강생 관리가 중요하다.

수강생의 질문에 충분한 피드백을 해준다. 답변이 좋다는 얘기를 꽤 듣는다. 3P바인더를 2005년부터 사용했다. 메모를 잘 하다보니 체크사항을 놓치는 일이 드물다. 수업시간 질문에 대한 답을 성심껏 해준다. 메모하기 여의치 않으면 스마트폰 녹음기능을 활용한다. 놓치는 부분없이 꼼꼼히 피드백한다.

5. 월 1회 힐링 시간을 갖는다.

월 1회정도 30년 지기들과 미술 전시회와 박물관으로 관람을 다닌다. 관람 후 식사하는 시간과 카페에서 갖는 자신만의 관람 느낌을 나누는 시간을 갖는다. 미술작가 건축작가 작가들의 시선과 시대상 작품의 계기와 작가의 심리를 알게되고 나의 느낌을 알게되는 시간이다. 같은 전시회를 통한 관전 포인트는 제각각이다. 타인의 생각과 느낌을 알게되는 시간이 나를 예술에 대한 시야를 넓게 해준다. 미술관 관람은 영혼의 배터리를 충천하는 힐링 시간이다.

6. 잠 들기 전 셀프 대화시간을 갖는다.

감사일기를 쓴 후 잠자기 전 셀프 칭찬하는 시간, 나를 위로하는 시간을 몇 분 정도 갖는다. 나와 대화시간을 통해 수고로움을 칭찬하는 셀프시간이다. 어깨를 쓰다듬으며 하루를 살아 낸 나를 위로하는 시간이 참 좋다. 자존감이 높아지고 그 누가 뭐라하든 나만의 목표로 계획한 길을 흔들리지 않고 묵묵히 갈 수 있는 비결도 바로 이 시간을 통해서였다. 운동은 필수이기에 순위에 넣지 않았다. 자신에게 잘 맞는 방법으로 스트레스 지수가 높아지지 않는 관리가 중요하다. 나를 위하여 감사일기로 마무리하는 시간은 내면의 자존감을 높인다

문제가 생겼을 때는 늘 스스로에게 질문을 던지고 해답을 찾는다. 논어의 "여지하 정신(어떻게 할까)으로 질문하고 답을 찾아간다. 나는 어떤 가치로 남을 것인가? 나의길을 가며 고민하는 요즘 문제 중 하나다. 긴

인생 강사로, 작가로, 경영자로, 내 인생의 리더로 일관되게 가야할 길을 걸어가며 당당하고 온화한 미소로 수강생을 대하고, 나를 대하고, 세상을 대하며 스트레스와 함께 성장하는 삶을 살아간다. 약간의 스트레스는 오히려 나를 더 단단하게 만드는 성장의 디딤돌이다.

6. 김영신 _ 디지털튜터의 첫걸음, 자격증 취득부터

sini8099@naver.com
대표경력: 경남광역정신건강복지센터 / 경남인재평생교육원 출강
대중교통비 지원 사업조차 스마트폰 활용 능력이 필수인 시대입니다. 디지털 취약계층이 소외되지 않도록, 모든 이가 디지털 리터러시를 갖출 수 있도록 돕는 디지털튜터, 이지쌤입니다. 함께 배우고 성장하는 기회를 제공하여, 모두가 혜택을 누릴 수 있는 세상을 만들어 나가 겠습니다.

디지털튜터의 첫걸음, 자격증 취득부터

디지털 격차 해소와 미래 일자리 창출을 목표로 MKYU 김미경 강사가 제안한 직업이 디지털튜터입니다. 코로나19 팬데믹 이후 디지털과 인공지능이 빠르게 일상에 스며들며, 새로운 직업군이 주목받기 시작했습니다.

변화하는 시대 속에서 안정적인 직장을 넘어 지속가능한 직업을 갖고자 하는 이들에게 디지털튜터는 유망한 선택이 되고 있습니다.

디지털튜터는 단순히 지식을 전달하는 강사가 아니라, 디지털 환경에 적응할 수 있도록 돕는 가이드이자 동반자입니다. 디지털튜터가 되는 과정과 필요한 역량을 단계별로 살펴보겠습니다.

1단계: 디지털튜터 자격증 취득

디지털튜터가 되기 위한 첫걸음은 자격증 취득입니다. 다양한 교육기관에서 디지털튜터로 활동할 수 있는 자격과정이 운영되고 있습니다. MKYU에서 제공하는 "모바일 디지털튜터 자격과정"은 1급과 2급으로 나뉩니다.

2급 자격증은 소그룹이나 일대일 튜터링을 통해 디지털 지식을 전달할 수 있는 기본 역량을 갖춘 디지털튜터로 성장할 수 있습니다.

1급 자격증은 강의 기획 및 집체 강의 능력을 겸비한 전문 디지털튜터로 나아가는 데 필요한 자격입니다. 자격과정은 약 2~3개월이 소요되며, 온라인 강의를 통해 유연하게 학습할 수 있습니다. 시험에 합격하면 자격증을 취득할 수 있으며, 이후 디지털튜터로서 활동을 시작할 수 있는 기초를 다지게 됩니다.

2단계: 한국디지털튜터협회 가입 및 활동

자격증 취득 후에는 한국디지털튜터협회에 가입해 활동을 시작하는 것이 중요합니다. 협회는 디지털튜터로서의 실무 경험을 쌓고, 네트워크를 형성할 수 있는 다양한 기회를 제공합니다.

협회에 가입하면 홈플러스 문화센터와 같은 강의처 정보를 제공받을 수 있으며, 강의 교안 및 자료 지원, DT 아카데미와 1일 특강 등 역량 강화 프로그램에도 참여할 수 있습니다. 초보 디지털튜터라면 협회의 재능기부 강의 프로그램에 참여해 강의 경험을 쌓는 것도 추천합니다. 이를 통해 실전 감각을 익히고 강의 스타일을 다듬을 수 있습니다.

3단계: 강의 준비와 콘텐츠 제작

디지털튜터는 강의 기획부터 자료 제작까지 스스로 해낼 수 있어야 합니다.
- 강의계획서 작성: 회차별 커리큘럼을 구성하며, 학습자의 연령과 배경에 맞춘 맞춤형 계획을 세웁니다.
- 문서 제작 도구 활용: 한글, 파워포인트는 물론 캔바나 미리캔버스 같은 시각적 도구를 활용해 강의 자료를 제작합니다.
- AI 도구 활용: 챗GPT를 이용해 강의안을 초안하고, 감마를 통해 시각적으로 매력적인 발표 자료를 제작할 수 있습니다.

강의 자료는 단순히 정보를 나열하는 데 그치지 않고, 학습자에게 실질적인 도움을 줄 수 있는 구성으로 만들어야 합니다.

4단계: 디지털 플랫폼 활용

디지털튜터로 성공하려면 다양한 디지털 플랫폼을 효과적으로 활용해야 합니다. 유튜브는 튜토리얼 영상을 통해 구독자와 소통하며 신뢰를 쌓을 수 있는 강력한 도구입니다. 블로그는 검색 최적화(SEO)를 통해 교육담당자들에게 노출될 가능성을 높이며, 강의 제안으로 이어질 수 있습니다. 인스타그램은 짧고 시각적인 콘텐츠로 홍보 효과를 극대화할 수 있습니다.

강의 후에는 구글폼이나 네이버폼을 활용해 피드백을 수집하고, 이를 기반으로 강의를 개선해야 합니다. 긍정적인 리뷰는 블로그나 SNS에 공유해 신뢰도를 높이고 강의 신청률을 향상시키는 데 유용합니다.

5단계: 지속적인 학습과 성장

디지털튜터는 변화하는 기술 환경에 적응하기 위해 지속적으로 학습해야 합니다. 최신 기술인 AI, VR/AR, 빅데이터 등을 배우고 이를 강의에 접목하며, 다른 디지털튜터와 협업해 경험과 아이디어를 공유하는 것도 큰 도움이 됩니다.

디지털튜터는 단순히 지식을 전달하는 데 그치지 않고, 학습자와 함께 성장하며 새로운 가능성을 만들어가는 직업입니다. 지금 바로 디지털튜터로서의 첫걸음을 내딛고 자신만의 전문성을 세상에 알릴 준비를 시작해 보세요!

7. 김경화 _ 디지털튜터의 건강 관리법

mulbangul0@naver.com
대표경력: AI 튜닝 공인강사 / 카카오 단골거리 사업 파견 디지털 튜터
저는 AI 튜닝 강사로서 학교 현장에서 학생들을 지도하고, 디지털 튜터로서 시장 상인분들께 1:1 맞춤형 디지털 역량 교육을 제공했습니다. 이를 통해 디지털 격차 해소와 지역사회 발전에 기여하고자 노력해왔습니다. 앞으로도 지속적인 학습과 연구를 통해 더욱 효과적인 교육 방법을 개발하고, 더 많은 사람들에게 도움을 주고자 합니다.

디지털 기술의 발전과 함께 디지털 튜터의 역할이 중요해지고 있습니다. 디지털 튜터는 디지털 기기나 소프트웨어를 활용하여 사람들에게 디지털 기술을 가르치는 전문가로, 다양한 연령대와 직업을 가진 사람들에게 디지털 기술을 전파하고 있습니다. 특히 4050 세대는 디지털 기술에 익숙하지 않은 경우가 많아, 디지털 튜터의 도움이 더욱 필요합니다.

디지털 튜터로 일하는 것은 쉽지 않은 일입니다. 디지털 기기를 장시간 사용하면서 눈의 피로, 목과 어깨의 통증, 손목터널증후군 등의 건강 문제가 발생할 수 있으며, 스트레스와 불규칙한 식습관으로 인해 체력이 저하될 수도 있습니다. 따라서 디지털 튜터는 건강 관리에 더욱 신경 써야 합니다

1. 디지털 기기 사용 시간 조절하기

디지털 기기를 장시간 사용하면 눈의 피로가 쌓이게 됩니다. 눈의 피로가 지속되면 시력이 저하되거나 안구건조증이 발생할 수 있습니다.

이를 예방하기 위해서는 디지털 기기 사용 시간을 조절하고, 일정 시간마다 휴식을 취하는 것이 좋습니다. 휴식을 취할 때는 눈을 감고 있거나 먼 곳을 바라보는 것이 좋으며, 눈 마사지나 눈 운동을 하는 것도 효과적입니다. 또한, 화면 밝기와 해상도를 조절하여 눈의 피로를 줄이는 것도 중요합니다.

목과 어깨의 통증도 디지털 기기 사용으로 인해 자주 발생하는 문제 중 하나입니다. 목과 어깨의 통증이 지속되면 두통이나 불면증 등의 증상이 나타날 수 있으며, 심한 경우에는 수술이 필요한 경우도 있습니다. 이를 예방하기 위해서는 바른 자세를 유지하고, 스트레칭이나 운동을 통해 근육을 풀어주는 것이 좋습니다.

손목터널증후군은 손목의 인대가 두꺼워져 신경을 압박하는 질환으로, 손가락이 저리고 아픈 증상이 나타납니다. 손목터널증후군을 예방하기 위해서는 손목을 과도하게 사용하지 않고, 손목 보호대나 마우스패드를 사용하는 것이 좋습니다.

2. 올바른 자세 유지하기

강의를 하거나 영상을 제작할 때는 장시간 앉아서 작업하는 경우가 많습니다. 이때 잘못된 자세로 오래 앉아 있으면 허리 통증이나 거북목증후군 등의 문제가 발생할 수 있습니다. 허리 통증을 예방하기 위해서는 의자에 앉을 때 등받이를 사용하여 허리를 곧게 펴고, 발은 바닥에 평평하게 두는 것이 좋습니다. 또한, 주기적으로 일어나서 걷거나 스트레칭을 하여 근육을 이완시키는 것이 중요합니다. 거북목증후군은 목이 앞으로 기울어져 있는 상태를 말합니다. 거북목증후군을 예방하기 위해서는 목을 뒤로 젖히고, 어깨를 펴는 것이 좋습니다.

3. 스트레스 관리하기

디지털 튜터로 일하면서 새로운 기술을 배우고, 다양한 사람들을 만나는 것은 즐거운 일이지만, 때로는 스트레스를 받을 수도 있습니다. 특히 4050 세대는 직장 생활과 가정생활을 병행하면서 스트레스를 받기 쉬운 환경에 놓여 있습니다. 스트레스를 관리하기 위해서는 규칙적인 운동과 충분한 수면, 그리고 취미활동이나 명상 등을 통해 스트레스를 해소하는 것이 좋습니다. 운동은 신체 건강뿐만 아니라 정신 건강에도 도움이 되며, 수면은 하루 동안 쌓인 피로를 해소하고 에너지를 충전하는 데 중요합니다.

취미활동이나 명상은 자신의 관심 분야를 탐구하고, 마음을 안정시키는 데 도움이 됩니다. 가족이나 친구들과 대화를 나누며 마음을 나누는 것도 좋은 방법입니다.

4. 영양 균형 잡힌 식사하기

장시간의 작업과 스트레스는 체력 소모를 증가시키고, 이로 인해 영양 부족이나 체중 증가 등의 문제가 발생할 수 있습니다. 특히 4050 세대는 신진대사가 느려지기 때문에 더욱 신경 써야 합니다.

영양 균형 잡힌 식사를 하기 위해서는 다양한 영양소를 골고루 섭취하고, 적절한 양의 음식을 먹는 것이 중요합니다. 단백질, 탄수화물, 지방, 비타민, 미네랄 등을 골고루 섭취하고, 물을 충분히 마시는 것이 좋습니다. 과일이나 채소 등 건강한 간식을 섭취하는 것도 좋습니다.

5. 정기적인 건강 검진 받기

4050 세대는 건강에 대한 관심이 더욱 필요한 시기입니다. 디지털 튜터로 바쁜 일상을 보내더라도, 정기적인 건강 검진을 통해 자신의 건강 상태를 체크하는 것이 중요합니다. 9년간 간호사로 일한 경험을 통해 의료인과 환자들이 건강한 식습관, 꾸준한 스트레칭, 명상으로 관리하며 스스로 몸과 마음을 돌보며 자연치유력과 면역력을 높이는 것이 얼마나 중요한지 알게되었습니다.

빠르게 변하는 디지털 세상에서 디지털 튜터 여러분도 일상 속에서 뇌 건강과 몸, 마음을 잘 관리해 건강하고 행복한 삶을 누리시길 바랍니다.

8. 손주혁 _ 우리가 함께 만드는 안전한 온라인 세상

건강한 온라인 문화를 선도하는 디지털 시민성 교육 전문가입니다. 코딩, 인공지능, 메타버스, 디지털 드로잉 등 다양한 분야에서 활동하며 특히 청소년을 위한 맞춤형 교육에 전문성을 갖추고 있습니다. 전남정보문화산업진흥원 위촉 강사와 광주·전남 지역 디지털 튜터 및 강사로서 현장 중심의 교육을 실천해 왔습니다. 디지털 튜터, 로봇 코딩 지도사, IEQ 인터넷윤리자격 지도사 등 다수의 전문 자격을 보유했으며 심리학을 전공한 배경을 바탕으로 세대별 맞춤형 디지털 교육 방법론을 연구하며 급변하는 디지털 환경에서 안전하고 건강한 온라인 생활을 위한 교육에 전념하고 있습니다.

디지털 기술의 발전은 우리의 삶을 획기적으로 변화시켰습니다. 스마트폰 하나로 세상과 소통하고 마치 사람과 대화하듯 인공지능과 말을 주고받으며 가상의 환경에서 새로운 경험도 할 수 있게 되었죠. 하지만 이러한 발전의 이면에는 우리가 경계하고 대비해야 할 새로운 위험도 도사리고 있습니다.

최근 중·고등학교에서 발생하는 딥페이크 범죄는 그 심각성을 잘 보여주는 예시입니다. 2024년 교육부 통계에 따르면 전국 약 400개 학교에서 840명의 피해자가 발생했으며 그중 804명이 학생이었습니다. 더욱 충격적인 것은 딥페이크 성범죄로 검거된 피의자 387명 중 83.7%가 10대였다는 점입니다. 심지어 14세 미만 촉법소년도 66명이나 포함되어 있었습니다.

이러한 상황에서 디지털 시민성을 키우는 일은 아무리 강조해도 지나치지 않습니다. 디지털 시민성이란 단순히 디지털 기기를 능숙하게 다루는 것을 넘어 온라인에서 책임감 있고 윤리적으로 행동할 수 있는 능력을 의미합니다. 이는 우리 모두가 갖추어야 할 필수적인 소양입니다.

그렇다면 구체적으로 어떻게 교육할 수 있을까요? 구글이 개발한 '인터랜드'는 디지털 시민성 교육의 좋은 예시입니다. 게임 형식으로 구성된 이 플랫폼은 4개의 특색 있는 섬을 통해 디지털 윤리의 핵심 원칙들을 재미있게 가르칩니다. 직관적인 인터페이스와 단계별 설명이 제공되어 누구나 쉽게 참여할 수 있으며 마우스와 방향키, 스페이스바만으로 간단히 조작할 수 있어 디지털 기기 사용이 서툰 사람도 부담 없이 시작할 수 있습니다. 게임을 진행하는 과정에서 자연스럽게 디지털 윤리를 체득할 수 있도록 설계되어 있습니다.

첫 번째 섬 '친절 왕국'은 온라인 예절의 중요성을 강조합니다. 사이버 폭력의 심각성을 인식하고 온라인에서도 타인을 배려하고 존중하는 태도를 기르는 것이 핵심입니다.

두 번째 섬인 '현실의 강'에서는 온라인 정보의 진위를 판단하는 법을 배웁니다. 비판적 사고를 통해 인터넷에서 접하는 정보에 대한 진실과 거짓을 구분하는 능력을 키우는 것입니다. 누구나 온라인에서 지식과 정보를 전달할 수 있는 만큼 이러한 능력의 중요성은 더욱 커질 것입니다.

세 번째 섬 '명상의 산'에서는 정보 공유의 중요성과 위험성을 배웁니다. 한 번 온라인에 공개된 정보는 영원히 지워지지 않을 수 있다는 점을 인지하고 어떤 정보를 누구와 공유할 것인지 신중하게 결정하는 방법을 익힙니다.

마지막 섬인 '보물 탑'에서는 개인정보 보호의 중요성을 다룹니다. 강력한 비밀번호 설정부터 이중 인증 사용까지 디지털 시대에 자신의 정보를 지키는 구체적인 방법들을 배울 수 있습니다.

이러한 교육은 단순히 청소년들만을 위한 것이 아닙니다. 오히려 우리 어른들이 먼저 올바른 디지털 시민성을 갖추고 실천하는 모습을 보여주어야 합니다. 자녀들과 함께 '인터랜드'를 체험해 보거나 뉴스에서 접하는 디지털 범죄 사례들에 대해 서로 이야기를 나눠보는 것도 좋은 방법입니다.

특히 딥페이크와 같은 새로운 형태의 디지털 범죄에 대해서는 지속적인 관심과 교육이 필요합니다. 단순히 기술을 차단하거나 규제하는 것이 아니라 기술의 올바른 사용법과 윤리적 기준을 함께 고민하고 토론해야 합니다. 이를 통해 우리 아이들이 디지털 세상의 위험을 스스로 인지하고 대처할 수 있는 능력을 키울 수 있습니다.

디지털 시대를 살아가는 우리는 모두 디지털 시민입니다. 단순한 기술의 소비자가 아닌 책임감 있는 시민으로서 우리는 더 나은 디지털 문화를 만들어갈 의무가 있습니다. 앞으로도 저는 디지털 튜터로서 더 많은 사람들이 올바른 디지털 시민성을 갖출 수 있도록 노력하겠습니다.

우리 모두가 함께 만들어가는 건강하고 안전한 디지털 세상을 꿈꿔 봅니다

나만의 성장 로드맵을 마인드맵으로 구조화해보세요.

우리는 디지털튜터다

디지털 교육 현장의
전문가들이 전하는 성공 실전 가이드

당신의 지식을 수익으로 만드는 가장 확실한 방법

1부 디지털 튜터의 실전 가이드

Part 2

강의 콘텐츠 제작의 기술

CONTENTS

1. 나미순_성공적인 강의 커리큘럼 설계하기   38
2. 이재숙_수업 목표 설정하기   39
3. 김이희_수강생의 눈을 사로잡는 강의 제목 만들기   41
4. 정보경_마인드맵으로 강의 교안 만들기   43
5. 김나애_AI로 PPT 메인컬러와 서브컬러 쉽게 정하는 방법 5단계   46
6. 조은진_저작권 무료 이미지 사이트 모음   51
7. 이애경_디지털 교육을 위한 Google 문서도구   53
8. 서정주_Google 설문지 만들기   56
9. 최유진_쉽게 사용할 수 있는 노션기능과 사용법   58
10. 강지연_헤이젠으로 말하는 AI 아바타 만들기   62
11. 이세라_미드저니와 함께 나도 AI Artist   65
12. 강유미_Suno AI로 나만의 뮤직비디오 만들기: 초보자를 위한 완벽 가이드   68
13. 이홍란_캔바로 SNS 이미지 만들기   71
14. 서정숙_만능 매직 툴 캔바! 200% 활용하기 그리드로 카드 만들기   73
15. 손애희_캔바 Magic Media   77
16. 조미리_캔바로 가독성 있는 강의안 만들기   85

1. 나미순 _ 성공적인 강의 커리큘럼 설계하기

> hihina2001@naver.com
> 대표경력: 대전시 평생교육원 강사 / 한국사회복지협의회 디지털 교육 전문강사
> 생성형AI와 디지털 기술을 통해 시니어 세대와 디지털 세상을 연결하는 전문 강사입니다. 대전시 교육 현장에서 쌓은 풍부한 경험을 바탕으로 맞춤형 스마트 교육을 제공하며, 따뜻한 소통과 혁신적인 교육 방법으로 디지털 세상의 안내자 역할을 하고 있습니다.

강사로서 "어떻게 하면 수강생들이 만족하는 강의를 만들 수 있을까?" 고민이 많습니다. 고민 끝에 얻은 답은 '탄탄한 커리큘럼'과 '소통'입니다. 교육 현장에서 성공적인 강의를 위한 커리큘럼 설계 노하우를 소개하겠습니다.

첫 단계는 수강생의 니즈를 정확히 파악하는 것입니다. 예를 들어 "스마트폰 활용"이라는 같은 주제의 강의라도, 직장인과 시니어가 원하는 학습 내용과 깊이는 매우 다릅니다. 따라서 평소에 많은 사람들과 대화하면서 연령대별 니즈를 파악해 두는 것이 필요합니다.

특별히 시니어를 대상으로 강의할 때는 수강생의 마음을 깊이 이해하는 것이 중요합니다. 대부분의 시니어는 디지털 기기 사용이 서툴러 일상에서 많은 불편함을 겪고 있습니다. 가족에게 도움을 청하고 싶지만, 자녀들은 바쁘다며 대충 알려주거나 대신 해주기 일쑤입니다. 이런 상황이 반복되면서 자신감을 잃고 위축된 마음을 갖게 됩니다.

두 번째는 강의 내용은 실생활 중심으로 정합니다. 우선 '꼭 필요한 내용'과 '선택적인 내용'을 명확히 구분 합니다. 스마트폰 기초반의 경우 기본 설정과 카카오톡 사용법은 일상생활에 필수적이기에 꼭 다루고, 인스타그램이나 음식 배달앱은 선택적으로 소개합니다. 강의 내용은 보통 3~4개의 핵심 주제로 구성합니다. 1주 차: 스마트폰 기본 설정 2주 차: 카카오톡으로 소통하기 3주 차: 카메라 활용하기 4주 차: 생활 편의 앱 사용하기 각 주제는 다시 2~3개의 실습으로 나눕니다.

'카카오톡으로 소통하기'라면 카카오톡 기본 버튼, 사진 주고받기, 단체 채팅방 활용하기 실습으로 구성하면 됩니다. 이렇게 체계적으로 내용을 구성하면 수강생들이 집에서도 순서대로 복습하기 쉽고, 실생활에 바로 적용할 수 있습니다.

세 번째 강의실에서는 난이도 조절이 중요합니다. 처음에는 쉬운 내용으로 시작해서 천천히 어려운 내용으로 나아갑니다. 이론 설명은 짧게 하고 실습 시간을 충분히 줍니다. 실습할 때는 교실을 돌아다니며 개별 피드백을 제공하고, 어려워하는 부분이 있으면 전체 수강생들과 함께 해결 방법을 공유합니다. 수업이 끝난 후에도 단체 채팅방을 통해 수강생들과 소통하고 복습 자료를 공유합니다.

네 번째는 학습 성과를 평가합니다. 재미있는 퀴즈, 과제를 제시하여 실행할 수 있는 능력을 파악해야 합니다. 그 후 강의 내용의 양과 난이도를 조정합니다. 주제를 완벽하게 알 때까지 반복만 하는 것 보다 진도가 나가고 다음에 다시 복습하는 방법으로 써클을 이루며 구성하는 것이 좋습니다.

콩나물 공부법으로 콩에 물을 주면 물이 모두 빠져나가는 것 같지만, 매일 물을 주면 콩나물로 성장하듯이 디지털 능력도 여러 차례 노출되면 자연스럽게 키워지는 걸 볼 수 있습니다.

마지막으로 강의 시작 전에는 기술적인 준비도 철저히 합니다. 와이파이가 잘 되는지 확인하고, 강의실에 있는 기기들이 잘 작동하는지 점검합니다. 수강생들이 가져오는 다양한 기기들에 대응할 수 있도록 준비해야 합니다. 작은 기술적 문제 하나가 전체 수업의 흐름을 방해 할 수 있기 때문입니다.

디지털 강의는 단순히 기술 전달을 넘어 디지털 시대를 살아가는 새로운 자신감을 전하는 일입니다. 꼼꼼하게 설계된 강의안과 함께 친절한 설명, 따뜻한 미소, 지속적인 격려가 수강생들의 위축된 마음을 풀어주면서 성공적인 강의가 이루어집니다.

한 분 한 분의 작은 성공이 모여 우리 사회의 디지털 격차를 줄이는 큰 변화가 될 것입니다. 이것이 바로 우리 디지털 튜터들이 가진 사명이자 자부심입니다. 디지털 세계에서 당당하게 소통하고 즐길 수 있게 되기를 바랍니다.

2. 이재숙 _ 수업 목표 설정하기

kidengl5473@gmail.com
대표 경력: 홈플러스 문화 센터 디지털 AI강사
"쉽고 재미있게 디지털 AI 세상과 공감하자!"를 슬로건으로, 수강생의 두려움을 자신감으로 바꾸는 공감형 디지털 AI 교육 전문가입니다. 어린이 영어 교육 경험을 바탕으로, 홈플러스 문화 센터에서 AI 강의를 진행 중이며, 수강생 눈높이에 맞춘 강의로 큰 호응을 얻고 있습니다. 공감과 소통을 핵심 가치로 삼아 수강생들과 함께 성장하며, 새로운 도전과 즐거움을 선사합니다.

디지털 수업에서 수업 목표 설정은 중요합니다. 수업 목표란, 수업을 통해 달성하고자 하는 구체적이고 측정 가능한 학습 결과를 말합니다. 즉, 수업이 끝날 때 학생들이 무엇을 할 수 있어야 하는지를 미리 정해두는 것입니다. 적절한 수업 목표 설정은 수업의 방향성을 명확하게 하고, 내용과 방법을 체계적으로 구성하는 데 큰 도움이 됩니다.

그렇다면 효과적인 수업 목표는 어떻게 설정할 수 있을까요? 다음 네 가지 요소를 고려해 보세요.

첫째, 구체성입니다.
목표는 명확하고 구체적이어야 합니다. 예를 들어 "인터넷 검색을 배운다"는 목표보다는 "네이버에서 원하는 정보를 검색해서 찾을 수 있다"는 것이 더 실질적입니다. "AI가 무엇인지 이해한다"는 것보다 "챗GPT를 활용해 이메일 초안을 작성할 수 있다"는 목표가 더 효과적입니다.

이렇게 설정하면 수강생은 학습 결과를 쉽게 상상할 수 있어 동기부여가 되고, 무엇을 배워야 하는지 명확해집니다.

둘째, 현실성입니다.
수강생의 현재 수준과 상황을 고려해야 합니다. 스마트폰 사용이 어려운 분에게는 복잡한 앱 사용보다는 기본 기능부터 가르치는 것이 더 현실적입니다.

제 경우에는 AI 수업과 병행하여 스마트폰 활용 팁을 공유함으로써 수강생들이 자신감을 얻고, 다양한 AI 앱을 활용할 수 있도록 돕고 있습니다. 예를 들어, 카카오톡이 어려운 수강생에게는 기본 기능부터 익힌 후 점진적으로 다양한 기능을 배울 수 있도록 합니다. AI를 낯설게 느끼는 수강생에게는 카카오톡에서 쉽게 접할 수 있는 Ask up(아숙업)부터 소개합니다.

중요한 것은 수강생의 상황에 따라 학습 목표를 유연하게 조정하는 것입니다. 이런 맞춤형 접근은 수강생의 성취감을 높여 최고의 학습 효과를 가져올 수 있습니다.

셋째, 학습자 중심입니다.
수강생의 관심사와 요구 사항을 파악하는 것이 중요합니다. 사전 인터뷰나 설문조사를 통해 수강생의 관심사를 알아보세요.

한 수강생이 손주 생일에 특별한 노래를 만들어주고 싶다고 말씀하셨습니다. 그래서 수노 AI를 활용해 손주에게 축하 메시지를 담은 가사를 직접 써서 세상에 하나뿐인 곡을 만들었습니다. 진심을 담은 가사에 가족 모두가 감동했다고 합니다. 이처럼 수강생 중심의 수업 목표는 참여도와 만족도를 높여 더욱 효과적입니다.

넷째, 피드백 반영입니다.
수업이 끝난 후 수강생들의 피드백을 반영하는 것이 중요합니다. 수업 후, 어떤 부분이 유익했는지, 개선할 점은 무엇인지 묻고 이를 다음 수업에 반영해 보세요.

저는 강의를 마친 후 반드시 강의 노트에 후기를 기록합니다. 수강생들이 어떤 기능을 더 배우고 싶어 하는지를 파악하고 다음 계획에 포함시키면, 수업의 질이 높아지고 만족도도 향상됩니다.

이 모든 요소를 고려하여 수업 목표를 설정하면, 수강생들이 디지털 세상에서 즐거움을 느끼고 자신감을 찾는 데 큰 도움이 될 것입니다. 디지털 튜터로서 저의 경험담이 여러분의 수업 목표 설정에 도움이 되셨길 바라며, 수강생들과 함께 공감하고 성장하는 멋진 경험을 하시길 기원합니다. 감사합니다.

3. 김이희 _ 수강생의 눈을 사로잡는 강의 제목 만들기

light0822@naver.com
대표경력: 내일발전소대표/ 공기업 및 기업전문 AI활용디자인씽킹
교육콘텐츠 기획 및 디자인씽킹 퍼실리테이터 교육전문가로서 디지털 시대에 맞는 혁신적인 방법을 활용한 교육을 하고 있습니다. 디자인씽킹과 AI를 활용한 사용자 중심의 문제해결을 교육하며, 각 조직의 의사소통과 협업 과정의 커뮤니케이션과 자기개발, 동기부여를 강의하고 있습니다.

강의 제목은 말 그대로 강의의 첫인상입니다. 사람들이 강의의 내용을 확인하기도 전에 제목만으로 관심을 가질지 말지를 결정합니다. 수많은 강의 콘텐츠가 쏟아지는 환경에서 강의 제목은 강의의 성패를 가려줄 만큼 중요합니다.

저 역시 디지털튜터로 활동하며 제목을 잘 짓는 것이 얼마나 중요한지 느껴왔습니다. 교육 콘텐츠 기획과 강의를 전문으로 하는 교육전문가로 활동하며 다양한 강의를 통해 학습자들을 만나본 경험으로 '수강생의 마음을 사로잡는 강의 제목 잘 짓는 방법'에 대한 노하우를 공유해드리고자 합니다.

1. 강의 제목은 한 줄짜리 광고입니다

강의 제목은 광고 문구처럼 강렬해야 합니다. 짧고 명확하게 강의의 핵심을 전달하는 동시에 수강생의 관심과 호기심을 자극해야 합니다. 예를 들어, 단순히 "SNS 강의"라고 적기보다는 "SNS로 팔로워 1000명 늘리는 3가지 방법"처럼 구체적이고 매력적으로 표현해 보세요.

강의 제목에는 세 가지 요소를 담으면 좋습니다.
- 명확성: 강의가 어떤 주제를 다루는지 한눈에 이해할 수 있어야 합니다.
- 감정: 공감이나 흥미를 유발하는 요소를 담아야 합니다.
- 행동 유도: 강의를 통해 얻을 수 있는 결과를 보여주는 것도 중요합니다.

2. 수강생이 원하는 것을 반영하세요

강의 제목은 강사가 아닌 수강생의 입장에서 생각해야 합니다. 수강생이 어떤 문제를 해결하고 싶어 하는지, 어떤 정보를 필요로 하는지를 고민해 보세요. :

- 실전 제목 만들기 공식 : [문제] + [해결방법] + [구체적 성과]

예를 들어, "5분 만에 배우는 클릭률 200% 높이는 강의" 제목 작성법은 낮은 클릭률[문제] + 5분 학습[해결방법] + 클릭률 200% 상승 [구체적 성과]를 담아냅니다.

제목 안에 수강생의 고민을 반영할수록 더 많은 관심을 얻을 수 있습니다.

3. 숫자를 활용해 신뢰감을 높이세요

숫자는 강의 내용을 구체적으로 보여주고 신뢰감을 줍니다. 예를 들어, "SNS 팔로워를 늘리는 방법"보다는 "30일 만에 팔로워 1000명 늘리는 비법"이라는 제목이 더 효과적입니다. 숫자는 수강생이 강의를 통해 얻을 수 있는 결과를 명확히 전달합니다. "5분 만에 끝내는 파워포인트 보고서 제작"처럼 구체적인 시간이나 단계를 포함하면 더 매력적입니다.

4. 제목은 짧고 간결해야 합니다

강의 제목은 짧을수록 눈에 잘 보입니다. 너무 길면 전달력이 떨어지고, 독자의 관심을 끌기도 어렵습니다. 보통 10자에서 20자 안으로 내용을 담는 것이 가장 효과적입니다. 예를 들어, "디지털 강의를 시작하는 모든 방법"보다는 "디지털 강의 초보자를 위한 3단계"가 더 간결하고 흥미를 끌 수 있습니다.

5. 검색어를 포함해 보세요

디지털 강의는 주로 온라인에서 홍보됩니다. 따라서 검색엔진과 SNS에서 자주 검색되는 키워드를 제목에 넣는 것이 좋습니다. 예를 들어, "디지털 강의," "영상 제작," "온라인 수익화" 같은 단어는 수강생의 관심사를 반영하며, 검색 결과에서 강의의 노출도를 높이는 데 도움을 줍니다.

6. 제목의 최종 점검 리스트를 확인해 보세요
이제 수강생의 눈을 사로잡을 수 있는 강의 제목을 만들었다면 강의 제목을 한번 더 점검 해 봅시다.
- 명확성: 한 눈에 이해되는가?
- 매력도: 클릭하고 싶게 만드는가?
- 검색 최적화: 키워드가 적절한가?
- 목표 부합성: 강의 내용과 일치하는가?

7. 피드백을 통해 제목을 다듬으세요
제목을 여러 개 작성해 보고, 지인이나 동료 디지털튜터에게 의견을 물어보세요. 또는 SNS에 게시해 테스트를 진행하는 것도 좋은 방법입니다. 두 가지 제목을 올리고 클릭 수가 더 많은 제목을 선택하거나, 간단한 설문조사로 선호도를 파악할 수 있습니다.

수강생들에게 한 눈에 쏙 들어오는 강의 제목이 강의의 성패를 결정합니다 강의 제목은 단순히 이름을 짓는 작업이 아닙니다. 그것은 수강생과의 첫 만남이자, 강의의 가치를 전달하는 중요한 메시지입니다. 제목을 짓는 일이 어렵게 느껴질 때는 한 가지 질문을 떠올려 보세요. "이 제목이 수강생의 관심을 끌고, 그들에게 어떤 가치를 전달하고 있는가?"

디지털튜터로서 여러분도 자신의 강의를 빛낼 제목을 찾아가길 바랍니다. 또한 여러분의 강의 제목이 수강생들에게 새로운 도전을 시작할 용기를 주길 응원합니다!

4. 정보경_마인드맵으로 강의 교안 만들기

newsaga@naver.com
대표경력: AI 리터러시 전문 강사 / 2024년 제주특별자치도 디지털 교육 부문 수상
디지털 문해력 교육 및 텍스트 창작 활동을 통해 설레는 미래를 함께 열어가는 디지털 리터러시 교육 전문가이자 텍스트 크리에이터입니다. 다년간의 경험을 바탕으로 다양한 연령층에게 실용적이고 효과적인 디지털 교육을 제공하며, 디지털과 인문학의 융합을 통해 미래 사회 발전에 기여하고 있습니다.

디지털 시대가 도래하며 온라인 강의는 이제 일상이 되었습니다. 이에 따라 효과적인 강의 방법에 대한 고민은 더욱 깊어지고 있으며, 특히 4050세대 강사님들은 새로운 기술과 도구에 적응하며 효율적인 강의 교안을 제작해야 하는 과제를 안고 계십니다. 이러한 상황에서 마인드맵은 복잡한 강의 내용을 시각적으로 정리하고 창의적인 아이디어를 발상하는 데 탁월한 도구로서, 강사님들의 고민을 해결하고 강의의 질을 한 단계 끌어올리는 데 큰 도움을 줄 수 있습니다. 본 글에서는 4050 강사님들을 위해 마인드맵을 활용한 효과적인 강의 교안 작성법을 쉽고 명확하게 안내해 드립니다.

마인드맵이란 무엇일까요?

마인드맵은 중심 주제를 중심으로 관련 아이디어들을 나뭇가지처럼 뻗어 나가도록 시각적으로 표현하는 사고 정리 도구입니다. 1970년대 토니 부잔에 의해 개발된 이 방법은 복잡한 정보를 체계적으로 정리하고 새로운 아이디어를 효과적으로 발상하도록 돕습니다. 특히 방대한 강의 내용을 간결하고 명확하게 정리해야 하는 4050 강사님들에게 매우 유용합니다.

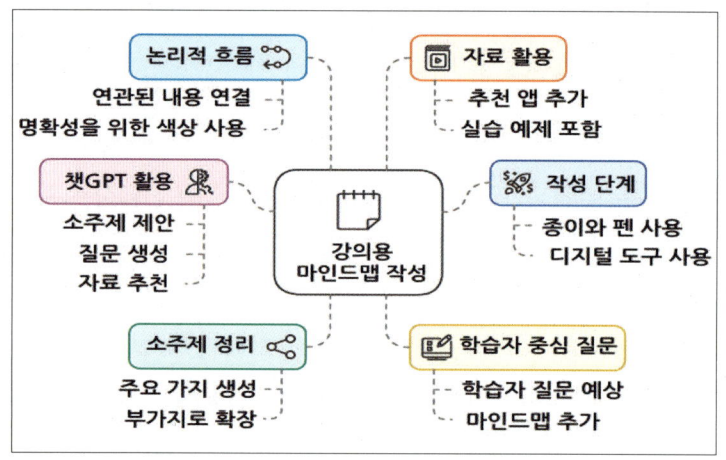

1. 마인드맵, 어떻게 시작할까요?

마인드맵 작성은 매우 간단합니다. 종이와 펜만 있어도 시작할 수 있으며, 스마트폰이나 컴퓨터에서 사용 가능한 다양한 마인드맵 프로그램(MindMeister, XMind, Coggle 등)을 활용하면 더욱 편리하게 작성하고 관리할 수 있습니다. 이러한 프로그램들은 직관적인 인터페이스와 협업 기능을 제공하여 효율적인 강의 준비를 지원합니다.

중심 주제 설정: 강의의 핵심 주제를 중앙에 배치합니다. 예를 들어 "스마트폰 사진 잘 찍는 법"이라는 주제로 강의를 진행한다면, 이 문구가 중심 주제가 됩니다. 먼저, 중심 주제에서 4~7개 정도의 주요 가지를 뻗어 나가도록 합니다. 각 가지는 강의의 큰 흐름, 즉 주요 목차를 나타냅니다. 예를 들어 "촬영 준비", "구

도 잡기", "빛 활용", "편집하기" 등이 주요 가지가 될 수 있습니다. 다음으로 주요 가지에서 다시 세부 가지들을 만들어 내용을 구체화합니다. "촬영 준비"라는 주요 가지에서 "스마트폰 설정", "렌즈 닦기", "촬영 모드 선택" 등의 세부 가지를 추가할 수 있습니다.

2. 강의 내용, 마인드맵으로 구조화하기 (예시: 스마트폰 사진 잘 찍는 법)

마인드맵의 가지들은 강의의 전체적인 흐름을 한눈에 보여줍니다. 아래는 "스마트폰 사진 잘 찍는 법" 강의를 마인드맵으로 구성한 예시입니다.

첫 번째 중심 주제
- 스마트폰 사진 잘 찍는 법
두 번째 주요 가지
- 촬영 준비, 구도 잡기, 빛 활용, 편집하기
세 번째 세부 가지
촬영 준비 : 스마트폰 설정, 렌즈 닦기, 촬영 모드 선택
구도 잡기 : 삼분할 법칙, 수평 맞추기, 배경 정리
빛 활용 : 자연광 활용, 역광 촬영, 플래시 사용
편집하기 : 사진 자르기, 밝기 조절, 필터 적용

이처럼 마인드맵을 활용하여 강의 내용을 정리하면 강의 준비 과정을 훨씬 효율적으로 관리할 수 있습니다.

3. 수강생의 입장에서 질문을 만들면 강의력 쑥쑥!

훌륭한 강의는 수강생들의 궁금증을 명쾌하게 해소해 주는 강의입니다. 수강생들이 어떤 질문을 할지 미리 예상하여 마인드맵에 추가해 보세요. 예를 들어 "스마트폰으로 전문가처럼 사진을 찍을 수 있나요?", "사진 편집에 유용한 무료 앱을 추천해 주세요", "사진 흔들림을 방지하는 효과적인 방법이 궁금해요"와 같은 질문들을 미리 생각해 볼 수 있습니다. 이러한 질문들은 수강생들의 흥미를 유발하고 강의 내용에 대한 이해도를 높이는 데 효과적입니다.

4. 흐름과 연결성을 강조하세요!

마인드맵의 가지들은 서로 긴밀하게 연결되어 있습니다. 관련된 내용들을 선으로 연결하거나 같은 색상으로 표시하면 수강생들이 강의의 전체적인 구조와 흐름을 더욱 쉽게 파악할 수 있습니다. 예를 들어 "구도 잡기"와 "빛 활용"은 사진의 품질에 직접적인 영향을 미치는 요소이므로 같은 색으로 표시하여 연관성을 강조할 수 있습니다.

5. 풍부한 강의 자료를 적극 활용하세요

마인드맵에 사진, 그림, 동영상 링크, 참고 자료 등을 추가하면 더욱 풍성하고 흥미로운 강의를 만들 수 있습니다. 예를 들어 추천 앱 목록, 촬영 예시 사진, 사진 편집 튜토리얼 영상 링크 등을 추가하여 수강생들에게 실질적인 도움을 제공하고 강의의 몰입도를 높일 수 있습니다.

6. ChatGPT를 나만의 비서로 채용하세요

ChatGPT는 마인드맵 작성을 효과적으로 지원하는 유용한 도구입니다. 강의 주제를 구체화하거나, 소주제를 제안받거나, 예상 질문을 생성하거나, 관련 자료를 추천받는 데 활용할 수 있습니다. "스마트폰 사진 강의에서 다룰 주제 5가지를 제안해 줘" 또는 "수강생들이 궁금해할 만한 질문 10개를 만들어 줘"와 같은 질문을 입력하면 ChatGPT가 다양한 아이디어를 제공해 줄 것입니다.

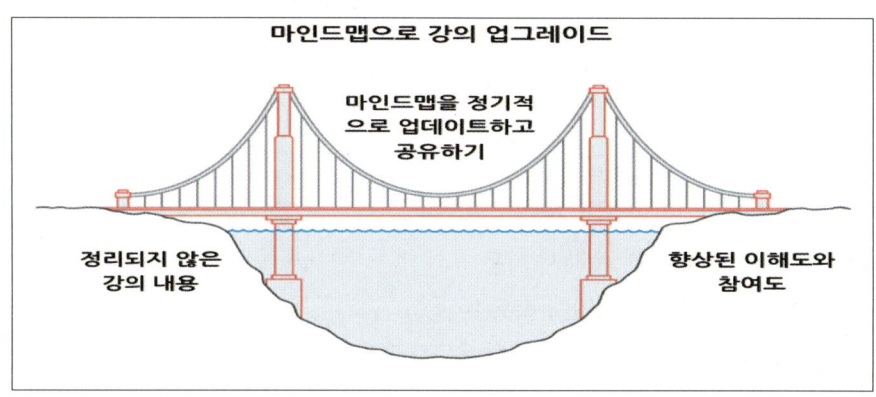

마인드맵은 강의 내용을 체계적으로 정리하고 수강생들에게 효과적으로 전달하는 데 매우 유용한 도구입니다. 마인드맵을 활용하면 강의 준비가 훨씬 수월해지고, 마인드맵을 공유하는 것 만으로도 수강생들은 강의 내용을 더욱 쉽게 이해하고 기억할 수 있습니다. 지금 바로 마인드맵을 활용하여 더욱 풍성하고 효과적인 온라인 강의를 만들어 보십시오. 꾸준히 활용하고 업데이트하면 강의의 질을 지속적으로 향상시킬 수 있습니다.

5. 김나애 _ AI로 PPT 메인컬러와 서브컬러 쉽게 정하는 방법 5단계

byeol1204@naver.com
대표경력: 한국관광공사 컨설턴트/카카오 교육매니저
  25년 미디어 디자인 경력을 바탕으로 AI 리터러시 교육, 창업 및 운영 컨설팅 하는 전문가이자 'Visualization of Knowledge'를 추구하는 투멘토 대표. 한국관광공사 컨설턴트와 카카오 교육매니저로서 쌓은 깊이 있는 경험을 바탕으로, 최신 트렌드와의 조화를 통해 성장의 길을 함께 열어가는 믿음직한 파트너입니다.

"디자인 꾸미는게 아니라 잘 정리하는 것이다. = 본질은 정보전달"

프레젠테이션을 디자인 할때 많은 것을 고민해야 한다. 디자인에는 좋아보이게 만드는 법칙이 있다. 7가지 디자인요소로 정리할 수 있는데 프레젠테이션에 꼭 들어가야 하는 재료를 의미한다.

발표내용을 잘 표현하기 위해선 레이아웃과 정렬, 글꼴, 이미지, 도형, 동영상, 컬러, 에니메이션 등 많은 것들을 고민해야 한다. 그 중 색, Color만 잘 선택해도 전체적인 분위기, 통일감, 완성도를 높이고 전문적으로 보일 수 있다. "컬러는 힌트이다. 컬러는 브랜드이다." 컬러는 프레젠테이션의 주제가 될 수 있기 때문에 맥락에 맞는 컬러 사용이 매우 중요하다. 뿐만 아니라 나를 브랜딩 할 수 있는 중요한 요소이기도 하다.

색 자체에만 집중하는 것이 아니라 성공적인 팔레트를 구성하는 것이 매우 중요하다. 배경과 상황에 어울리는 톤과 색을 알아야 좋은 팔레트를 만들 수 있으므로, 결국 색 사이의 관계와 맥락에 관한 지식이 필요하다. 색이라는 매개체의 진정한 잠재력을 드러내기 위해 컬러의 선택은 다소 힘든 일이다. 이 챕터에서는 AI를 활용해 컬러를 조금 수월하게 선택할 수 있도록 방법을 5단계로 제안한다.

1. 슬라이드 배경색 정하기

조도와 슬라이드의 배경색에 따라 여백이 달라 보인다. 발표장소의 조도에 따라 프레젠테이션 배경색을 다르게 선택해야한다. 밝은 곳에서는 밝은 배경색, 어두운 장소에서는 어두운 배경색을 선택해야 집중력을 더할 수 있다

| 밝은 장소에서 배경색 | 어두운 장소에서 배경색 |

2. Chat Gpt를 활용한 Main Color 정하기

3. Chat Gpt를 활용한 Sub Color 정하기

> 1가지 레드컬러를 추천한다면 RGB: 0, 71, 171와 가장 잘어울리는 색으로 추천해줘

RGB: **0, 71, 171** (코발트 블루)와 가장 잘 어울리는 단 하나의 레드 컬러를 추천드리자면:

딥 스칼렛 레드
- **RGB**: 220, 20, 60
- **Hex**: #DC143C

이 색상은 코발트 블루와 대조적인 강렬함을 가지고 있으면서도 세련된 조화를 이룰 수 있는 레드입니다. 딥 스칼렛 레드는 깊이 있고 정제된 느낌을 주어 전문적인 디자인에서 신뢰와 에너지의 균형을 강조하는 데 적합합니다.

> 이색을 추천하는 이유와 이 컬러의 특징을 설명해줘

딥 스칼렛 레드 (RGB: 220, 20, 60)를 추천하는 이유

1. **코발트 블루와의 대조 및 균형**
   딥 스칼렛 레드는 코발트 블루(RGB: 0, 71, 171)와 보색 관계에 가까운 대조를 이루면서도 과하지 않은 우아함을 유지합니다. 이 대조는 시각적으로 강렬한 인상을 주면서도 조화를 깨지 않아 세련된 디자인을 만듭니다.

2. **전문적이고 강렬한 인상**
   이 레드는 강렬한 에너지를 가지고 있지만, 톤이 깊고 정제되어 있어 고급스러움과 신뢰를 동시에 전달합니다. 이는 기획과 디자인을 전문으로 하는 회사의 이미지를 효과적으로 강화합니다.

3. **다양한 활용성**
   딥 스칼렛 레드는 배경, 텍스트, 강조 요소로 활용할 때도 명확하고 깔끔한 시각적 메시지를 전달하며, 특히 블루 계열과 함께 사용하면 중요한 메시지를 강조하는 데 유리합니다.

결론
딥 스칼렛 레드는 코발트 블루와 함께 사용했을 때, 강렬하면서도 균형 잡힌 인상을 주어 전문 디자이너들이 고급스럽고 세련된 디자인을 완성할 수 있는 최적의 선택입니다.

4. 메인컬러, 서브컬러와 어울리는 그레이색 정하기

> 코발트블루와 딥 스칼렛 레드와 같이 사용될 그레이톤 컬러를 추천해줘

코발트 블루(RGB: 0, 71, 171)와 딥 스칼렛 레드(RGB: 220, 20, 60)와 잘 어울리는 **그레이톤 컬러**로 다음을 추천합니다:

차콜 그레이
- **RGB**: 54, 69, 79
- **Hex**: #36454F

활용 팁
- **배경색으로 사용**: 코발트 블루와 딥 스칼렛 레드의 포인트 컬러를 더욱 돋보이게 함.
- **텍스트 색상**: 밝은 배경 위에서 차콜 그레이를 활용하면 가독성이 뛰어납니다.
- **아이콘 및 디테일 요소**: 디테일이나 경계선에 사용하면 디자인에 깊이감을 더할 수 있습니다.

결론: 차콜 그레이는 두 메인 컬러와 조화로운 디자인을 만드는 데 최적의 선택입니다.

5. 나의 메인 PPT디자인 완성

블랙과 화이트도 컬러이다. 그렇다면 내가 선택한 색은 총 5가지, 코발트블루, 딥스칼렛, 차콜 그레이, 블랙, 화이트가 되는 것이다. 완성된 디자인에서 부족함이 느껴지는가?

선택한 색상의 심리적 효과를 살펴보면

- 블루: 신뢰와 안정감을 전달하며 청중의 관심을 유지
- 레드: 주의를 끄는 강조점으로 사용, 중요한 메시지 전달에 효과적
- 그레이: 중립적이고 균형 잡힌 배경으로 정보의 명료성을 높임

색은 순수하게 미적 매력을 주는 것 뿐만 아니라 발표에 있어 길잡이 역할을 하기도 한다. 컬러로 시각적 길잡이를 제공한다면 통일된 색상 체계를 통해 발표의 논리적 흐름을 강화시킬 수 있다.

또한 배경과 텍스트의 대비를 높여 컬러의 대비를 활용하면 가독성을 극대화할 수 있다.

저자는 템플릿에 시간을 지나치게 투자하기보다는, 단순한 디자인과 강렬한 컬러 선택으로 정보를 효과적으로 전달하는 데 집중하기를 추천한다. 이렇게 하면 발표의 전달력과 설득력이 모두 향상이 될 것이다.

6. 조은진 _ 저작권 무료 이미지 사이트 모음

qopo1025@naver.com
대표경력: 스마트폰 영상편집 강의 60회 / 디지털문해교육 강의 70회
　디지털 교육, 스마트폰 활용 교육을 전문으로 강의하며 실제 온라인몰을 운영하며 쌓아온 노하우를 바탕으로 현대 사회에서 필수적인 디지털 기술의 대중화를 위한 강의를 제공하고 있습니다. 유튜브 콘텐츠 제작과 스마트스토어 운영, 블로그 교육을 통해 소상공인과 개인 창업자를 위한 실질적인 디지털 역량 강화 프로그램을 제공하며, 유튜브 채널 '빨쩐소'를 운영하며 온라인에서도 유익한 콘텐츠를 제작하고 있습니다.

인터넷에서는 많은 무료 이미지 사이트가 존재합니다. 이러한 무료 이미지 사이트는 다양한 주제의 이미지를 제공하며, 개인적인 용도 뿐만 아니라 상업적으로도 자유롭게 사용할 수 있습니다.

그럼 무료이미지는 어떤분야에 사용할 수 있을까요?
　개인 블로그나 웹사이트 제작에 사용 가능합니다. 자신의 블로그나 웹사이트를 운영하면서 필요한 이미지를 무료 이미지 사이트에서 다운로드하여 사용할 수 있습니다. 책이나 잡지 등 출판물을 제작할 때 무료 이미지를 사용할 수도 있으며 제품 홍보나 마케팅 캠페인 등 다양하게 사용 가능합니다. 또한 유튜브 동영상 제작이나 콘텐츠 제작 등에도 무료 이미지가 필요할 시 사용 가능하며 학교 학원 등에서 교육용 자료를 제작할 때에도 사용 할 수 있습니다. 그외에도 디자인작업, 예술작품 제작, 게임제작 등 기타 다양한 분야에서 무료 이미지를 사용 할 수 있습니다.

저작권 무료 이미지를 제공해주는 사이트는 무엇이 있을까요?
　픽사베이 (Pixabay) : 전 세계적으로 가장 유명한 무료 이미지 사이트 중 하나입니다. 다양한 주제의 이미지를 제공하며, 상업적으로도 자유롭게 사용할 수 있습니다. 이 사이트에서는 이미지 뿐만 아니라 동영상, 음악, 음성 파일 등 다양한 미디어 파일을 무료로 다운로드 받을 수 있으며 저작권 문제가 없는 이미지들만을 제공하므로 안심하고 사용할 수 있습니다.

언스플래쉬(Unsplash) : 픽사베이와 마찬가지로 전 세계적으로 인기있는 무료 이미지 사이트 중 하나입니다. 다양한 주제의 이미지를 제공하며, 상업적으로도 자유롭게 사용할 수 있습니다. 이 사이트에서 전세계의 작가들이 촬영한 아름다운 풍경, 인물, 동물, 사물 등 다양한 종류의 이미지들을 무료로 다운로드 받을 수 있습니다. 또한, 각 이미지에는 작가의 이름과 출처가 명시되어 있어 출처를 명확하게 밝힐 수 있습니다.

픽셀 (Pexels) : 3백만 개 이상의 무료 이미지를 보유하고 있으며, 다양한 필터를 통해 원하는 사진을 쉽게 검색할 수 있습니다. 이 사이트에서는 여러가지 카테고리와 키워드를 통해 필요한 이미지를 빠르게 찾을 수 있으며, 고화질의 이미지를 무료로 다운로드 받을 수 있습니다. 또한 제공되는 이미지들은 상업용으로도 자유롭게 사용할 수 있습니다.

포토리아(Fotolia) : 포토그래퍼와 아티스트들이 등록한 다양한 이미지와 비디오를 구매하거나 대여할 수 있는 사이트이며 일부 이미지는 무료로 제공되고 있으며, 무료 이미지들 또한 높은 품질을 가지고 있다는 장점이 있습니다.

게티이미지뱅크(Getty Images Bank) : 다양한 주제의 이미지와 비디오를 무료로 다운로드할 수 있습니다. CC0 라이센스로 배포되어 상업적으로 이용이 가능합니다.

푸디스피드 (Foodiesfeed) : 음식 관련 이미지를 전문적으로 다루는 무료 이미지 사이트로, 음식 블로그, 레스토랑 메뉴, 요리책자 등을 제작하는 데 필요한 다양한 고품질의 음식 사진을 제공합니다. 이 사이트는 음식 사진에 특화되어 있어, 다른 일반적인 무료 이미지 사이트에서는 찾기 힘든 독창적이고 매력적인 음식 이미지를 쉽게 다운로드 할 수 있습니다.

스톡스냅 (Stocksnap) : 매주 새로운 이미지를 추가로 제공하는 사이트로 CC0 라이센스로 배포되어 상업적으로 이용이 가능합니다. free이미지는 무료다운 가능합니다.

픽점보 (Picjumbo) : 고품질의 무료 이미지를 제공하는 사이트로 CC0 라이센스로 배포되어 상업적으로 이용이 가능합니다.

버스트 (Burst) : 상업적으로 이용이 가능한 이미지를 제공하는 사이트로 CC0 라이센스로 배포됩니다.

라이프오브픽스 (Life of Pix) : 다양한 무료 이미지를 제공하는 사진 공유 웹사이트로, 개인 및 상업적 용도로 사용할 수 있는 고해상도 이미지를 제공하며 저작권 제한이 없습니다.

이러한 다양한 저작권 무료 이미지 사이트를 사용할때에는 무료이긴 하지만 사용 전에 확인해야 하는 사항이 있습니다. 각 사이트마다 이미지 사용 조건이 다를 수 있으므로, 사용 전에 반드시 확인해야 합니다. 예를 들어, 일부 이미지에는 무료 이용은 가능하지만 출처를 표시해야 하거나, 상업적 사용에는 제한이 있는 경우가 있습니다. 또한 이미지의 라이센스를 준수해야하며 수정 또는 배포 할 수 있는지 여부를 체크해야하며, 혹시 불가능한 이미지라면 이미지를 원상태 그대로 사용해야 합니다. 일부 무료 이미지 사이트에서는 일정 기간 동안만 무료 사용이 가능하다거나 회원가입 후 로그인을 해야지만 사용 할 수 있는 경우가 있습니다. 또한 무료 이미지 사이트이지만 추후 제작자 또는 사이트 운영자의 수익 창출을 위해 유료 전환이 될 수도 있으므로 각 해당 사이트의 이용 약관을 확인 후 사용하시는 것을 권장 드립니다.

7. 이애경 _ 디지털 교육을 위한 Google 문서도구

howto0353@naver.com
대표경력: 하우투교육 대표 / AI영상제작협회 부회장
　교육과 AI를 융합하는 혁신가이자 생성형 AI 교육 전문가입니다. 하우투교육의 대표로서 AI 기술을 활용한 혁신적인 교육 프로그램을 제공하며, 특히 챗GPT를 활용한 비즈니스 솔루션 개발과 교육에 주력하고 있습니다. 중소상공인과 교육 전문가들을 위한 AI 활용 교육을 선도하고 있습니다. 생성형 AI를 활용한 업무 효율화와 마케팅 전략 수립에 대한 전문 강사로 활약하며, 디지털 전환 시대에 실질적인 솔루션을 제시하고 있습니다.

교육 분야의 디지털 혁신으로 인해 Google Docs와 같은 도구가 필수가 되는 시대입니다. 40~50대 여성에게 디지털 튜터터로서 기술이 주도하는 세상에 발을 들이는 것은 도전이자 기회입니다. 직관적인 디자인과 다양한 기능을 갖춘 Google Docs는 교육 자료를 생성, 관리 및 공유할 수 있는 강력한 플랫폼을 제공합니다. 저는 Google 문서도구의 잠재력을 최대한 활용하여 효과적이고 매력적인 학습 경험을 제공하는 데 도움이 되는 단계별 가이드를 알려드리겠습니다.

1. Google 문서도구가 디지털 교사에게 필수적인 도구인 이유

디지털 시대의 교육에는 접근 가능하고 협업적이며 효율적인 도구가 필요합니다. Google Docs는 이러한 모든 항목에서서 디지털 튜터에게 필수입니다. 작업 내용 손실에 대한 걱정 없이 언제, 어떤 장치에서든 문서에 액세스할 수 있는 능력이 있다고 상상해 보십시오. Google 문서도구는 클라우드에서 작동하므로 자료가 안전할 뿐만 아니라 영감이 떠오르거나 수강생에게 도움이 필요할 때마다 쉽게 사용할 수 있습니다.

공동작업은 현대 교육의 핵심이며 Google Docs는 이 분야에서 탁월합니다. 공유 옵션을 사용하면 수강생이나 공동 교사를 초대하여 실시간으로 문서를 보고, 댓글을 달고, 편집할 수 있습니다. 이 기능은 정적 자료를 종합적으로 다듬을 수 있는 동적, 대화형 리소스로 변환합니다.

또한 Google Docs의 사용자 친화적인 인터페이스를 통해 기술을 처음 접하는 사람이라도 빠르게 능숙해질 수 있습니다. 디자인의 단순성과 깊이가 조화를 이루며 기본 요구 사항과 고급 요구 사항을 모두 충족하는 강력한 도구를 제공합니다.

2. Google 문서도구 시작하기: 단계별 가이드

1) Google 계정 로그인

Google 문서도구의 세계에 첫발을 내딛는 사람들에게 시작은 간단합니다. 첫 번째 문서를 만들려면 Google 계정에 로그인하고 Google Docs로 이동한 후 빈 문서 옵션을 클릭하세요. 깨끗하고 하얀 페이지가 여러분을 맞이하며 창의적인 의견을 제시할 준비가 되어 있습니다.

2) 문서 이름 지정

문서 이름을 지정하는 것은 체계적으로 정리하는 첫 번째 단계입니다. 왼쪽 상단의 "제목 없는 문서" 필드를 클릭하고 파일에 의미 있는 이름을 지정하세요. 이 작은 습관을 통해 나중에 검색하는 시간을 절약할 수 있습니다.

3) 도구 활용

문서가 생성되면 도구 모음에 익숙해지십시오. 텍스트 서식 지정, 이미지 삽입 및 레이아웃 옵션 조정을 위한 도구가 편리하게 배열되어 있어 교육 요구 사항에 맞게 문서를 사용자 정의할 수 있습니다. 공유 설정 및 콘텐츠 추가와 같은 강력한 기능이 포함된 "파일", "편집" 및 "삽입" 메뉴를 살펴보는 시간을 가져보세요.

3. 효과적인 교육 자료 디자인

시각적으로 매력적이고 기능적인 교육 자료를 만드는 것은 수강생들의 참여를 유도하는 데 중요합니다. Google 문서도구는 수업 계획, 워크시트, 가이드용 템플릿을 제공하여 디자인 과정을 간소화합니다. 이러한 항목에 액세스하려면 메인 메뉴에서 "템플릿 갤러리"를 클릭하세요.

문서에 시각적 요소를 통합하면 그 효과가 높아집니다. 이미지, 표, 다이어그램을 추가하려면 "삽입" 메뉴를 사용하세요. 예를 들어, 잘 배치된 차트는 복잡한 데이터를 명확하게 하고 관련 이미지는 자료의 관련성을 더욱 높여줄 수 있습니다.

콘텐츠를 신중하게 구성하세요. 제목, 중요 항목, 번호가 매겨진 목록을 사용하여 정보를 관리 가능한 섹션으로 분류하세요. 이러한 서식 도구를 사용하면 문서를 더 쉽게 읽을 수 있을 뿐만 아니라 학생들이 주요 정보를 빠르게 찾을 수 있습니다.

4. 수강생 과제 공동작업 및 관리

Google Docs의 공동작업 기능은 디지털 교사에게 혁신을 가져옵니다. 문서 공유는 오른쪽 상단에 있는 '공유' 버튼을 클릭하는 것만큼 간단합니다. 필요에 따라 공동작업자가 보기, 댓글 달기, 편집 가능 여부를 결정하세요. 수강생들에게 피드백과 질문에 댓글 기능을 사용하도록 권장하세요. 댓글은 보조 메모로 표시되므로 원본 콘텐츠가 변경되지 않은 상태로 유지됩니다. 튜터로서 이러한 의견에 직접 응답하여 이해를 높이는 대화를 조성할 수 있습니다.

진행 상황을 추적하는 것은 수강생 관리의 또 다른 중요한 측면입니다. Google Docs는 문서의 버전 기록을 자동으로 저장합니다. "파일" > "버전 기록" 메뉴에 액세스하면 변경 사항을 검토하고 필요한 경우 이전 버전으로 되돌릴 수 있습니다. 이 기능은 공동 프로젝트 중에 수강생의 기여를 모니터링하는 데 매우 중요합니다.

5. 일반적인 과제 극복

새로운 기술을 채택하는 것은 두려울 수 있지만 약간의 끈기가 있으면 제2의 직업이 됩니다. 기술적인 문제가 발생할 경우 Google Docs의 기본 메뉴에서 액세스할 수 있는 강력한 도움말 섹션이 있습니다. 온라인 튜토리얼과 포럼에서는 일반적인 문제에 대한 빠른 해결책도 제공합니다.

여러 문서를 관리하는 것은 부담스러울 수 있습니다. Google 드라이브의 폴더에 파일을 정리하는 것도 필요합니다. 파일 이름에 날짜나 주제를 포함하는 등의 명명 규칙을 사용하면 나중에 특정 자료를 더 쉽게 찾을 수 있습니다. 기술 사용과 교육의 개인적인 측면 사이의 균형을 맞추는 것이 중요합니다. Google 문서도구는 교육을 지원하는 도구이지 교육자로서 고유한 통찰력과 공감력을 대체하는 도구가 아니라는 점을 기억하세요.

6. 배움과 성장의 지속적인 여정.

Google 문서도구는 시작에 불과합니다. 해당 기능에 익숙해지면 자료를 다듬고 작업 흐름을 간소화하며 수강생들의 학습 경험을 향상시키는 방법을 발견하게 될 것입니다. 디지털 튜터로서 가장 보람 있는 측면 중 하나는 수강생들과 함께 성장하는 것입니다. 그들의 피드백, 질문, 성과는 귀하의 발전에 도움이 될 수 있는 귀중한 통찰력을 제공합니다. 이러한 순간을 교수법을 개선하고 수강생의 요구에 더 잘 맞게 자료를 조정할 수 있는 기회로 활용하십시오.

또한, 다른 디지털 교사와 계속 연락을 유지하면 새로운 아이디어와 지원을 얻을 수 있습니다. 한국디지털강사협회와 같은 커뮤니티는 경험 공유, 과제 해결, 성공 축하를 위한 훌륭한 리소스입니다.

결론: Google Docs로 역량 강화

Google Docs를 마스터하고 디지털 교사로 성공하기 위한 여정은 어렵지 않습니다. 이 구글 문서 도구를 교육에 통합하면 효율성이 향상될 뿐만 아니라 교육의 새로운 가능성을 열어줄 수 있습니다.

저는 나이나 경험에 상관없이 기술은 모든 사람을 위한 것이라고 생각합니다. 첫 번째 문서를 작성하든 전체 교육 리소스 라이브러리를 관리하든 Google 문서도구는 교육에 대한 접근 방식을 변화시킬 수 있는 잠재력을 가지고 있습니다.

다음 단계를 밟을 때 직면하는 모든 어려움은 성장할 수 있는 기회임을 기억하십시오. 인내심, 연습, 활발한 디지털 교사 커뮤니티의 지원을 통해 교육의 미래를 자신있게 받아들이고 시작해 보세요. 디지털 튜터! 우리는 당신을 응원합니다.

8. 서정주 _ 설문지 만들기

tyche3835@naver.com
대표경력: 홈플러스문화센터 강사, 대한 노인회 강사
　스마트폰 강사와 캔바 강사로 활동 중이며, 디지털 아트 작가이자 출판 콘텐츠 작가로도 활동하고 있습니다. 디지털 기술과 창의력을 결합하여 다양한 연령층을 대상으로 실용적이고 창의적인 디지털 교육을 제공하며, 특히 시니어를 대상으로 디지털 문해력 향상을 돕고 있습니다.

"작은 설문지 하나가 강의를 바꿀 수 있습니다. 지금 바로 시작해보세요!"

1. 설문지의 목적 정의

설문지는 강의 개선과 학습자 소통을 위한 필수 도구입니다. 명확한 목적 설정이 효율적 데이터를 수집하는 첫걸음입니다.

목적 예시
- **강의 피드백**: 수업 만족도, 자료 유용성 평가.
- **학습자 요구 파악**: 추가 주제 요청, 학습 방식 선호도.
- **수업 효과 평가**: 학습 성과 및 개선 필요점 파악.

활용 사례
- **강의 피드백**: "학습자들이 강의 자료와 진행 방식에 대해 어떻게 느꼈는지 알고 싶다."
- **학습자 요구 분석**: "강의에 포함되길 원하는 추가 주제는 무엇인가?"
- **수업 효과 평가**: "학습자들이 수업에서 얼마나 배웠는지 평가하고 싶다."

2. 핵심 질문 유형
설문지 작성 시 목적에 맞는 질문 유형을 선택하세요.
1. **객관식**: 간단한 분석이 가능.
   "내용은 이해하기 쉬웠나요?" (매우 그렇다 ~ 전혀 아니다)
2. **리커트 척도**: 만족도와 동의 정도를 수치로 측정.
   "강의 자료는 유용했나요?" (1~5점)
3. **주관식**: 세부 의견과 학습자 아이디어를 수집.
   "가장 유익했던 점은 무엇인가요?"
4. **체크박스**: 다중 선택이 가능.
   "추가로 배우고 싶은 주제를 선택하세요."
5. **순위 선택**: 학습자 선호도와 주제 중요도를 파악.
   "다음 주제의 중요도를 우선순위로 나열하세요."

3. 디지털 설문 도구 활용
교육 현장에서 설문을 쉽게 제작하고 활용할 수 있는 도구를 소개합니다.
- **구글 설문지**: 무료로 간단 제작 가능. 자동 결과 분석 및 그래프 생성
- **Typeform**: 세련된 디자인과 직관적 인터페이스. 학습자 참여도 높이는 UX 제공
- **Mentimeter**: 실시간 응답 및 투표기능으로 강의 중 학습자와 상호작용 강화.
- **Kahoot!**: 퀴즈와 설문을 결합하여 재미있고 효과적인 방식의 의견수집 가능.

4. 설문 작성 팁
효율적이고 정확한 설문 작성을 위해 아래 팁을 활용하세요.
- **명확한 질문 작성**: "이 강의에서 가장 유익했던 점은 무엇인가요?"
- **중립적 질문 사용**: "이 강의에서 개선이 필요한 점은 무엇인가요?"
- **익명성 보장**: 민감한 질문은 익명성을 보장하여 솔직한 답변 유도.
- **적정 길이 유지**: 설문 문항 수를 5~10개로 제한하여 응답 피로도 줄임
- **테스트 설문 실행**: 설문 발송 전 동료나 소규모 그룹을 통해 문제점을 파악하고 수정

5. 설문 결과 분석과 활용
설문 결과를 실질적으로 분석하고 강의에 반영하여 학습자 만족도를 높이세요.

- **분석**
  객관식 및 리커트 척도: 응답 비율과 평균값 계산.
  주관식: 자주 언급되는 키워드를 정리해 학습자 요구 파악.
- **개선**
  요구 및 불만등 공통된 의견을 반영해 강의 환경 및 품질 향상.
- **공유**
  설문 결과를 학습자와 공유하여 신뢰 구축
  "다음 강의에서는 요청하신 주제를 추가로 다루겠습니다."

템플릿 예시
강의 만족도 설문
"강의 내용은 이해하기 쉬웠나요?" (객관식)
"강의 자료는 충분히 유익했나요?" (리커트 척도)
"강의에서 가장 좋았던 점은 무엇인가요?" (주관식)
"다음 강의에서 다루길 원하는 주제를 선택해주세요" (체크박스)

결론
설문지는 강의 품질을 높이고 학습자와 소통을 강화하는 강력한 도구입니다. 간단한 설문으로 학습자 요구를 반영하고, 강의를 지속적으로 개선하며 큰 변화를 만들어보세요!

9. 최유진_쉽게 사용할 수 있는 노선기능과 사용냅

cyjin72@naver.com
대표경력 남양주여성새로일자리센터 캔바 강의 / 스마트폰 기관 강의 150건
저는 시니어 맞춤 강사로 스마트폰, 운동, SNS 영상 작업 등 다양한 주제의 수업을 통해 여러분의 디지털 생활을 더욱 풍요롭게 합니다. 오랜 경험과 깊은 이해를 바탕으로, 모든 연령층에 쉽게 접근할 수 있도록 돕는 것이 저의 목표입니다. 최신 기술과 건강한 라이프스타일을 결합한 교육 프로그램으로, 여러분의 삶에 긍정적인 변화를 선사하겠습니다. 책을 통해 더 많은 사람들과 지식을 나누고, 함께 성장할 수 있기를 바랍니다.

노션(Notion)은 모든 작업을 한곳에서 할 수 있는 만능 작업 도구로, 노트 작성, 프로젝트 관리, 협업 등을 손쉽게 할 수 있습니다. 특히 40-50대 분들도 쉽게 사용할 수 있도록 노션의 기본 기능과 사용법을 그림과 함께 설명해 드립니다. 노션은 다양한 형식의 콘텐츠를 한곳에서 관리하고, 팀과 협업할 수 있는 도구입니다. 예를 들어, 글 작성, 체크리스트 작성, 프로젝트 관리 등 다양한 기능을 하나의 플랫폼에서 사용할 수 있습니다.

우선 노션 웹사이트(www.notion.so)를 방문하여 이메일 주소 또는 다른 방법으로 계정에 가입 합니다. 로그인 후 작업 공간으로 이동하여 탐색합니다. 다양한 기능과 사용자 인터페이스가 다소 복잡하게 느껴질 수 있습니다. 시간이 많이 필요합니다.

1. 노트 작성
노트를 작성하는 방법은 다음과 같습니다.

먼저, 왼쪽 사이드바에서 "새 페이지" 버튼을 클릭하여 새로운 페이지를 만듭니다. 페이지 제목을 입력하고, 내용을 작성할 수 있습니다. 텍스트뿐만 아니라 이미지, 체크리스트, 표 등 다양한 형식의 콘텐츠를 쉽게 추가할 수 있습니다.

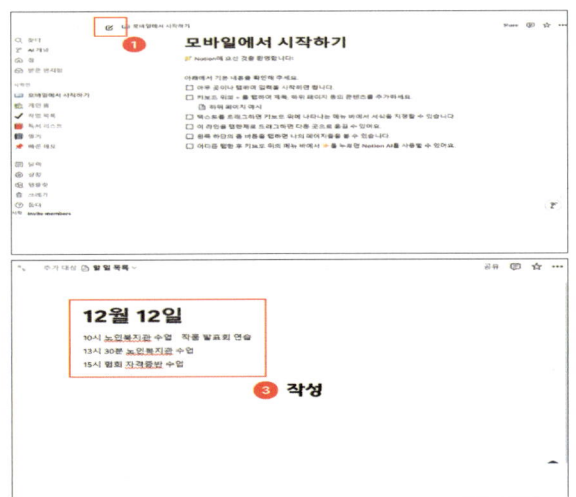

2. 템플릿 사용

다양한 템플릿을 제공하여 작업을 쉽게 시작할 수 있습니다. 다음 단계에 따라 템플릿을 사용할 수 있습니다.

템플릿을 사용하면 복잡한 작업도 쉽게 시작할 수 있습니다. 노션에서 제공하는 템플릿은 각종 작업에 맞게 미리 설정되어 있어서, 페이지를 만들 때 "템플릿 선택" 버튼을 클릭하고 원하는 템플릿을 선택하면 됩니다. 무료 템플릿 사이트 https://www.notion.com/ko/templates

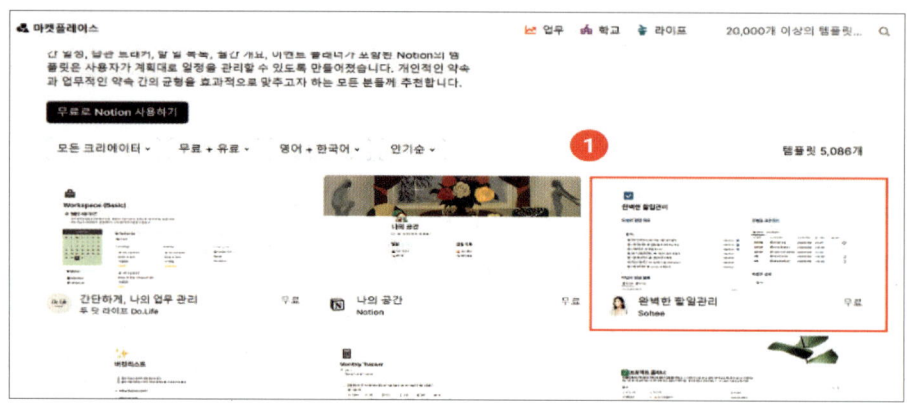

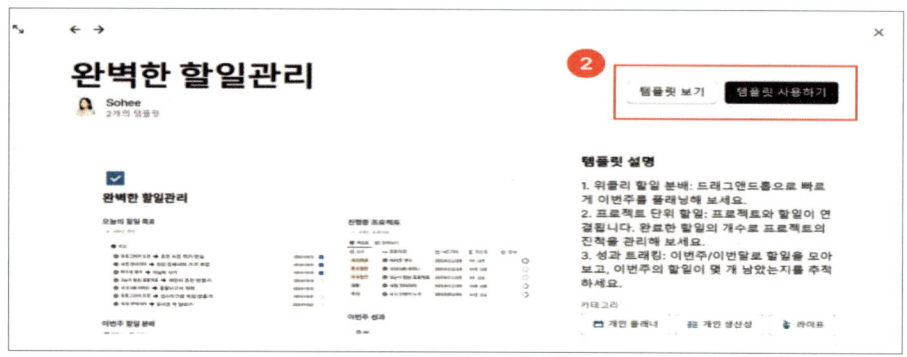

3. 페이지 링크

다른 페이지를 링크로 연결하여 빠르게 접근할 수 있습니다. 방법은 다음과 같습니다.

페이지 간 링크를 쉽게 만들 수 있습니다. 예를 들어, 텍스트 블록을 선택한 후 링크 아이콘을 클릭하고 연결하고 싶은 페이지를 선택하면 해당 텍스트에 페이지 링크가 추가됩니다. 이를 통해 관련 페이지 간 빠르게 이동할 수 있습니다.

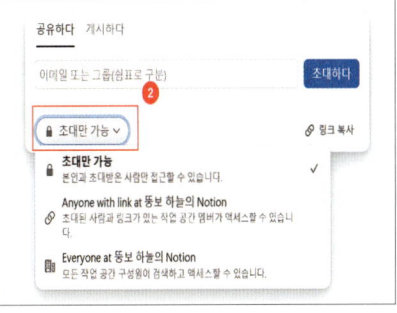
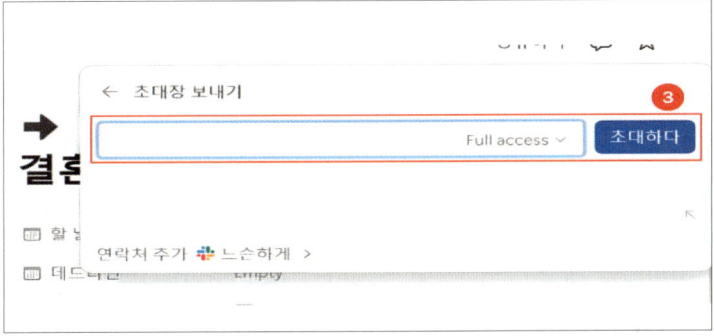

4. 태그 및 검색

태그를 사용하여 콘텐츠를 분류하고, 검색 기능을 통해 빠르게 찾을 수 있습니다. 다음 단계에 따라 태그와 검색을 사용할 수 있습니다. 태그를 통해 콘텐츠를 쉽게 분류하고 관리할 수 있습니다. 또한, 상단 검색 창을 사용하여 태그나 키워드로 원하는 콘텐츠를 빠르게 찾을 수 있습니다. 이를 통해 많은 정보 속에서도 필요한 내용을 신속하게 확인할 수 있습니다.

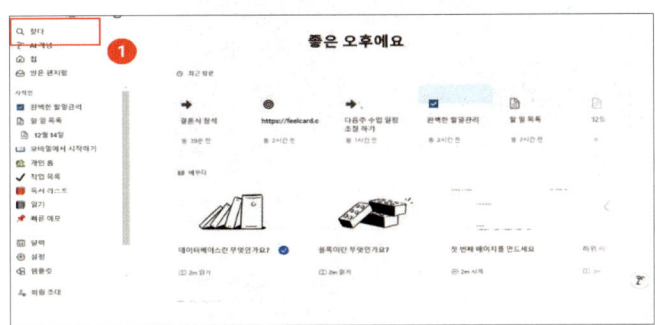

이 가이드를 통해 노션의 기본 기능을 쉽게 익히실 수 있을 것입니다. 노션을 활용하여 다양한 작업을 효율적으로 관리해보세요. 필요할 때마다 참고하시면서 유용하게 사용하시기 바랍니다!

10. 강지연 _ 헤이젠으로 말하는 AI 아바타 만들기

dt.jynie@gmail.com
대표경력: 디지털 교육 전문 강사 / 인공지능 콘텐츠 작가
스마트폰 활용, 앱 사용법, 디지털 도구 등을 가르치며 노년층, 주부, 학생 등 다양한 연령층을 대상으로 활동하는 디지털 강사이자 인공지능 콘텐츠 작가, AI 아트 예술가입니다. 창의적인 디지털 교육과 AI 예술 작업을 통해 모두가 함께 성장할 미래를 열어갑니다.

기술의 비약적인 발전 덕분에 우리의 일상은 인공지능(AI), 가상현실(VR), 메타버스 등과 깊이 얽혀 있으며, 이러한 변화는 IT 산업을 넘어 애니메이션, 스포츠, 아이돌, 유튜브, 패션 등 다양한 분야에서 활발히 나타나고 있습니다. 특히 '가상 인간'과 '가상 캐릭터'의 출현은 새로운 차원의 버추얼 경험을 선사하며 대중의 많은 관심을 끌고 있습니다.

이 글에서는 이미지 한 장으로 말하는 아바타를 제작하는 과정을 소개하겠습니다. 이미지는 [SNOW의 AI 스타일] 서비스를 활용하였고, 아바타는 [www.HeyGen.com]에서 완성하였습니다. '스노우'는 얼굴 인식 스티커와 다양한 효과로 영상을 만들어 공유할 수 있도록 개발된 스마트폰 앱입니다.

1.스노우에서 AI 이미지 만들기
나와 닮은 이미지를 생성하기 위해 스노우에서 내 사진을 마음에 드는 AI 이미지로 변환하고 저장합니다. (필자는 '마이 이모지'를 선택했습니다.)

'헤이젠'은 AI 비디오 생성기로, 누구나 손쉽게 영상 제작과 편집을 카메라나 촬영 장비 없이도 할 수 있는 플랫폼입니다.

1.HeyGen에 접속해 계정을 생성하기

무료 계정으로 커스텀 아바타 1개, 한 달 3개의 동영상, 최대 3분의 비디오를 만들 수 있습니다.

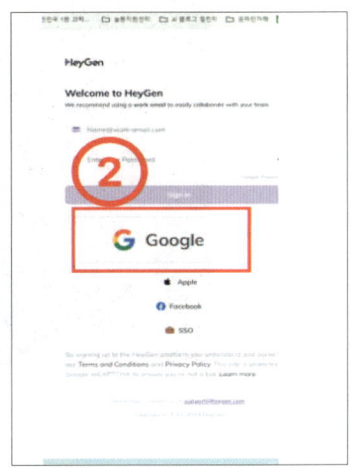

2.Photo Avatar 업로드하기

간단한 설문조사를 작성한 후 넘어가면 아래와 같은 홈 화면이 나타납니다. Snow에서 생성한 이미지를 사용하기 위해 Photo Avatar를 선택하고 영상 비율을 선택합니다.

Video Avatar는 최소 3분 이상의 고화질로 얼굴을 촬영하고 주변이 조용해야 하며, 입을 가리면 안 되고 삼각대를 사용해 흔들리지 않게 촬영하면 더욱 리얼한 아바타를 생성할 수 있습니다.

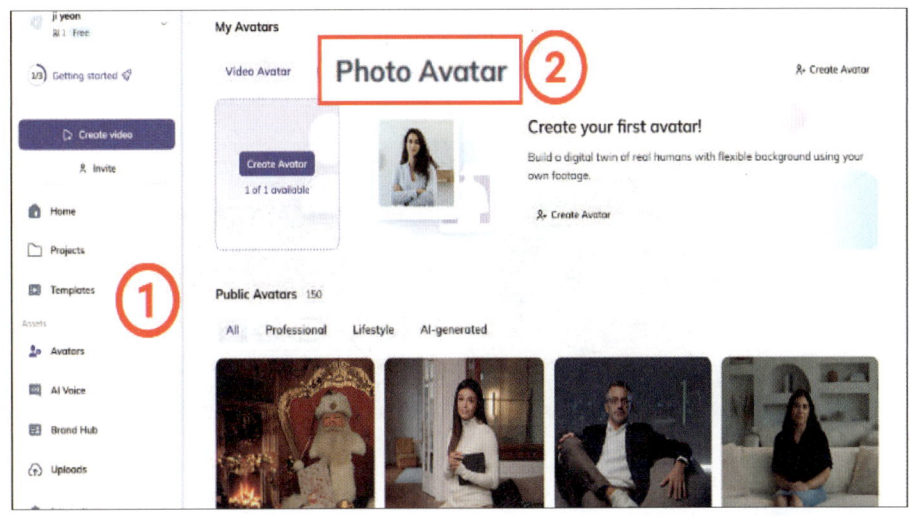

3. 내 목소리로 녹음하기

스크립트에서 마이크를 선택하고 조용한 장소에서 녹음을 진행합니다. 녹음 상태가 좋으면 립싱크가 더 잘 맞아집니다. 기본 제공되는 샘플 목소리를 선택하면 언어, 안정성, 유사성, 속도, 볼륨을 조절할 수 있으며, 플랫폼 내에서 챗GPT로 대본을 작성할 수도 있습니다.

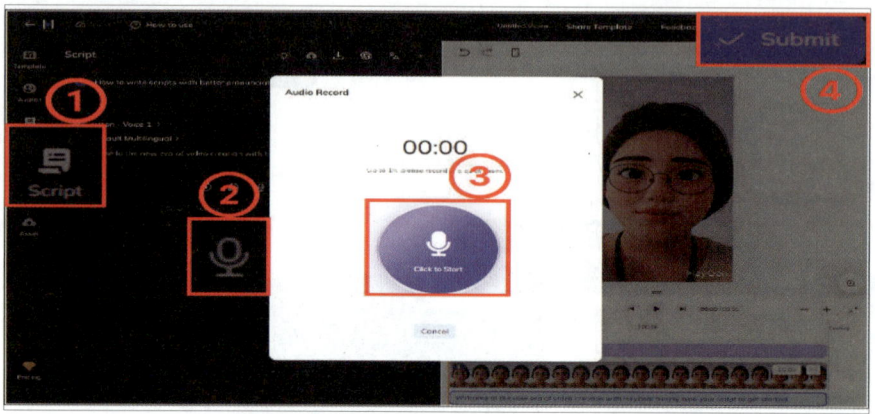

4. 말하는 AI 아바타 완성하고 다운받기

파일명을 입력하고 Submit을 누르면 영상이 제작됩니다. 1분 이내의 렌더링 시간이 소요됩니다. 완성된 영상을 다운로드받을 수 있습니다.

헤이젠에는 소개해 드린 기능 외에도 템플릿, TTS, 의상 생성 등 다양한 마법 같은 기능이 존재합니다. 여러분도 헤이젠을 활용해 직접 나만의 AI 아바타를 만들어 보세요. 이렇게 완성된 작업은 개인의 표현 수단이자 콘텐츠 제작 도구, 또는 새로운 소통 방식으로 다양하게 활용될 수 있습니다. 이제 여러분의 무한한 가능성을 펼쳐보세요!

5. 완성된 말하는 AI 아바타 구경하기

11. 이세라 _ 미드저니와 함께 나도 AI Artist

> srluxury17@gmail.com
> 대표이력: 인천교육청 진로교육센터 / CANVA, MidJourney, ChatGPT 온라인강의 300회 이상
> AI와 디지털 기술을 통해 사람들의 꿈과 가능성을 실현하도록 돕는 AI 융합 강사입니다. CANVA, MidJourney, Chat GPT 등 혁신적인 AI 도구를 활용하여, 누구나 쉽게 창의적인 콘텐츠를 제작하고 세상과 연결될 수 있도록 지원하고 있습니다. 새로운 세상을 열어갈 수 있도록 함께 성장하며 동행하는 데 진심을 다하고 있습니다. 배움의 기쁨을 나누며, 함께 성장하는 것이 제 사명입니다.

디지털 시대의 흐름 속에서 예술의 형태도 빠르게 변화하고 있습니다. 특히 인공지능(AI) 기술의 발전으로 누구나 손쉽게 디지털 아트를 창작할 수 있는 시대가 왔습니다. 그 중심에 '미드저니(Midjourney)'라는 혁신적인 AI 아트 생성 도구가 있습니다. 이 글에서는 독자들을 위해 미드저니를 활용하여 디지털 아트 작가로 거듭나는 방법을 소개하고자 합니다.

미드저니란?

미드저니는 텍스트 설명(프롬프트)을 기반으로 고품질의 이미지를 생성하는 AI 도구입니다. 복잡한 그래픽 기술이나 전문적인 미술 지식 없이도 상상력만으로 아름다운 디지털 아트워크를 만들 수 있습니다.

1. 미드저니 시작하기

미드저니를 시작하는 것은 생각보다 간단합니다. 먼저 미드저니 공식 웹사이트에 접속하여 계정을 만들고 구독 플랜을 선택합니다

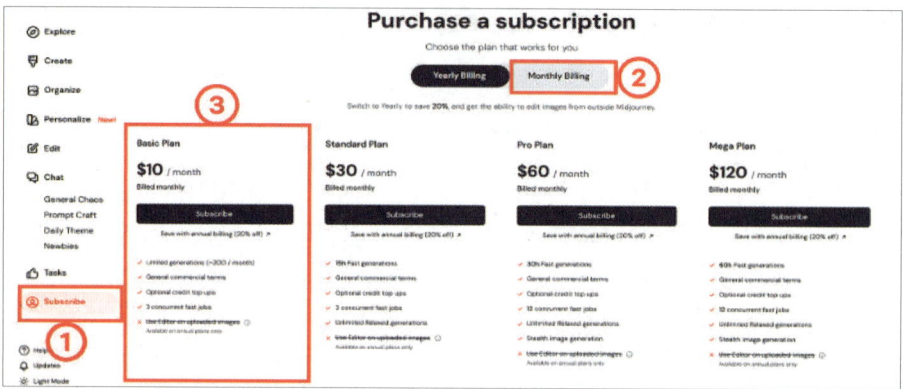

2. 프롬프트 작성하기

미드저니에서 가장 중요한 것은 '프롬프트' 작성입니다. 프롬프트는 AI에게 어떤 이미지를 만들어달라고 요청하는 텍스트입니다.

예를 들어, "A majestic white horse with a fantastic atmosphere gleaming in soft gold"라고 입력하면, AI는 이를 해석하여 상응하는 이미지를 생성합니다.

효과적인 프롬프트 작성을 위해서는 구체적이고 상세한 설명이 필요합니다. 색상, 스타일, 구도 등을 명확히 지정하면 원하는 결과를 얻을 가능성이 높아집니다.

예를 들어, "A majestic white horse with a fantastic atmosphere gleaming in soft golden light, a vibrant and swirling golden pattern, a soft golden hue, a surreal background, Gustav Klimt style, wide-angle shot -- ar 16:9" 과 같이 작성할 수 있습니다.

3. 이미지 생성 및 편집

프롬프트를 입력하고 '생성' 버튼을 누르면 AI가 몇 초 내에 여러 장의 이미지를 만들어냅니다. 이 중 마음에 드는 이미지를 선택하여 더 자세히 볼 수 있습니다. 원하는 결과가 나오지 않았다면, 프롬프트를 수정하거나 추가 옵션을 활용하여 재생성할 수 있습니다.

생성된 이미지는 미드저니의 내장 도구를 사용하여 간단히 편집할 수 있습니다. 크기 조정, 색상 보정, 세부 사항 추가 등의 기능을 활용하여 이미지를 더욱 완성도 있게 만들 수 있습니다.

4. 스타일 탐구하기

미드저니는 다양한 예술 스타일을 지원합니다. 인상주의, 초현실주의, 팝아트 등 특정 화풍을 지정하여 이미지를 생성할 수 있습니다.

예를 들어, "Van Gogh-style sunflower garden"이라고 입력하면, AI는 반 고흐의 특징적인 붓터치와 색감을 반영한 이미지를 만들어냅니다.

5. 작품 공유와 커뮤니티 참여

생성한 작품은 미드저니 커뮤니티나 소셜 미디어를 통해 쉽게 공유할 수 있습니다. 다른 사용자들의 작품을 감상하고, 피드백을 주고받으며 서로의 기술을 향상시킬 수 있습니다. 이는 디지털 아트 작가로서의 성장에 큰 도움이 됩니다.

6. 저작권과 윤리적 고려사항

AI로 생성한 이미지의 저작권은 아직 논란의 여지가 있는 주제입니다. 하지만 대체로 미드저니로 생성한 이미지는 사용자에게 귀속됩니다. 다만, 상업적 용도로 사용할 경우 별도의 라이선스가 필요할 수 있으니 주의가 필요합니다. 또한, AI 아트 생성 시 윤리적 측면도 고려해야 합니다. 타인의 저작권을 침해하거나 부적절한 콘텐츠를 생성하지 않도록 주의해야 합니다.

미드저니는 새로운 창작의 세계를 열어줍니다. 복잡한 기술을 배우지 않고도 자신의 상상력을 시각화할 수 있는 이 도구는, 잠재된 예술적 재능을 발견하고 표현하는 데 큰 도움이 될 것입니다. 지금 바로 미드저니와 함께 여러분만의 독특한 디지털 아트 여정을 시작해보세요. 새로운 취미를 넘어 제2의 인생을 열어줄 수 있는 멋진 경험이 될 것입니다.

12. 강유미 _ Suno AI로 나만의 뮤직비디오 만들기: 초보자를 위한 완벽 가이드

we0850@naver.com
대표 경력 : 카카오 단골시장 교육매니저 / AI 디지털 전문 강사
복잡한 디지털 세상 속에서 등대가 되어 새로운 가능성을 열어주는 맞춤형 교육 전문가입니다. 생성형 AI, 메타버스, 코딩, 디지털 리터러시, 온라인 쇼핑몰, 스마트폰 교육까지 다양한 디지털 교육 영역에서 활동하고 있으며, 유아부터 시니어까지 전 연령층을 대상으로 교육하고 있습니다.

Suno AI! 혁신적인 음악 창작 플랫폼
Suno AI는 음악 제작의 전통적인 장벽을 허무는 획기적인 AI 음악 창작 플랫폼입니다. 전문적인 음악 지식, 악기 연주 능력, 고가의 음향 장비 없이도 누구나 쉽게 자신만의 개성 있는 노래와 뮤직비디오를 만들 수 있습니다. 이를 통해 여러분의 창의성을 마음껏 발휘할 수 있습니다.

1. Suno AI 시작하기: 간단한 가입 절차

1-1. 계정 생성하기

Suno AI 웹사이트(www.suno.ai)에 접속하여 구글 계정이나 이메일로 쉽게 회원가입할 수 있습니다. 무료 플랜과 유료 플랜 중 선택할 수 있으며, 초보자라면 먼저 무료 플랜으로 서비스를 체험해보는 것을 추천합니다.

2. Suno AI로 음악 제작하기: AI와 함께하는 음악 여정

2-1. 가사 및 음악 스타일 선택하기
메인 화면 우측 메뉴에서 "Create" 버튼을 클릭하면 음악 제작이 시작됩니다. "Song description" 빈 공간에 가사를 직접 입력하거나 원하는 주제를 입력할 수 있습니다. 한글 입력이 가능해서 바로 한글로 원하는 내용을 작성할 수 있습니다. 예를 들어, "인생의 회고"나 "가족에 대한 사랑"과 같은 주제로 넣어 노래를 만들 수 있습니다.

가사 입력 시 AI의 가사 생성 기능을 활용할 수 있고 원하는 음악 스타일과 분위기를 입력할 수 있습니다. 예를 들어, "잔잔한 피아노 멜로디"라고 입력하면, Suno AI가 다양한 피아노 멜로디가 들어간 음악을 만들어 줍니다.

2-2. Custom 기능 활용하기
상단의 "Custom"버튼을 활성화 시키면 원하는 팝, 클래식, 전자음악 등 다양한 장르와 스타일을 선택하거나 입력할 수 있으며, 페르소나(유료 플랜)와 제목도 작성할 수 있습니다.

2-3. 음악 생성하기
아래 "Create" 버튼을 누르면 AI가 즉시 노래를 생성합니다. "Create" 버튼을 누를 때마다 2곡이 동시에 생성이 되며, 20크레딧(Credits)이 사용됩니다. 첫 번째 결과물에 만족하지 않다면 같은 설정으로 계속 생성하여 더 나은 음악을 찾을 수 있습니다.

음악이 생성될 때마다 AI가 음악과 어울리는 이미지를 자동으로 1장씩 생성하여 음악이 재생될 때 이미지가 자동으로 보여집니다.

2-4. 편집 기능 사용하기
Suno AI는 단순한 음악 생성을 넘어 다양한 고급 스타일 설정 기능을 제공합니다. 생성된 음악은 편집 기능을 통해 가사 수정, 음악 길이 조정, 스타일 수정, 이미지 수정 등 개성 있게 수정할 수 있습니다.

2-5. 완성된 음악 저장하기
완성된 음악은 링크로 공유할 수 있으며, 오디오 형식, 비디오 형식을 선택하여 MP3파일로 다운로드 할 수 있습니다.

3 뮤직비디오 제작하기: 음악에 생명력을 불어넣기

3-1. 이미지 및 영상 소스 선택하기
음악이 생성될 때 AI가 자동으로 1장씩 이미지를 만들어 주기는 하지만, 원하는 뮤직비디오를 만들기 위해서 음악과 어울리는 이미지나 영상을 선택할 수 있습니다. 본인이 직접 촬영한 이미지나 영상 또는 챗GPT나 코파일럿 등 생성형 AI가 만들어준 이미지를 사용할 수도 있습니다.

영상의 경우 Runway ML이나 Pictory AI 같은 AI 기반 비디오 생성 도구를 사용해 음악과 어울리는 영상을 제작할 수 있습니다. 예를 들어 "고요한 바다 위의 석양" 같은 문장을 입력하면 AI가 이를 바탕으로 영상을 만들어 줍니다.
Pexels와 Unsplash 같은 플랫폼에서 무료로 고품질의 이미지 및 영상 자료를 활용할 수도 있습니다.

3-2. 음악과 이미지 및 비디오 편집하기
손쉽게 사용할 수 있는 Canva나 CapCut 같은 편집 도구를 사용하여 음악과 이미지, 영상을 넣어서 뮤직비디오를 만들 수 있습니다. 음악의 리듬에 맞게 또는 영상의 주제가 자연스럽게 연결되게 비디오 클립을 정렬하여 완성도 높은 영상을 만들 수 있습니다.
영상에 가사 자막을 추가한다면 가사 전달력을 높일 수도 있습니다.

4. 주의사항과 팁
주의사항, 생성형 AI로 음악을 제작할 때는 저작권 문제에 유의해야 합니다. 상업적 목적으로 사용할 경우 플랫폼의 이용 약관을 확인해야 합니다. Suno AI에서 생성된 음악의 저작권은 생성한 사용자에게 있으나, 상업적 이용 시에는 유료 라이선스가 필요할 수 있습니다.

팁, 다양한 주제의 음악과 뮤직비디오를 만들 수 있습니다. 가족에 대한 감사, 인생의 중요한 순간, 추억의 장소 등 개인의 경험과 감정을 담아낼 수 있습니다.

5. 마무리
Suno AI는 음악 창작의 문턱을 낮추고 개인의 창의성을 자유롭게 표현할 수 있게 해줍니다. 전문적인 음악 지식 없이도 누구나 의미 있는 음악을 만들 수 있습니다.

먼저 간단한 멜로디부터 시작해보세요. 점차 복잡한 구성과 다양한 장르에 도전하면서 자신만의 음악 스타일을 발견할 수 있습니다. Suno AI와 함께 음악의 새로운 세계를 탐험해보세요.

13. 이홍란_캔바로 SNS 이미지 만들기

horchid1223@naver.com
대표경력: 디지털튜터 1급 강사 / AI 웹툰 투닝 공인 강사
　디지털 교육과 창작을 융합하는 디지털 콘텐츠 전문가입니다. AI 기반 웹툰 투닝과 디지털 디자인 강의에서 창의적이고 실용적인 교육을 제공하며, 캔바와 스마트폰을 활용한 콘텐츠 제작을 통해 누구나 디지털 역량을 갖출 수 있도록 돕고 있습니다. 풍부한 현장 경험을 바탕으로 교육과 창작을 융합하며, 혁신적인 솔루션을 제시하고 있습니다.

캔바로 만드는 감각적인 SNS 이미지
　SNS는 단순히 정보를 전달하는 도구를 넘어 시각적인 소통의 중심이 되고 있습니다. 매력적인 이미지는 사람들의 관심을 끌고, 메시지를 더 효과적으로 전달합니다. 그렇다면 손쉽게 전문가 수준의 SNS 이미지를 만들 수 있는 도구, 캔바(Canva)를 활용해보세요.

1. SNS 이미지 제작의 기본 원칙
캔바를 이용하기 전에 기억해야 할 몇 가지 원칙이 있습니다.

1) 시각적인 일관성 유지하기
　브랜드의 색상 팔레트와 글꼴을 정해 통일성 있는 디자인을 유지하세요.
　시각적 요소가 너무 많으면 메시지가 혼란스러워질 수 있습니다.
　심플함을 유지하는 것이 중요합니다.

2) 적절한 이미지와 배경 사용
　텍스트를 돋보이게 하려면 심플한 배경 이미지를 선택하세요.
　자연, 도시, 사람 등 메시지와 어울리는 주제를 가진 이미지를 활용하세요.

3) 최적화된 크기 선택
　각 플랫폼에 맞는 크기로 디자인하세요.
　　인스타그램 게시물 : 1080 x 1080 픽셀(정사각형)
　　인스타그램 릴스 : 1080 x 1920 픽셀

2. 캔바로 SNS 이미지 제작하기

Step 1. 템플릿 선택하기
캔바에 로그인 후, 원하는 SNS 플랫폼에 맞는 템플릿을 선택합니다.
"인스타그램 게시물", "스토리" 템플릿이 대표적입니다.

Step 2. 텍스트와 이미지 추가하기

Step 3. 색상과 폰트 조정하기
 브랜드의 정체성을 보여주는 색상과 폰트를 사용하세요.
 텍스트의 가독성을 높이기 위해 배경 색상 대비를 고려하세요.

Step 4. 다운로드 및 공유
디자인을 각 SNS 플랫폼에 맞는 파일 형식(JPG, PNG, GIF)으로
다운로드 후, 즉시 게시하거나 예약 게시 기능을 활용하세요.

3. SNS 이미지를 돋보이게 하는 팁
 CTA(Call To Action) 추가 :
"더 알아보기", "지금 확인하기" 같은 문구를 넣어 참여를 유도하세요.
스토리를 담은 디자인 :
단순히 예쁜 이미지가 아닌, 메시지와 스토리를 담아 공감대를 형성하세요.
트렌드 반영하기 :
계절, 기념일, 이슈에 맞는 콘텐츠를 제작하면 사람들의 반응이 좋아집니다.

4. 예시 디자인

4. 예시 디자인
배경 이미지: 흐린 하늘 위로 떠오르는 태양
(긍정적인 메시지와 어울림)
메시지 : "오늘의 한 걸음이 내일의 변화를 만듭니다."
폰트: 캘리그라피 스타일 + 심플한 산세리프

캔바는 단순한 디자인 도구가 아닙니다. 당신의 아이디어를 시각적으로 표현할 수 있는 무궁무진한 가능성을 제공합니다. 지금 바로 캔바를 열어 나만의 SNS 이미지를 만들어보세요!

14. 서정숙 _ 만능 매직 툴 캔바! 200% 활용하기 그리드로 카드 만들기

baeggot2000@naver.com
대표 경력: 서울디지털재단 2023~현재 디지털 위촉강사 / 카카오임펙트 시니어 티처
서울디지털재단 위촉강사이자 성동 디지털 서포터즈 대표로서 디지털 포용과 역량 강화를 위해 힘쓰는 디지털 교육 전문가입니다. 카카오와 함께 시니어들의 디지털 연결을 도와주는 시니어 티처, 초중고 디지털 교과서 담당 튜터로 전 연령층 교육을 제공합니다. 스마트폰 활용법부터 소상공인 SNS마케팅, 캔바와 캡컷 활용 콘텐츠 제작, 생성형 AI활용까지 수많은 구성원의 디지털 활용을 도왔습니다. 디지털에 기회가 되는 세상, 모두가 디지털 부를 누릴 수 있도록 에끌어 가겠습니다.

디자인이 어렵게만 느껴지시나요? 손재주가 없어 시도조차 못 해보고 계신가요? 캔바와 함께라면 포토샵 없이도 누구나 멋진 디자인을 만들어낼 수 있습니다. 왕초보라도 문제없이 캔바의 다양한 기능을 활용하면 원하는 모든 디자인을 쉽게 만들 수 있습니다 캔바는 일러스트레이터, 포토샵, PPT의 기능은 물론, 최신 AI 기능까지 갖춘 올인원, 만능 매직 디자인 플랫폼입니다.

캔바 하나로 다양한 수익창출도 가능합니다. 프리랜서 디자이너, 온,오프라인 강의, POD 디자인 셀러, 디지털 파일 셀러, 캔바제휴 마케팅, 아마존 KDP 작가 등 N잡러로 활동할 수 있습니다. 또한 GIF 이미지 제작, 블로그와 카페 스킨 디자인, 유튜브 채널 아트, PPT 썸네일, 카드뉴스, 상세페이지 디자인 등 다양한 분야에 활용하여 SNS 콘텐츠도 직접 만들어 디지털 라이프를 한 단계 업그레이드 할 수 있습니다.

그 중에서 간단하면서 많이 활용되고 있는 그리드를 이용한 카드만들기를 소개하고자 합니다. 먼저 캔바에 로그인 후 원하는 형태의 디자인 크기를 선택합니다.

1. 원하는 디자인 사이즈를 선택한다. 예) 소셜미디어를 선택

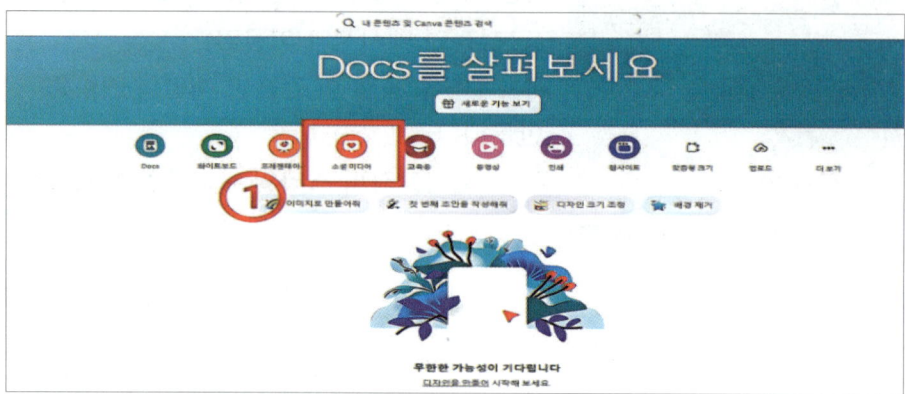

2. 세부적인 사이즈를 선택한다. 예)인스타그램 게시물(정사각형)

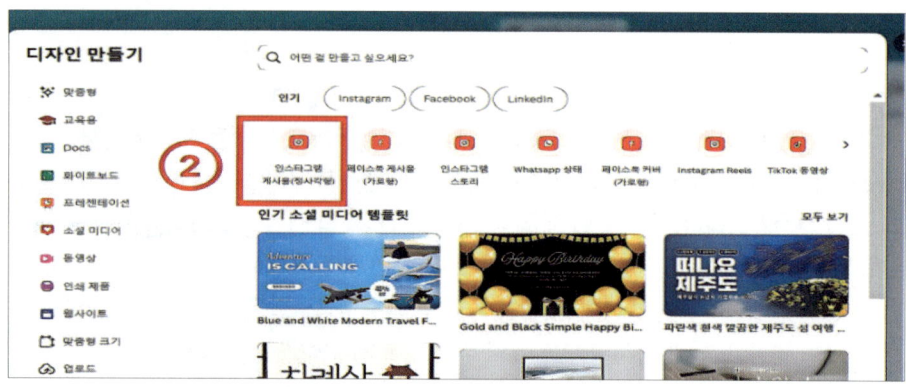

3. 요소를 클릭한 후 그리드를 선택한다. 예) 요소 - 그리드 - 모두보기.

4. 그리드의 칸 갯수와 모양을 선택한다. 예) 정사각형 9칸

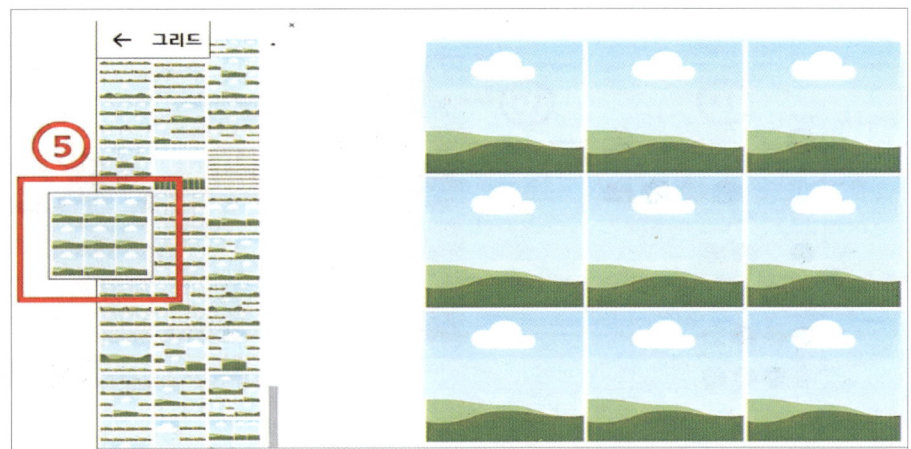

5. 그리드 간격조절을 조절한다. 조절바를 오른쪽으로 이동하면 간격이 넓어지고 왼쪽으로 이동하면 좁아진다. 원하는 넓이 만큼 간격을 조절한다. 예) 오른쪽으로 30 만큼 이동

6. 그리드에 넣을 이미지를 검색한다. 요소를 선택한 후 검색창에 원하는 이미지의 이름을 적는다. 이미지 넣을 그리드를 터치 한 후 원하는 사진을 클릭 또는 드래그해서 이미지를 삽입한다.
　예) 요소에서 "꽃" 검색 -　원하는" 꽃"사진 선택 -　그리드에 드래그

7. 그리드에 넣을 색상을 색상표에서 찾아 클릭/드래그해서 삽입한다.
예) 동그란색상표를 클릭 - 노란색 선택 - 그리드로 클릭/드래그

8. 글씨를 넣는다. 텍스트(T)를 클릭한 후 원하는 곳에 글씨 쓰기를 한다. 글꼴에서 서체도 변경한다.
예) 텍스트(T)선택- 제목 - 영문폰트Allura - 크기와 위치 조절

9. 내보내기(저장)를 한다. 다운로드를 클릭한 후 원하는 파일형식 으로 다운로드한다.
예) 다운로드 - PNG파일 - 다운로드

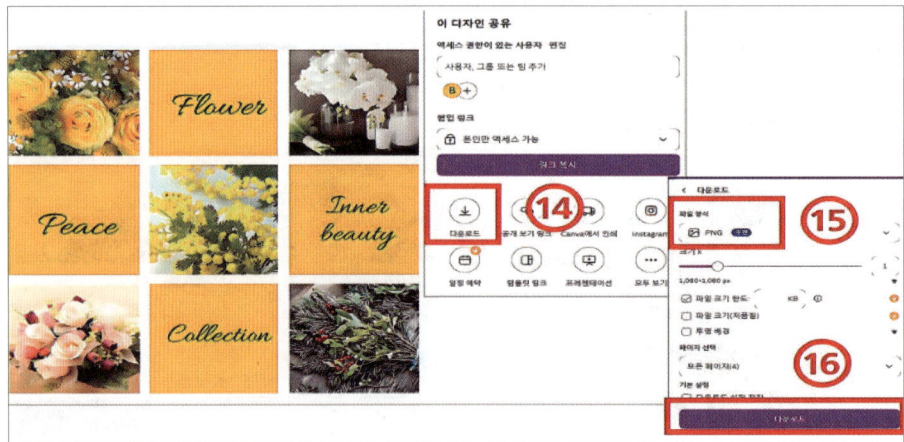

간단하고 쉬우면서 멋진 카드가 만들어졌습니다. 여러분이 방금 만든 멋진 작품처럼, 캔바는 우리의 창의력을 한 층 돋보이게 해주는 마법 같은 도구입니다. 전문 디자이너의 손길이 닿은 듯한 결과물을 이렇게 쉽게 만들 수 있습니다. 여러분의 창의적인 활동에 작은 디딤돌이 되었길 바랍니다.

15. 손애희 _ 캔바 Magic Media

skkk3927@naver.com
대표경력: AI 아티스트 전문강사 / (주)한국강사교육진흥원 AI아티스트 부문 2024년을 빛내 강사상 수상
AI디지털 콘텐츠 제작과 교육 분야에서 전문가로, AI와 Canva를 활용한 창의적이고 실용적인 교육을 통해 디지털 시대의 새로운 가능성을 열어가고 있습니다. 특히, Canva의 "매직 미디어" 활용 강의를 통해 누구나 쉽게 디지털 창작의 세계에 입문할 수 있도록 돕고 있으며, 어린이 동화책 작가로서 따뜻한 상상력을 더한 작품 활동도 이어가고 있습니다. "배워서 남 주자"라는 철학을 바탕으로 디지털 기술과 창작의 가치를 나누며, 교육과 창작의 경계를 허물고 새로운 지평을 열어가고 있습니다.

AI 이미지와 영상 생성하기

캔바의 Magic Media는 디자인 분야에 혁명을 일으킨 혁신적인 기능입니다. 이 도구는 인공지능 기술을 활용하여 사용자가 간단한 텍스트 설명만으로도 고품질의 이미지를 생성할 수 있게 해줍니다. 전문적인 디자인 기술이 없는 사람들도 쉽게 창의적인 비주얼 콘텐츠를 만들 수 있어, 마케팅, 소셜 미디어, 프레젠테이션 등 다양한 분야에서 활용도가 높습니다. Magic Media는 사용자의 아이디어를 빠르게 시각화하고, 시간과 비용을 절약하면서도 전문가 수준의 결과물을 얻을 수 있게 해주어 디자인 프로세스의 효율성을 크게 향상하게 시킵니다. Magic Media 앱 활용한 머그잔 .에코백 제작 꿀조언도 함께 실었습니다

캔바 Magic Media AI 이미지와 영상 생성하기
1. 왼쪽 상단 홈 버튼 클릭
2. 디자인 만들기 버튼 클릭

3. 왼쪽 맞춤형 크기 클릭
4. 가로 1920 PX 높이 1080 PX
5. 새 디자인 만들기 클릭

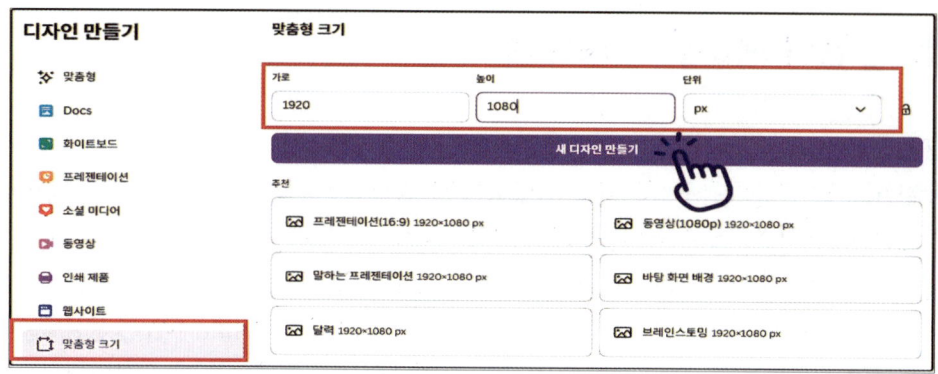

6. 왼쪽 세로 메뉴바에서 앱 클릭
7. 마우스 스크롤바를 사용하여 화면을 위로 올리고 Magic Media 앱을 클릭한다.

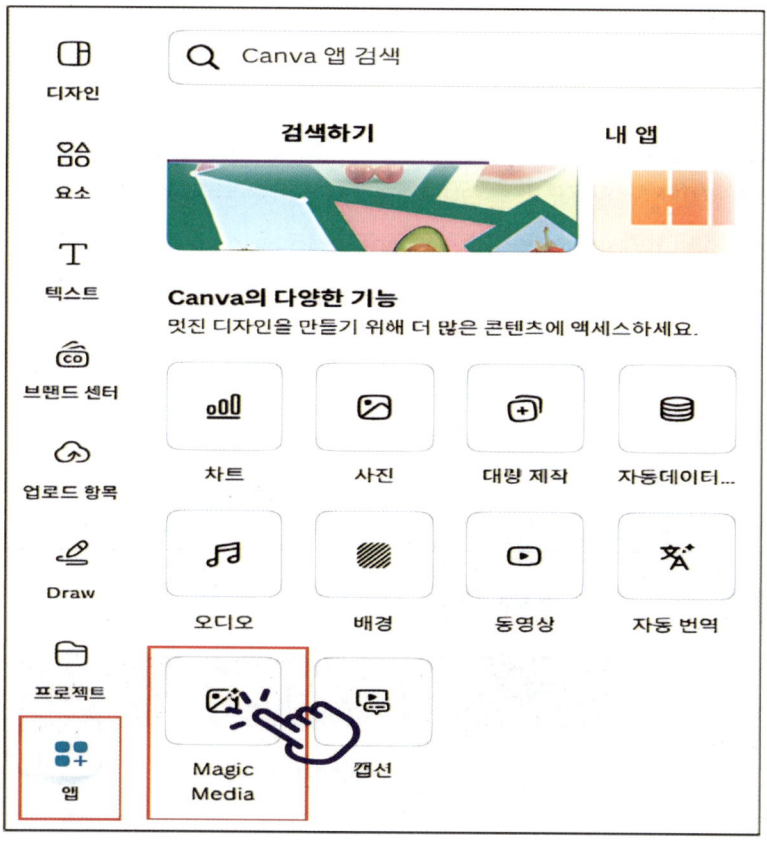

8. 이미지, 그래픽, 동영상을 생성을 위해 프롬프트 입력창에 생성하고자 하는 프롬프트를 입력합니다.

9. 스타일의 우측 모두 보기를 클릭하면 다양한 이미지 스타일을 선택하여 생성할 수 있습니다.

[Tip!] 프롬프트는 한글도 잘 생성되지만, 영어로 프롬프트를 입력해 보시고 비교 해보세요.

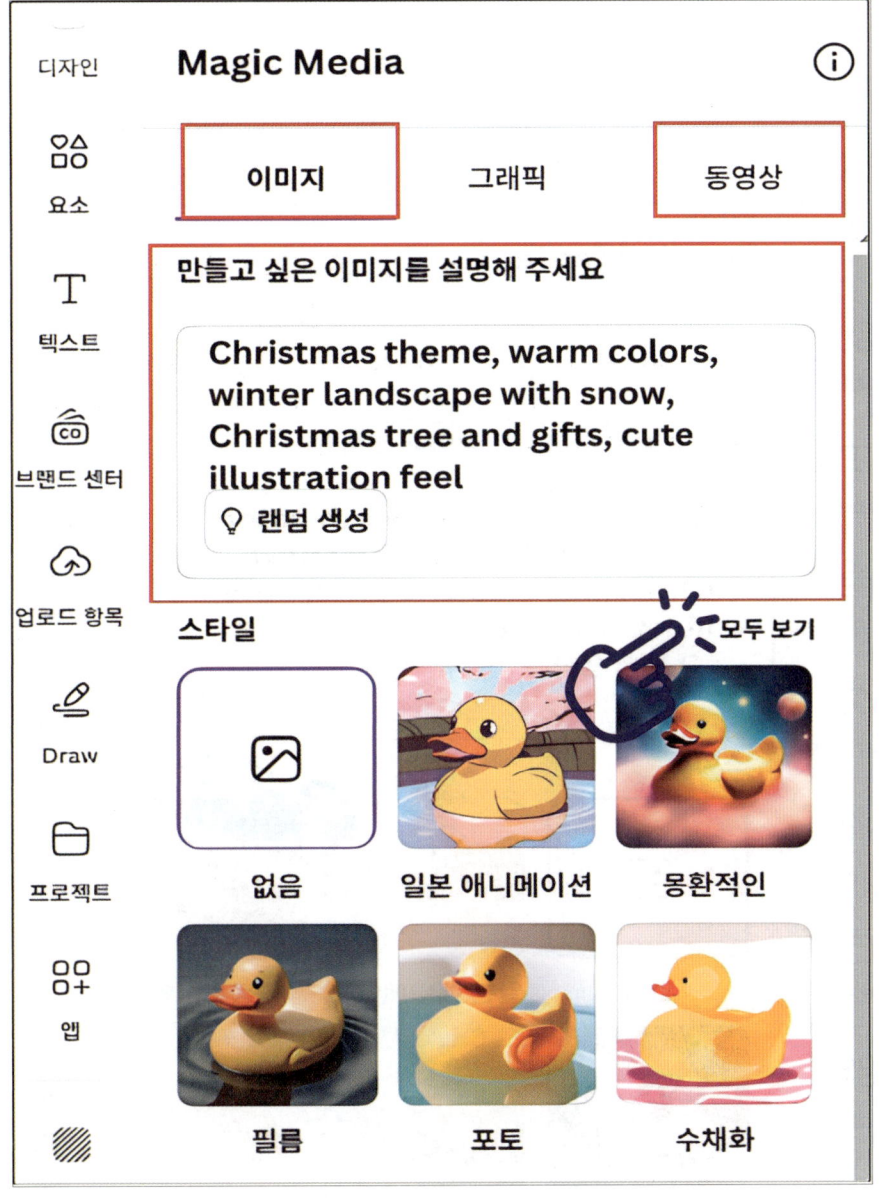

10. 다음은 이미지 생성 비율 입니다
- 정사각형 1:1 비율 1080 PX : 1080 PX
- 가로형 16:9 비율 1920 PX : 1080 PX
- 세로형 9:16 비율 1080 PX : 1920 PX 로 이해하시면 편하실 겁니다

11. 가로 이미지 생성을 선택 한 후 이미지 생성 버튼을 클릭합니다

[Tip!] 무료 사용자는 월 한도가 50 크레딧입니다. 이미지를 생성하실 때 한 번에 4장이 생성되고 1 크레딧이 차감 됩니다. 매월 1일에 새로운 한도가 다시 생성됩니다.

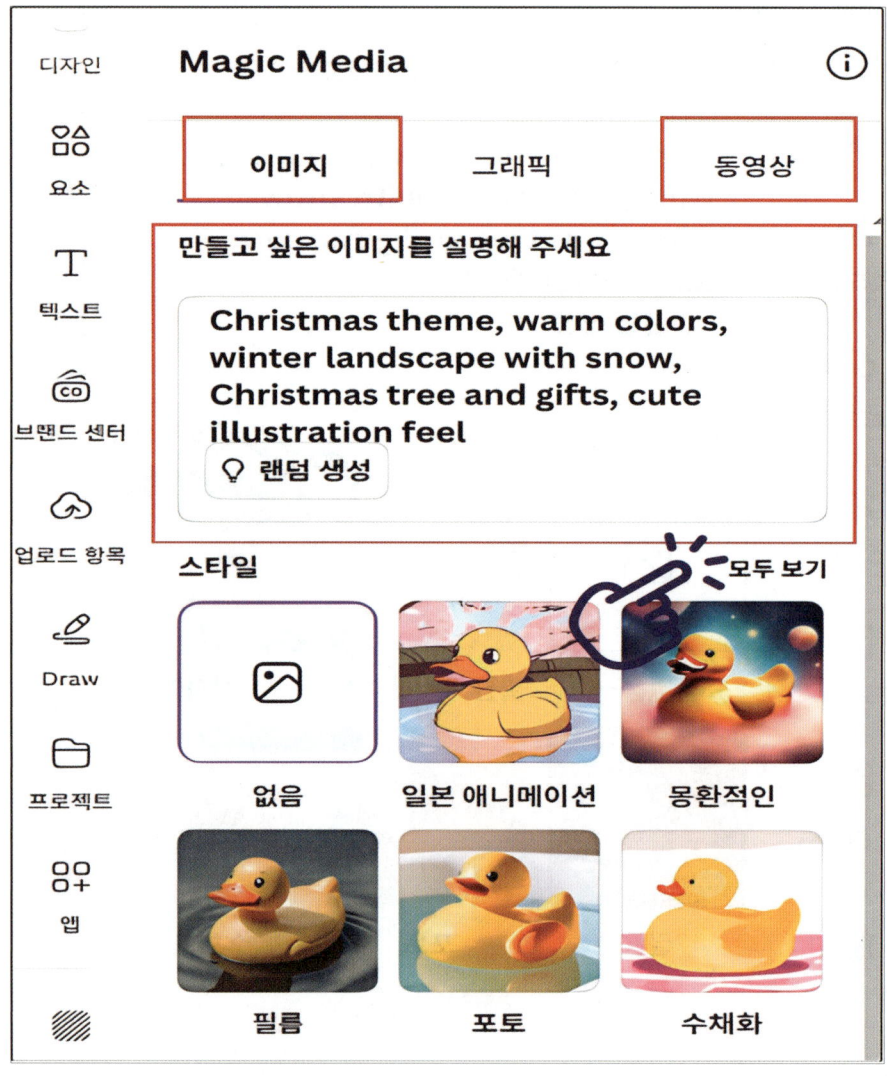

12. 생성된 이미지를 더블클릭하면 우측 워크 페이스 공간으로 이동이 됩니다
13. 같은 프롬프트로 다양한 스타일을 적용해 보며 가장 마음에 드는 이미지를 선택합니다
14. 돌아가기 버튼은 Magic Media 초기 화면으로 돌아갑니다
15. 생성한 이미지에 마우스를 가까이 가져가면 이미지별 우측 상단 (점 3개) 클릭하면 4초 영상이 생성됩니다. 4초 영상들과 요소를 사용하여 캔바에서 멋진 영상을 제작 할 수 있습니다.

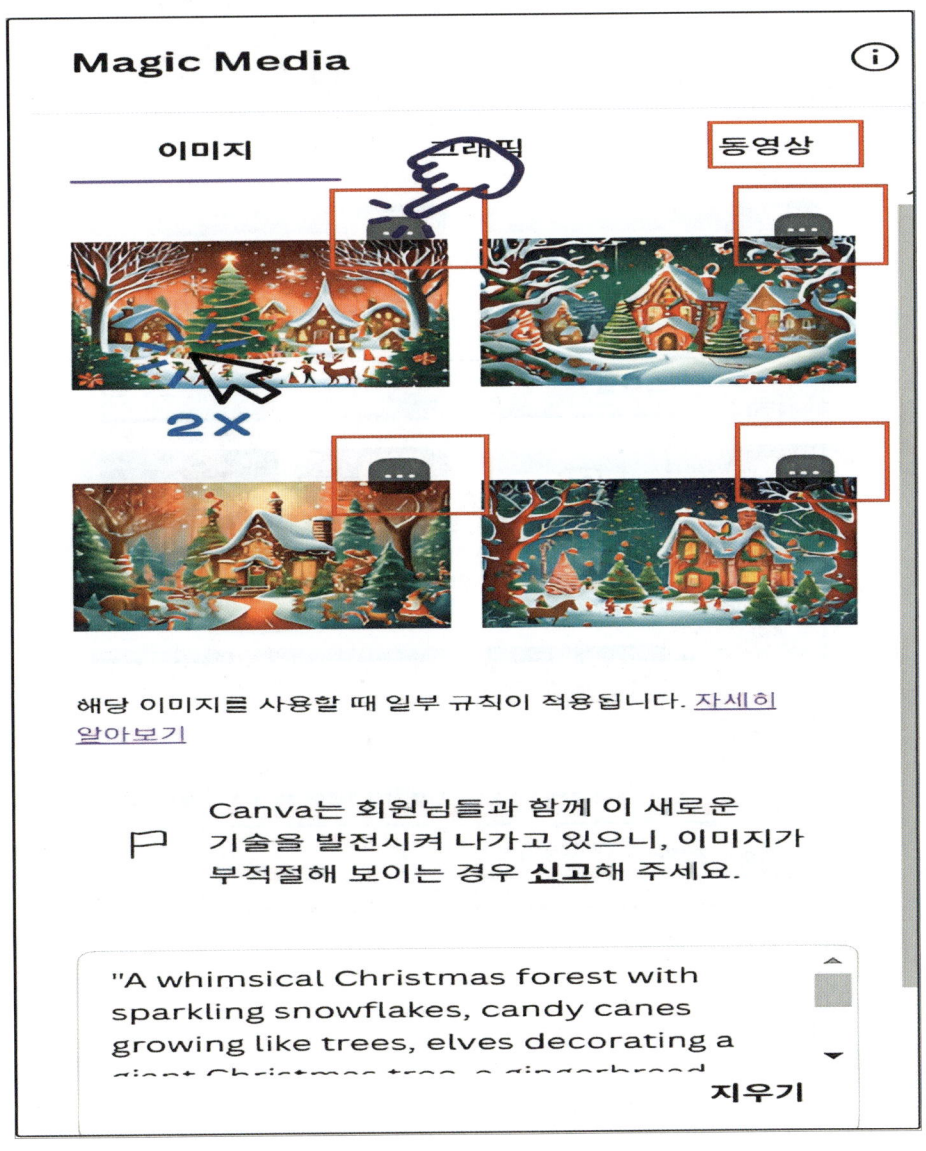

생성된 이미지를 더블클릭하여 우측 워크스페이스 공간으로 이동된 모습

[Tip!] 프롬프트 사용이 어려우신 분들은 좌측 하단의(빠른 작업) 버튼을 클릭하시면 Magic Write 기능을 이용하여 이미지 생성 프롬프트 도움을 받을 수 있습니다.

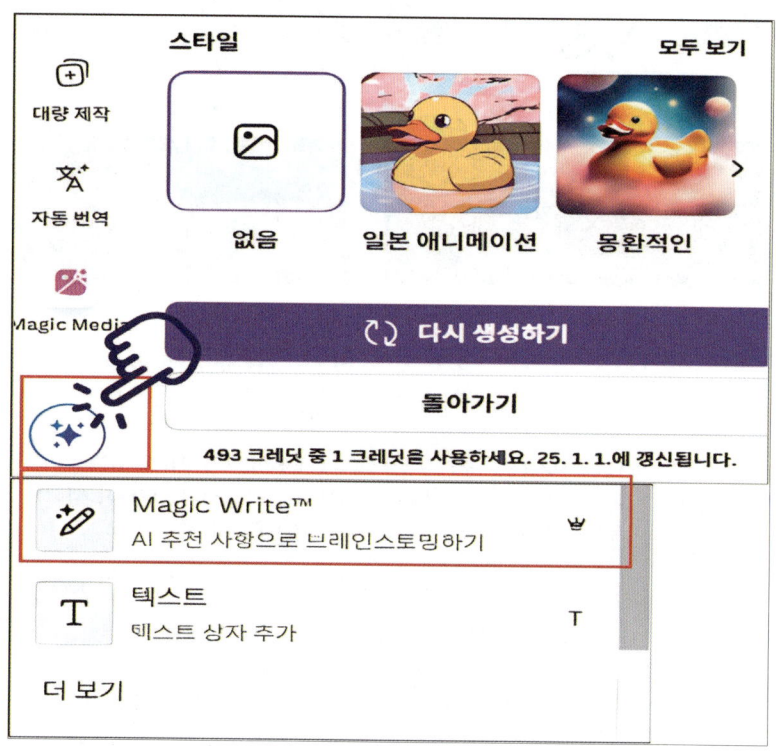

[Tip!] 생성한 이미지로 머그잔을 제작하고 싶을 때 가로 1080 PX 높이 1080 PX (1:1) 크기로 이미지를 생성하신 후 아래 맞춤 크기로 최종 시안 사이즈 지정하시면 됩니다. 단위 mm로 먼저 지정하신 후 가로 높이를 입력하셔야 합니다. (11온스 머그잔 기준 사이즈 입니다).

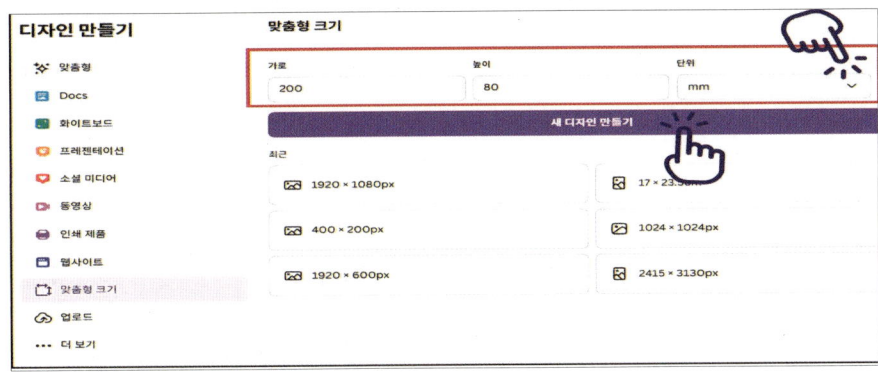

[Tip!] 생성한 이미지로 머그잔을 제작하고 싶을 때 가로 1080 PX 높이 1080 PX (1:1) 크기로 이미지를 생성하신 후 아래 맞춤 크기로 최종 시안 사이즈 지정하시면 됩니다. 단위 mm로 먼저 지정하신 후 가로 높이를 입력하셔야 합니다. (11온스 머그잔 기준 사이즈 입니다).

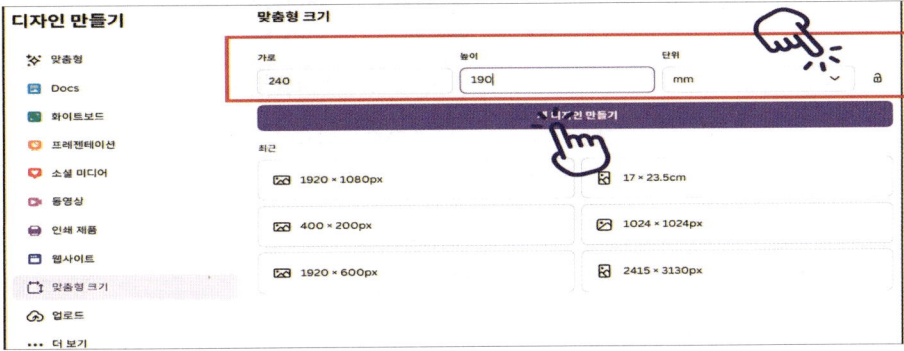

[Tip!] 생성한 이미지로 에코백을 제작하고 싶을 때 가로 1920 PX 높이 1080 PX (16:9) 사이즈로 이미지를 생성하신 후 아래 맞춤 크기로 최종 시안 사이즈 지정하시면 됩니다. 단위 mm로 먼저 지정하신 후 가로 높이를 입력하셔야 합니다. (승화 월드 체험용 에코백 기준 가로 사이즈 입니다).

좌측 메뉴에서 앱을 클릭하여 "인기" 카테고리에서 Mockups (목업) 앱을 찾아 클릭하고 머그잔을 찾아 워크페이스 공간으로 가져옵니다. 이미지를 머그잔 가까이 가져 가면 머그잔 목업 속으로 이미지가 들어갑니다. 머그잔 상하 여백이 많은 것을 조정하여 머그잔 전체에 이미지가 삽입되도록 다음 화면에서 설명해 드리겠습니다.

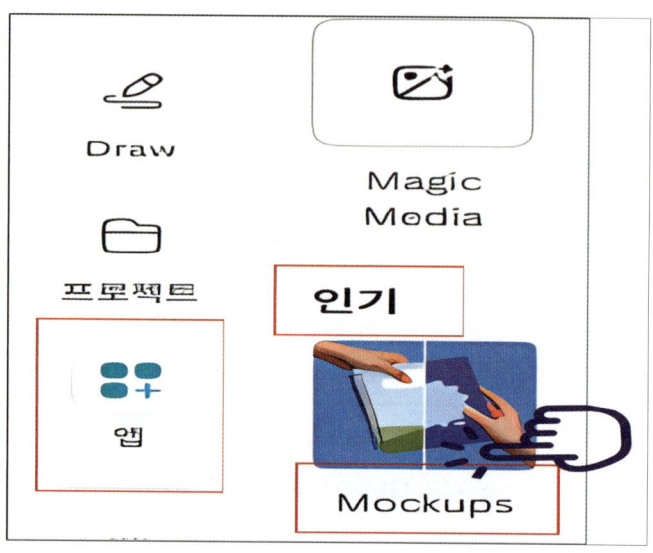

아래와 같이 머그잔 상하 여백을 조정해 보겠습니다 먼저 머그잔을 클릭하여 선택한 다음 좌측 메뉴에 화면 채우기를 클릭하시면 아래 이미지처럼 상하 여백을 자동으로 조절하여 머그잔 사이즈에 맞추어 조절해 줍니다.

생성형 AI 이미지로 나만의 머그잔과 에코백 제작을 캔바 Magic Media 로 만들어 다양하게 활용해 보시길 바랍니다

16. 조미리 _ 캔바로 가독성 있는 강의안 만들기

naviisdream@naver.com
대표경력: 디지털 크리에이터이자 디지털, AI 리터러시 전문 강사 / 서울디지털재단, 평생학습관 등 다수 강의
　나와 타인의 삶에 영향을 주는 나비 효과를 꿈꾸며 쓰임, 성장, 나눔과 비움의 가치를 담아 강의하고 배우고 디자인합니다. 전자 동화책 <깜깜한 밤, 누가 나 좀 도와줘!>, 공저 <스마트 시니어를 위한 내 손안의 AI> <눈꽃프로젝트-스마트폰 클래스 기초반 교재> <시간의 조각들> 등 작가로 활동하고 있습니다.

강의안은 강의를 듣는 이들에게 내용을 효과적으로 전달하는 중요한 도구입니다. 특히, 정보가 가득한 슬라이드보다는 핵심 메시지가 깔끔하고 쉽게 전달되는 강의안이 학습자들에게 더 효과적입니다. 여기서 캔바(Canva)는 초보자도 전문가처럼 보이는 강의안을 쉽게 제작할 수 있는 강력한 도구로 주목받고 있습니다. 이번 글에서는 캔바를 활용해 가독성 높은 강의안을 만드는 방법을 알아보겠습니다.

가독성 높은 강의안의 핵심 요소
먼저, 가독성이 높은 강의안이란 무엇일까요? 단순히 예쁘기만 한 디자인이 아니라, 학습자들이 내용을 쉽게 이해하고 기억할 수 있도록 돕는 것이 중요합니다. 이를 위해 아래 세 가지를 고려하세요.

명확하고 간결한 구성

강의안의 목적은 정보를 전달하는 것이므로 한 슬라이드에 너무 많은 내용을 담지 않도록 주의하세요. 한 슬라이드에는 한 가지 핵심 메시지만 포함하고, 불필요한 설명은 배제합니다.

일관된 디자인

폰트, 색상, 이미지 스타일이 일관되어야 학습자들이 내용을 한눈에 이해하기 쉽습니다. 여러 디자인 요소를 섞기보다는 1~2가지의 폰트와 색상을 정해 사용하는 것이 좋습니다.

시각적 자료 활용

텍스트만 있는 슬라이드는 학습자의 흥미를 떨어뜨릴 수 있습니다. 핵심 메시지를 강조할 수 있는 아이콘, 도표, 이미지를 적절히 활용하세요.

캔바로 강의안 제작하기

캔바는 사용이 간단하고 직관적이어서 누구나 손쉽게 강의안을 제작할 수 있습니다. 아래는 캔바를 활용한 강의안 제작 단계입니다.

적합한 템플릿 선택

캔바는 다양한 강의안 템플릿을 제공합니다. 강의 주제와 학습자 대상에 맞는 템플릿을 선택하세요. 예를 들어, 초등학생 대상 강의라면 밝고 생동감 있는 템플릿을, 성인을 대상으로 한 강의라면 차분하고 전문적인 템플릿을 선택하면 좋습니다.

폰트와 텍스트 배치

텍스트는 보기 쉬운 크기와 적당한 간격을 유지해야 합니다. 제목은 50~60포인트 이상, 본문은 20~30포인트 크기가 적합합니다. 가독성이 높은 폰트로는 Nanum Gothic나 KoPub이 추천됩니다. 텍스트를 너무 빽빽하게 배치하지 말고, 여백을 활용해 시각적으로 여유로운 구성을 만드세요.

색상과 배색 활용

강의안의 색상은 전달하려는 메시지에 큰 영향을 미칩니다. 색상을 1~2가지로 제한하여 일관된 분위기를 유지하세요. 캔바의 색상 팔레트 기능을 활용하면 자연스럽고 조화로운 색상을 손쉽게 선택할 수 있습니다.

이미지와 아이콘 추가

적절한 이미지는 강의 내용을 보조하고 학습자의 이해를 돕습니다. 캔바의 무료 이미지와 아이콘 라이브러리를 활용하면 별도의 자료 없이도 고품질의 시각 자료를 추가할 수 있습니다.

애니메이션과 전환 효과 활용

캔바는 슬라이드에 애니메이션과 전환 효과를 추가할 수 있는 기능을 제공합니다. 이 기능을 활용하면 강의안에 역동성을 더할 수 있어 학습자들의 집중력을 높이는 데 도움이 됩니다. 다만 한두가지 정도만 적용하고 너무 과하게 사용하지 않는 것이 좋습니다.

강의안을 제작할 때 유의할 점

정보 과부하를 피하세요. 한 슬라이드에 너무 많은 정보를 담으면 학습자들이 내용을 소화하기 어렵습니다. 슬라이드당 6줄 이하의 텍스트로 제한하고, 간결한 키워드 중심으로 구성하세요.

미리보기로 검토하세요

제작이 끝난 뒤 슬라이드 쇼 모드로 미리 확인하며 가독성이나 디자인의 문제점을 점검하세요. 이렇게 하면 실제 강의에서 발생할 수 있는 문제를 사전에 해결할 수 있습니다.

피드백 받기

초안을 동료나 학습자와 공유하여 디자인과 내용의 적합성을 검토받는 것도 좋은 방법입니다.

캔바를 활용하면 누구나 손쉽게 가독성 높은 강의안을 제작할 수 있습니다. 효과적인 강의안은 학습자들에게 강의 내용을 명확히 전달할 뿐만 아니라, 강의자가 전달하고자 하는 메시지를 더욱 돋보이게 합니다. 오늘부터 캔바를 활용해 더 매력적이고 실용적인 강의안을 만들어보세요!

우리는 디지털튜터다

디지털 교육 현장의
전문가들이 전하는 성공 실전 가이드

당신의 지식을 수익으로 만드는 가장 확실한 방법

1부 디지털 튜터의 실전 가이드

Part 3

영상 제작의 모든 것

CONTENTS

1. 김명화_내 손안의 작은 세상, 스마트폰 카메라 설정법   90
2. 최미은_모바일 라이브 방송하기   93
3. 정화영_OBS 기초 사용법   95
4. 하은주_ 클릭률 100%! 영상 썸네일 제작하기   101
5. 이선용_캡컷으로 초보도 만드는 멋진 영상   103
6. 이현정_캡컷 템플릿 활용하기   107
7. 오경옥_크로마키 촬영 및 캡컷 앱에서 배경제거하기   110
8. 류승희_AI로 영상 쉽게 제작하기   113
9. 이태경_5분만에 뚝딱 ppt제작하기   116
10. 최영란_TOONING AI로 쉽고 재미있는 그림 일기   118
11. 권소희_TOONING AI로 워크시트 뚝딱 만들기   121
12. 빡미래_유튜브 업로드하기   124

1. 김명화 _ 내 손안의 작은 세상, 스마트폰 카메라 설정법

지역 주민 정보화역량강화를 위해 정보화교육 기초부터 심화, 취업으로까지 연결할 수 있도록 ITQ, 컴퓨터활용능력 2급, 워드프로세서, 사무자동화산업기사 등 IT국가자격 과정교육을 중점적으로 실시하였습니다. 팬데믹 시대를 거치며 디지털의 활용 가치를 알게 되어 디지털튜터라는 새로운 도전을 시작했습니다. 디지털 튜터로써 디지털 리터러시에 필요한 여러개의 자격증을 취득하여 정보화교육을 바탕으로 디지털교육과 AI활용까지 확장하여 교육을 진행하였습니다. 정보화강사 및 카카오 단골시장 채널 상인회 교육 디지털튜터, 정부의 디지털뉴딜 사업의 일원인 경북 디지털 배움터 강사로 활동하였습니다.

높은 휴대성과 쉬운 사용성으로 우리 일상 속 깊숙이 자리 잡은 스마트폰 카메라는 이제 단순한 기록 도구를 넘어 예술의 경지에 이르고 있습니다. 누구나 쉽게 따라 할 수 있는 다양한 촬영 기법과 설정 방법을 소개합니다. 사진촬영의 가장 기본은 카메라 렌즈를 깨끗하게 닦는 것부터 시작됩니다. 기종에 따라 설정 방법과 구성이 다를 수 있으며, 스마트폰 카메라는 손을 뗄 때 사진이 찍힌다는 사실 알고 계시죠! 스마트폰 카메라앱을 터치하면 화면 상단메뉴와 하단 메뉴로 구분되어 보여집니다. 좌측 상단 **설정 아이콘**을 터치하여 카메라 설정 항목에 대해 먼저 살펴보겠습니다.

[**문서 및 텍스트 스캔**] 버튼을 활성화하여 들어가면 촬영 버튼을 누르지 않아도 문서 및 텍스트가 자동으로 캡쳐될 수 있는 [자동스캔]기능 및 문서를 스캔할 때 함께 촬영된 손가락을 자동으로 지워주는 [스캔 결과 자동보정] 기능을 볼 수 있습니다.

[**QR코드 스캔**] 기능을 활성화해 놓으면 해당 QR코드를 자동으로 인식하여 웹사이트 정보를 연결해줍니다.

[**촬영구도 추천**] 기능은 추천 가이드에 맞춰 가장 좋은 구도로 사진을 찍을 수 있습니다.

[**인텔리전트 최적화**] 기능은 [최대, 중간, 최소]중 최대를 선택하여 화질을 최적화 합니다. 단, 사진 모드에만 적용됩니다.

[**장면별 최적 촬영**] 기능은 어두운 장면을 밝게, 음식은 더 맛있게, 풍경은 더 생생하게 보이도록 색감과 대비를 최적화합니다.

[**촬영버튼 밀기**] 기능은 사진 모드에서 촬영 버튼을 아래로 길게 누르면 빠르게 연속사진을 촬영하는 [버스트 샷 촬영]기능과 짧은 에니메이션으로 촬영하는[GIF 만들기]중 선택하여 사용할 수 있습니다.

[워터마크] 기능을 활성화하면, 촬영한 사진에 카메라모델명, 날짜, 시간, 글꼴, 정렬을 선택하여 활용할 수 있습니다.

[고급 사진 옵션] 항목에서 [고효율 사진]기능은 사진모드에서 촬영한 사진을 고효율 이미지 형식(HEIF)으로 저장하면 저장공간을 절약할 수 있으나, 일부 앱이나 웹사이트에서 HEIF형식이 지원되지 않습니다. [RAW 파일]기능은 프로모드에서 촬영한 사진을 JPEG와 RAW 파일로 각각 저장할 수 있으며 RAW 파일의 경우는 조절된 색조가 적용되지 않습니다.

[보이는대로 셀피 저장] 기능은 셀피와 셀피 동영상을 좌우 반전없이 그대로 저장 할 수 있습니다.

[위/아래로 밀어 카메라 전환] 기능은 화면을 위 아래로 밀어 전면, 후면으로 빠르게 촬영방향을 전환 할 수 있습니다

[자동 FPS] 기능은 빛이 부족할 때 프레임 속도를 자동으로 최적화하여 동영상을 더 밝게 촬영할 수 있습니다.

[동영상 손떨림 보정] 기능은 촬영 중 손의 떨림을 보정하여 안정적으로 영상을 촬영할 수 있습니다.

[고급 동영상 옵션] 기능 중 [HEVC(고효율)]항목은 동영상 화질 우선과 공간 절약 우선 항목으로 구성되어 있고, H.264기능은 높은 호환성과 좋은 화질을 제공합니다.

[대상 추적 AF] 기능은 촬영대상이 움직여도 후면 카메라 초점이 자동으로 맞춰집니다.

[수직/수평 안내선] 기능은 화면에 가이드 라인이 표시되어 촬영 시 구도를 맞추는 데 용이 하게 사용 할 수 있습니다.

[위치 태그] 기능은 태그를 추가하면 사진이나 동영상을 촬영한 장소를 알 수 있습니다.

[촬영 방법] 항목 중 [음성명령] 기능은 "스마일", "김치", "촬영" 또는 "찰칵"이라고 말하면 사진이, "동영상 촬영"이라고 말하면 동영상이 촬영됩니다. [플로팅 촬영 버튼]기능은 화면위에서 자유롭게 이동 가능한 촬영버튼을 추가하고 이 버튼을 눌러 사진을 촬영할 수 있습니다. [손바닥 내밀기] 기능은 셀피를 찍거나 셀피 동영상 촬영을 시작하려면 카메라를 향해 손바닥을 내밀어 주면 편리하게 촬영되는 기능입니다.

플래쉬 모드는 플래쉬 꺼짐, 자동, 켜짐을 선택하여 사용합니다.

촬영 타이머 모드는 숫자만큼의 시간이 지나 촬영이 됩니다.

사진 화면 비율 모드는 사진 용도에 맞게 선택하여 촬영할 수 있습니다. 유튜브는 16:9, 짧은 숏폼 9:16 인스타그램 1:1 비율이 최적입니다.

해상도 모드는 해상도 크기를 선택 할 수 있으며, 숫자가 클수록 화질이 좋습니다.

모션포토 모드는 사진 촬영전 몇 초간의 장면까지 촬영하여 저장됩니다.

필터 모드는 필터기능과 얼굴기능이 있으며, 필터기능은 원본사진을 다양한 필터를 선택하여 특별한 효과를 낼 수 있으며, 얼굴기능은 눈, 피부 톤, 피부 색조 등을 조절 할 수 있습니다.

줌기능은 촬영화면을 확대 또는 축소하여 촬영하는 기능입니다.

인물사진 모드기능은 블러, 스튜디오, 하이키모노, 로우키모노, 컬러배경, 컬러포인트, 효과 강도 조정 바, 명암 조정 버튼으로 상황에 맞게 선택하여 사용할 수 있습니다.

더보기 메뉴의 프로와 프로 동영상 모드는 사용자가 수동으로 ISO, SPEED. FOCUS, WB 등 설정하여 좀 더 수준 높은 사진이나 동영상을 촬영할 수 있습니다.

싱글테이크 모드는 한 번의 촬영으로 다양한 사진 및 영상 콘텐츠을 자동으로 만들어주는 기능입니다.

야간 모드는 어두운 환경에서도 선명하고 밝은 사진을 촬영할 수 있게 해줍니다.

음식 모드는 배경을 흐리게 처리하는 아웃 포커싱 기능인 블러 효과로 초점 영역을 조절하고 색 온도 기능을 이용하여 원하는 색 온도 값으로 강도를 조절 해주시면 보다 먹음직스러운 사진을 촬영하실 수 있습니다.

파노라마 모드는 넓은 범위의 풍경을 한 장의 사진으로 담을 수 있으며, 셔터 버튼을 누른 후 수직이나 수평방향 중 일정한 방향으로 카메라를 천천히 움직이며 촬영을 합니다.

슈퍼 슬로우 모션 모드는 초고속 카메라로 일반 영상 대비 32배, 기존 슬로우 모션대비 4배느리게 재생되어 보이지 않았던 찰나의 순간을 포착하는 촬영 기능입니다.

슬로우 모션 모드는 일반적인 동영상 촬영 속도보다 느리게 재생되도록 촬영하는 기능입니다.

하이퍼랩스 모드는 지나가는 사람이나 자동차의 움직임과 같은 장면을 실제보다 빠르게 움직이는 역동적인 영상으로 담아내는 모드입니다. 이동 중에도 흔들림이 적고 부드러운 영상으로 촬영할 수 있습니다

인물동영상 모드는 배경은 흐리고, 피사체는 선명하게 돋보이는 사진 및 동영상을 촬영하고, 편집도 할 수 있습니다

리렉터스뷰 모드는 다양한 화각을 활용해 동시에 촬영하여 감각적인 영상을 촬영할 수 있습니다.

스마트폰 카메라는 이제 우리 삶의 필수품이 되었습니다. 스마트폰 카메라의 다양한 기능과 촬영 기법을 익혀, 언제 어디서나 소중하고 멋진 순간들을 사진과 영상으로 남겨보세요

2. 최미은 _ 모바일 라이브 방송하기

> goodpideas@gmail.com
> 디지털 콘텐츠 크리에이터 교육 300회이상
> 라이브커머스와 디지털 교육을 통해 새로운 가능성을 열어가는 전문가입니다. '배우고, 만들고, 성장하는' 디지털 플랫폼 굿피디어스의 대표로서, 디지털배움터, 무안군청, 영암문화원, 목포대학교 등 다양한 기관과 단체에서 디지털 교육을 진행하고 있습니다. 1인 라이브커머스, 미디어 & 디자인 콘텐츠 제작, AI 콘텐츠 활용, 스마트폰 영상 편집 등 실용적이고 폭넓은 강의를 통해 학습자들의 디지털 역량 강화를 돕고 있습니다.

스마트폰 하나로 언제 어디서나 라이브 방송을 할 수 있는 시대에 살아가고 있습니다. 1인 미디어 시대로 누구나 방송할 수 있는 환경속에서 최근 몇 년간 모바일 방송이 급성장했고, 사회적 사건의 실시간 중계와 개인 및 소규모 커뮤니티의 소통 플랫폼으로 자리 잡았습니다. 또한, 판매자들에게는 고객과 소통하고 판매할 수 있는 유용한 도구로 활용되고 있습니다.

교육 현장에서 만난 중장년층과 고령의 수강생들은 종종 "나도 라이브 방송을 할 수 있을까?" "우리 가게 물건을 판매해 볼 수 있을까?" "우리 지역에서 하는 축제를 라이브로 보여줄 수 있을까?"라는 질문을 던집니다. 누구나 쉽게 배워 활용할 수 있는 도구가 있는데도, 많은 분들이 어려워하고 망설이는 모습을 보며 모바일 라이브 방송 교육을 시작하게 되었습니다.

단순한 소통과 판매 수단을 넘어 트렌드로 자리 잡고 있는 라이브 방송은 연령에 상관없이 젊은 세대부터 시니어까지 누구나 자신의 목소리를 내고 경험을 공유할 수 있습니다. 시간과 공간을 초월하여 도전하고 시작할수 있는 모바일로 라이브 방송에 대해 알아보도록 하겠습니다.

라이브 시작 하기 위한 플랫폼
모바일 라이브 방송을 시작하기 위한 플랫폼은 다음과 같습니다:
- 인스타그램, 페이스북 : 특별한 조건 없이 바로 라이브 가능.
- 틱톡 : 팔로워 300명 이상 라이브 가능
- 유튜브 : 최소 50명의 구독자가 있어야 라이브 가능

판매를 위한 라이브 방송 플랫폼:
- 그 립 : 사업자등록증만 있으면 방송 가능.
- 네이버쇼핑라이브 : 판매 등급 조건 충족시 방송 가능 (100건이상 / 200만원이상 매출, 새싹등급)

필요한 장비
라이브 방송에 필요한 기본 장비는 다음과 같습니다:
- 스마트폰 : 방송의 핵심 장비.
- 삼각대 : 안정적인 촬영을 위해 필수.
- 핀 마이크 : 음질을 개선하여 소통을 원활하게 해줌 (선택사항)
- 조명 : 밝고 선명한 영상을 위해 도움이 됨(선택사항)

라이브 방송 들어가기 전 체크 사항
라이브 방송을 시작하기 전에 몇 가지 중요한 체크 사항이 있습니다. 이를 통해 방송을 원활하게 진행할 수 있습니다.

1. 휴대폰 배터리 확인 : 방송 시작 전에 반드시 배터리 상태를 확인하세요. 충분한 배터리가 확보되어야 원활한 방송이 가능합니다.

2. 충전기 준비 : 배터리가 부족할 경우를 대비해 충전기를 준비해 두는 것이 좋습니다. 방송 중간에 배터리 부족으로 인한 중단을 막을 수 있습니다.

3. 방해 금지 모드 설정 : 방송 중 전화가 오면 방송이 끊길 수 있습니다. 따라서 방송 시작 전에는 방해 금지 모드를 설정으로 불필요한 전화나 알림으로부터 방해받지 않도록 하세요.

방송을 위한 기타 준비 사항

라이브 방송을 위한 기타 준비 사항입니다.

1. 방송 메이크업 : 라이브 방송 설정에서 사진 어플과 같은 효과를 설정할 수 있습니다. 따라서 특별히 복잡한 메이크업을 하지 않아도 되며, 간단한 정돈만으로도 충분합니다.
2. 리허설 방송: 방송 시작 10-20분 전에 리허설 방송을 통해 체크. 이를 통해 방송의 흐름을 미리 확인하고, 필요한 조정을 할 수 있습니다.
3. 상품 판매 시 제품 디스플레이: 방송 중 판매할 제품이 잘 보이도록 배치하고, 주변 환경을 깔끔하게 유지해야 합니다.
4. 소음 체크 : 방송 중 소음이 발생할 수 있는 요소들을 미리 체크합니다.

두려움을 극복하기

라이브 방송은 두려워할 필요 없는 온라인 소통 채널입니다. 자신의 목소리를 내고, 새로운 정보를 얻으며, 서로의 경험을 나누는 온라인 사랑방이라고 생각하면 좋을 것 같습니다. 처음에는 어색하고 두렵게 느껴질 수 있지만, 시작하고 하다 보면 점차 익숙해지고 결국 잘하게 될 것입니다. 디지털 교육을 통해 생활이 편리해지고 더불어 행복해지는 여유를 누릴 수 있도록 도와드리는 것이 디지털튜터로서의 보람이자 역할이라고 생각합니다. 앞으로 더 많은 중장년층과 시니어분들이 교육을 통해 라이브 방송을 통해서도 소통하고 활용하실수 있게 되었으면 좋겠습니다.

여러분도 모바일 라이브 방송의 세계에 도전해 보세요. 여러분의 목소리와 이야기를 통해 도전하는 이들에게 영감을 주고, 여러분의 이야기가 세상에 전해질 수 있도록, 지금 바로 첫발을 내딛어 보세요!

3. 정화영 _ OBS 기초 사용법

디지털 튜터로 활동 중인 정화영은 컴퓨터와 디지털 기술에 대한 열정을 바탕으로 독자들과 소통하고 있습니다. 회사에서 다양한 컴퓨터 관련 업무를 담당하며 경력을 쌓아왔지만, 결혼과 출산으로 잠시 컴퓨터와 떨어져 지낸 2년간 빠르게 발전하는 기술의 변화를 체감하게 되었습니다. 그중에서도 컴퓨터 화면의 메뉴바가 갑자기 위치를 바꾼 작은 사건은 작가에게 큰 충격을 주었습니다. 해결 방법은 단순했지만, 모르는 상태에서는 두려움과 당황만 커졌던 경험을 통해, "아는 것이 힘"이라는 교훈을 깊이 새기게 되었습니다. 이 책을 통해 독자들이 알지 못해 두려웠던 기술에 한 걸음 더 가까워지고, 더 나아가 디지털 세상을 즐길 수 있는 자신감을 얻게 되길 바랍니다.

1. OBS Studio란 무엇인가?

OBS Studio는 Open Broadcaster Software의 약자로, 오픈 소스 기반의 무료 소프트웨어입니다. 이 프로그램은 화면 녹화와 라이브 스트리밍을 지원하며, 다양한 플랫폼과의 호환성 덕분에 크리에이터, 강사, 게이머 등 다양한 사용자들에게 인기를 얻고 있습니다. 사용자가 원하는 화면 구성을 자유롭게 설정할 수 있고, 고품질의 영상과 음성을 제공하여 콘텐츠 제작에 최적화된 환경을 제공합니다.

1.1 OBS Studio의 기본 개념

OBS Studio는 화면을 녹화하거나 실시간 스트리밍을 진행할 수 있는 강력한 도구입니다. 유연한 장면(Scene) 관리와 다양한 소스(Source)를 추가하는 기능을 통해 사용자에게 맞춤형 제작 환경을 제공합니다. 또한, 오픈 소스 소프트웨어로 누구나 무료로 사용할 수 있으며, 커뮤니티의 지원을 통해 지속적으로 업데이트되고 있습니다.

1.2 설치와 요구 사항

OBS Studio는 Windows, macOS, Linux 등 다양한 운영 체제를 지원합니다. 설치를 위해 요구되는 최소 사양은 다음과 같습니다.
- 운영 체제: Windows 10 이상, macOS 11 이상, Linux 최신 버전
- CPU: 듀얼 코어 이상
- RAM: 4GB 이상
- 그래픽 카드: DirectX 10 이상 지원

최적의 성능을 위해 권장 사양 이상의 하드웨어를 사용하는 것이 좋습니다.

2. 초기 설정: OBS Studio 설치부터 환경 설정까지

OBS Studio를 성공적으로 설치하고 사용하려면 기본적인 설정 과정이 필요합니다. 이 단계를 통해 원활한 콘텐츠 제작 환경을 조성할 수 있습니다.

2.1 OBS Studio 다운로드 및 설치 방법

OBS Studio는 공식 웹사이트(https://obsproject.com/ko)에서 다운로드할 수 있습니다. 사용 중인 운영 체제에 맞는 설치 파일을 선택한 후 지시에 따라 설치를 완료합니다. 설치 후 첫 실행 시, 자동 설정 마법사를 통해 초기 설정을 간단히 완료할 수 있습니다.

2.2 기본 환경 설정과 권장 설정

설치 후, 환경 설정 메뉴에서 다음 항목을 점검하세요.

- 출력 해상도: 사용하려는 화면의 크기에 맞게 설정
- 비트레이트(Bit Rate): 스트리밍 또는 녹화 품질에 따라 조정
- FPS(초당 프레임 수): 일반적으로 30fps~60fps 추천
- 오디오 설정: 마이크와 스피커 입력 장치 선택

권장 설정은 사용자의 네트워크 속도와 하드웨어 사양에 따라 달라질 수 있습니다.

3.화면 녹화 시작하기

OBS Studio의 기본 기능인 화면 녹화를 설정하는 방법을 알아봅니다. 이 과정은 간단하며 누구나 쉽게 따라 할 수 있습니다.

3.1 화면 캡처 설정하기

1. 화면 녹화를 시작하려면 먼저 '장면(Scene)'을 생성하고 '소스(Source)'에 화면 캡처를 추가해야 합니다.
2. 화면 캡처를 선택하면 현재 모니터에 표시된 모든 내용을 녹화할 수 있습니다. 특정 창만 녹화하려면 '윈도우 캡처' 소스를 사용합니다.

3.2 오디오 입력 및 출력 설정

화면 녹화와 함께 오디오를 추가하려면 오디오 믹서에서 입력 장치(마이크)와 출력 장치(스피커)를 설정해야 합니다. 녹화 시작 전 테스트를 통해 오디오가 제대로 출력되는지 확인하는 것이 중요합니다.

4. 라이브 스트리밍 준비

OBS Studio를 사용하면 다양한 플랫폼에서 실시간 스트리밍을 할 수 있습니다. 설정 과정은 간단하며 몇 가지 필수 항목만 확인하면 됩니다.

4.1 스트리밍 플랫폼과의 연결

OBS Studio는 YouTube, Twitch, Facebook과 같은 주요 스트리밍 플랫폼과 쉽게 연동됩니다.
1. 스트리밍 플랫폼의 계정에 로그인하여 스트림 키(Stream Key)를 확인합니다.
2. OBS Studio 환경 설정에서 '스트리밍' 항목을 선택하고 스트림 키를 입력합니다.

4.2 스트림 키 설정 및 테스트

스트림 키를 설정한 후, '시작 스트리밍' 버튼을 눌러 연결 상태를 확인합니다.
 이때 네트워크 상태와 출력 품질을 테스트하여 안정적인 스트리밍 환경을 보장하세요.

5. 장면(Scene)과 소스(Source) 관리하기

장면과 소스를 활용하면 화면 구성을 자유롭게 설계할 수 있습니다.

5.1 장면과 소스의 차이

장면(Scene): 화면의 전체 레이아웃을 정의하는 단위
소스(Source): 화면에 표시될 개별 요소(예: 이미지, 비디오, 텍스트 등)

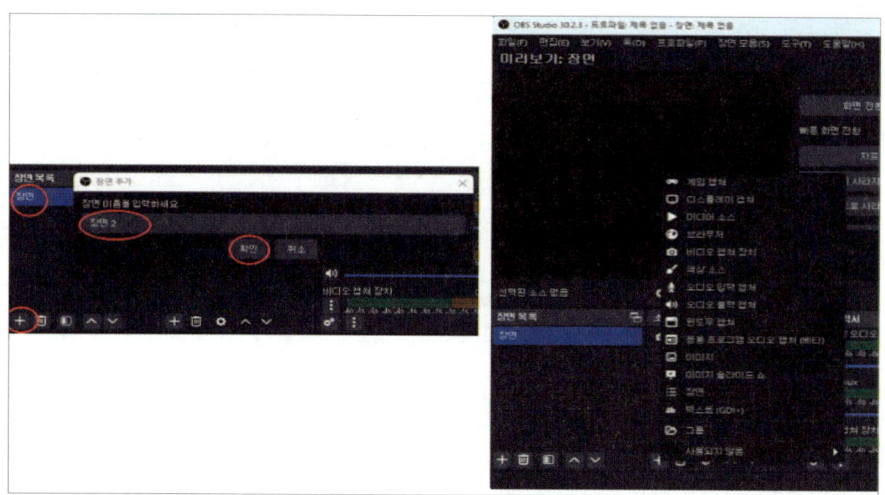

5.2 화면 구성 및 디자인

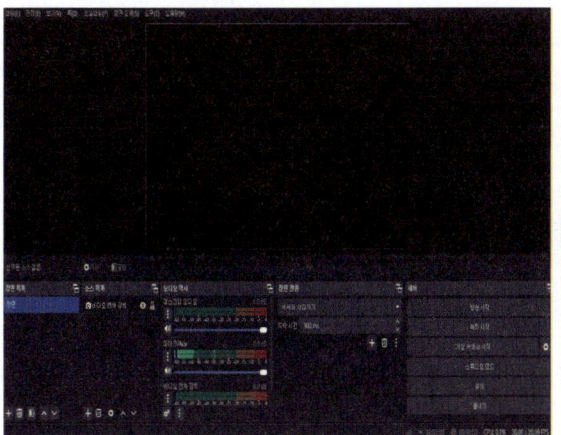 

사용자의 효율적인 화면 보기를 선택후 여러 소스를 조합해 독창적인 화면 레이아웃을 만들어보세요. 필요한 소스를 추가하고 위치를 조정하여 완벽한 장면을 구성할 수 있습니다.

6. 효율적인 오디오 관리
OBS Studio는 오디오 믹서 기능을 통해 전문적인 음향 관리를 지원합니다.

6.1 오디오 믹서 이해하기
오디오 믹서는 각 입력 장치의 음량을 조정하고, 필요에 따라 음소거하거나 특정 소스를 강조할 수 있는 기능을 제공합니다.

6.2 마이크 음질 개선 팁
- 노이즈 제거 필터 추가
- 게인(Gain) 조정
- 적절한 마이크 위치 설정으로 음질을 최적화할 수 있습니다.

7. 화면 구성 디자인: 윈도우 캡처, 이미지, 텍스트 활용하기
효과적인 콘텐츠 제작을 위해 다양한 소스를 활용하세요.

7.1 다양한 소스 추가하기
- 윈도우 캡처: 특정 프로그램 화면만 녹화
- 이미지: 로고 또는 배경 추가
- 브라우저 소스: 웹 기반 콘텐츠 표시

7.2 텍스트와 이미지로 레이아웃 꾸미기
텍스트로 화면에 자막을 추가하거나 이미지를 활용해 시각적 매력을 더할 수 있습니다.
레이아웃 구성은 시청자에게 중요한 첫인상을 남깁니다.

8. 녹화 품질 및 출력 설정 최적화
녹화 품질과 출력 설정을 최적화하면 고품질의 콘텐츠를 제작할 수 있습니다.

8.1 비디오 출력 설정
- 해상도: 1080p 또는 720p 추천
- 비트레이트: 인터넷 속도에 맞춰 설정

8.2 저장 위치와 파일 형식 선택
녹화된 파일의 저장 위치를 지정하고, MP4 또는 MKV 같은 파일 형식을 선택하여 손쉽게 편집하거나 공유할 수 있습니다.

9. 문제 해결 및 팁
OBS Studio를 처음 사용하는 사용자라면 몇 가지 유용한 팁과 문제 해결 방법을 알아두세요.

9.1 흔한 오류와 해결 방법
- 화면 검정 오류: 그래픽 드라이버 업데이트
- 오디오 지연: 오디오 동기화 설정 확인

9.2 초보자도 알아야 할 유용한 단축키
- 녹화 시작/정지: F9
- 스트리밍 시작/정지: F10
- 장면 전환: 사용자 지정 단축키 설정 가능
- 소스창 크기 조절 : ctrl+드래그 / shift+드래그 / alt+드래그

10. OBS Studio로 나만의 콘텐츠 만들기
OBS Studio를 활용해 독창적인 콘텐츠를 제작해보세요.

10.1 콘텐츠 제작 아이디어

- 튜토리얼 영상
- 실시간 게임 스트리밍
- 온라인 강의
- zoom 사용시 zoom 카메라를 obs 설정

10.2 OBS Studio 활용한 협업 방법
OBS Studio를 이용해 팀원들과의 원활한 협업이 가능합니다. 화면을 공유하거나 녹화한 파일을 활용해 프로젝트를 효율적으로 관리하세요.

OBS Studio는 사용자의 창의력을 실현시킬 수 있는 강력한 도구입니다. 각 메뉴와 기능들은 직관적으로 이해할수 있도록 쉽게 구성되어 있다. 기초부터 고급 설정까지 익히며 자신만의 스타일로 콘텐츠를 제작해보세요.

4. 하은주 _ 클릭률 100%! 영상 썸네일 제작하기

hijoo55@naver.com
대표경력 : 한국디지털튜터협회(KDTA) 총괄사업단장 / 한국강사교육진흥협회 '디지털 브랜드 마케팅 부분 최고의 강사상' 수상
 소상공인 디지털 마케팅과 컴퓨터, 스마트폰 활용 교육을 통해 배움에 새로운 가치를 만들어 내도록 돕고 있다. 여러 관공서 직업훈련과정 전임 강사로 활동하고 있으며, 카카오 단골시장 프로젝트와 등대시장조성 사업, 당근마켓 등 디지털 비즈니스 전환을 이끌고 있다. AI 활용과 이미지, 영상 콘텐츠 제작분야에서 전문성을 발휘하며, 다양한 연령층에 맞춤형 학습 경로를 제시하여 학습자들의 성장을 돕고 있다.

현재 유튜브는 전세계인이 가장 많이 이용하는 모바일 앱입니다. 스크롤을 내리다 보면 갖가지 우리들의 흥미와 관심을 이끄는 수많은 영상들이 올라옵니다. 이렇게 유튜브에 매일 새롭게 업로드 되는 총 동영상의 수는 통계에 따르면 1분마다 500시간의 분량, 이를 하루 단위로 환산하면 약 72만 시간이라 합니다. 이 수치는 현재도 계속 증가하고 있으니 실로 엄청난 양의 영상들이 지금 이 순간에도 계속 업로드 되고 있습니다.

이많은 영상 콘텐츠들 중에서 내 영상을 시청자들로 하여금 클릭하게 만드는 제작의 핵심은 무엇일까요? 내용면에서 양질의 수준있는 콘텐츠여야 한다는 것은 기본입니다. 많은 사람들이 관심을 갖고 있는 주제를 다뤄야 한다는 점도 역시 중요합니다. 그러나 이보다 더 효율적으로 클릭률을 가져올 수 있는 것은 바로 '썸네일'입니다.

유튜브 썸네일은 단 2~3초 만에 시청자의 호기심을 자극하여 클릭을 유도하는 중요한 시각적 요소입니다.

알고리즘의 관점에서 클릭률은 영상의 노출 가능성을 결정짓는 핵심 지표로, 매력적인 썸네일은 더 많은 시청자를 유인할 수 있는 강력한 무기가 됩니다. 많은 시간을 들여 애써서 만든 좋은 콘텐츠에도 불구하고 클릭률이 낮다면, 썸네일에 대한 전략적 접근이 필요할 때입니다.

*여기서 잠깐! 클릭률과 조회수는 다릅니다.
조회수는 채널이나 영상을 조회하여 시청한 수.
클릭률(CTR_click through rate)은 클릭수 ÷ 노출수로 계산됩니다.

1. 썸네일! 무엇부터 시작할까?

1) 내 채널과 콘텐츠의 주제, 방향성에 따른 스타일을 정하세요. 먼저 내 채널과 영상 콘텐츠의 주제나 방향성을 정합니다. 그에 따라 내 콘텐츠를 보는 대상들의 성별이나 연령대, 라이프 스타일이나 성향등을 생각해 봅니다.

2) 내 채널과 콘텐츠의 주제와 비슷한 카테고리의 다른 채널 영상 썸네일을 최소 50개 이상 모아 비교해보세요. 유튜브는 알고리즘에 의해 노출되는 구조이기 때문에 내 영상 역시 나와 비슷한 카테고리를 갖고 있는 영상 피드에 노출되게 됩니다.

3) 초보라면 비슷하게 벤치마킹, 고수라면 차별화된 스타일로 디자인 해보세요. 시작한 지 얼마 되지 않은 유튜버라면 같은 카테고리의 조회수나 구독자가 많은 채널의 썸네일의 다자인을 벤치마킹하는 것도 효과적으로 클릭률을 부르는 방법일 수 있습니다. 그리고 노출수와 조회수가 어느 정도 오르면 점차 나만의 차별성을 두는 디자인으로 구축해 갑니다.

2. 클릭을 부르는 썸네일 만들기

- **시각적 대비의 마법**

부드럽고 선명한 색상 대비는 시선을 사로잡는 첫 번째 전략입니다. 어두운 배경에 밝은 색상 텍스트를 배치하면 메시지가 더욱 강렬하게 전달됩니다.

- **간결함의 미학**

3~5개의 단어로 핵심 메시지를 압축하세요. 굵고 명확한 폰트를 선택해 가독성을 높이고, 시청자의 호기심을 자극하는 간결한 문구를 사용하세요.

- **감정의 힘**

디자인 요소 중 감정표정은 시청자와 즉각적인 공감대를 형성합니다. 조금은 오버스럽더라도 극적인 놀람, 기쁨, 의문 등의 감정적 요소를 적절히 활용하세요.

- **호기심의 유혹**

모든 것을 공개하기보다는 일부만 살짝 비추어 시청자의 궁금증을 자극하세요. 완전한 답을 주기보다는 의문을 남기는 전략이 효과적입니다.

- **브랜드 일관성**

일관된 색상, 폰트, 스타일은 당신만의 독특한 채널 정체성을 만듭니다. 반복되는 비주얼 요소는 시청자의 기억에 오래 남습니다.

3. 지속적인 클릭률 높은 썸네일 제작 TIP!

- 끊임없이 변화하는 트렌드와 동종 분야의 성공적인 채널들의 썸네일 트렌드를 연구하고 벤치마킹하세요.
- 유튜브 스튜디오에서 내가 만든 영상 썸네일을 분석, 연구합니다.
- 모바일 환경에 최적화할 수 있도록 제작하는 동안 모바일 화면에서 보여지는 썸네일 디자인을 꼭 확인하세요
- 간결하고 강력한 행동 유도 문구(CTA)를 추가해 클릭률을 높이세요.(예: 지금 확인하세요!)

유튜브 크리에이터는 누구나 될 수 있습니다. 그말인 즉슨 전문가도 아마츄어도, 초보도 고수도 모두 있다는 말이겠죠? 재미있는 것은 모두가 전문가적인 영상들만 좋아하거나 클릭하지는 않는다는 점입니다. 썸네일 디자인은 지속적인 실험과 개선의 과정입니다. 완벽함, 전문성만을 추구하진 않아도 됩니다. 오히려 꾸준한 학습과 도전으로 나만의 콘텐츠를 발견하고 만들어간다면 세상과 소통하고 여러분의 꿈을 펼쳐내기에 유튜브는 아직도 가능성이 많은 곳입니다.

클릭을 부르는 썸네일로 여러분의 소중한 영상 콘텐츠가 보다 많은 사람들에게 도달되어 그속에 담긴 이야기가 전달되어 질 수 있기를 바랍니다.

5. 이선용 _ 캡컷으로 초보도 만드는 멋진 영상

스마트한 삶을 꿈꾸는 디지털 마케팅 교육전문 튜터 입니다. 코로나 시절 디지털 튜터라는 직업을 알게 되었고, 영업조직 센터장에서 MKYU 학생이 되어 튜터 자격을 갖추게 되었습니다. 빠르고 끊임없이 변화하는 디지털 문명을 맞이하면서, 좋은 책을 소개하고 알리는 것을 좋아했던 저자는, 카카오 단골시장과 단골거리를 통해 소상공인분들에게 카카오채널을 통해 새로운 마케팅을 소개하고, 스마트하게 스마트폰 활용하고 돕는 문화센터 강사로 활동하며 지금은 디지털문명에 함께하고 문턱없는 독서를 통해 디지털을 알리는 저자의 길에 함께하고 있습니다. 디지털 평준화를 꿈꾸고 알리며, 배우고 알리는것을 사명으로 아는 디지털마케팅 전문튜터 이선용입니다.

캡컷(CapCut)은 초보자도 전문적인 품질의 영상을 편집할 수 있도록 도와주는 무료 앱이다. 좋은 영상은 SNS 마케팅의 기본 요소이다. 이번 글에서는 캡컷의 주요 기능과 영상 제작 과정을 알아보며, 가이드를 따라 하면 멋진 영상을 만들 수 있을 것이다. "캡컷"은 구글 플레이 스토어나 앱 스토어에서 다운로드해 설치를 한다.

1. 캡컷(CapCut) 시작하기

캡컷의 기본 화면은 크게 세 가지로 나뉜다.

- **새 프로젝트**: 새 영상을 편집할 때 사용하는 버튼이다. 이 버튼을 눌러 편집에 사용할 사진 또는 영상을 가져올 수 있다. 여러 개를 한꺼번에 선택할 수도 있고, 선택한 파일은 캡컷의 타임라인에 표시되고, 클립을 정리하고 편집할 수 있다.
- **템플릿**: 다양한 편집 스타일이 미리 적용된 템플릿으로 빠르게 영상을 만들 수 있다.
- **타임라인과 도구**: 타임라인은 영상 제작의 중심이다. 화면 아래쪽에 위치한 타임라인과 도구를 사용하여 영상의 순서를 드래그를 이용하여 조정하거나 길이를 다듬고, 텍스트 추가, 위치, 효과 등을 추가하여 조정할 수 있다.

2. 기본 편집(영상 자르기와 연결하기)

영상 편집의 기본은 클립 자르기이다.

- **클립 자르기**: 타임라인에서 클립을 선택한 후 "분할" 기능을 사용하면 원하는 부분만 남길 수 있다. 필요 없는 부분은 삭제하고, 다른 클립과 자연스럽게 연결할 수 있다.
- **클립 순서 변경**: 타임라인에서 드래그하여 클립의 길이를 조절할 수 있고 순서를 쉽게 조정하여 영상 흐름을 자연스럽게 만들 수 있다.

3. 텍스트와 자막 추가하기

영상에서 내용을 강조하기 위해 텍스트나 자막을 추가하는 것이 필수적이다.

- **텍스트 추가**: 캡컷의 "텍스트" 메뉴를 통해 글자를 입력하고 화면에 추가할 수 있다. 텍스트의 크기, 색상, 위치를 조정하여 시각적 가독성을 높일 수 있다.
- **애니메이션 효과**: 텍스트에 애니메이션 효과를 추가하여 텍스트가 화면에 천천히 나타나거나 사라지는 등의 효과를 넣어 더욱 생동감 있는 표현이 가능하다.

4. 전환 효과

영상의 클립과 클립 사이에 전환 효과를 추가하면 영상의 연결 부분을 부드럽게 이어지는 느낌을 줄 수 있다. 캡컷에는 페이드, 슬라이드, 줌 등 다양한 전환 효과가 준비되어 있다. 또한 필터 기능을 사용하면 밝기나 색조를 조정해 원하는 스타일의 영상으로 전체의 분위기를 바꿀 수 있다. 광고 영상의 더 좋은 영상을 위해 많이 사용되고 있다.

5. 배경음악과 음성 추가

• 배경음악: 캡컷 오디오 메뉴에서 제공되는 무료 음악을 라이브러리에서 사용할 수 있고 직접 파일을 업로드할 수 있다. 음악의 음량과 시작 지점을 조정하여 영상과 자연스럽게 어우러지게 한다.

• 녹음 기능: 설명이나 내레이션이 필요할 경우 "음성" 메뉴를 이용해 직접 녹음할 수 있으며, 녹음한 음성은 타임라인에서 추가로 편집 가능하다.

6. 스티커와 효과 활용하기

스티커와 효과를 활용하면 영상을 더욱 생동감 있게 만들 수 있다. 스티커는 영상을 강조하거나 더욱 재미있게 만들기 위해 강조해야 할 부분에 화살표나 체크 마크 스티커를 추가할 수 있고, "효과" 메뉴를 통해 빛 효과, 움직이는 효과 등을 추가하여 시각적인 흥미를 끌 수 있다.

7. 최종 검토와 내보내기

편집이 끝났다면 영상을 한 번 재생해 보며 전체적인 흐름을 확인한다. 잘못된 부분이 있다면 타임라인에서 바로 수정할 수 있다. 모든 수정이 끝났다면 오른쪽 상단의 "내보내기" 버튼을 눌러 최종 영상을 저장한다. 이때 해상도와 프레임 속도를 선택할 수 있는데, 고화질로 저장하면 더 선명한 결과를 얻을 수 있다.

8. 활용 사례

캡컷은 다양한 콘텐츠 제작에 활용할 수 있고, 활용되어지고 있다. 중요한 개념을 텍스트와 음성으로 설명하는 영상 제작, 발표 자료를 영상으로 만들어 시청각으로 전달하여 흥미와 집중을 높이기도 한다. 개인이나 소상공인들도 광고로도 많이 활용되어 홍보 자료로도 많이 사용되어지고 있다.

캡컷은 간단하지만, 강력한 영상 편집 도구이다. 영상 제작은 단순한 편집 기술을 넘어 창의적인 표현의 기회이며 기록이다. 처음 영상 제작을 하는 분께 도움이 되었으면 한다.

참고: QR영상은 캡컷으로 영상 만드법을 간단히 시연함(유료컨테츠 사용)

6. 이현정 _ 캡컷 템플릿 활용하기

choayoyo@naver.com
대표경력: 서대문구 관내 복지관 및 경로당 연희 약수 청구 복지관 /디지털배움터
  AI 기술과 디지털 콘텐츠 제작 노하우를 기반으로 세대 간 디지털 격차를 해소하며, 스마트폰 활용, 영상 제작, AI 응용 등 실용적이고 체계적인 교육을 제공합니다. 다양한 전문 자격을 기반으로 창의적 스토리텔링을 접목한 강의를 통해 디지털 활용 능력을 효과적으로 향상시키고, 많은 이들에게 새로운 가능성을 제시하며 변화와 영감을 전하는 디지털 교육 전문가로 활동 중입니다.

4050 세대를 위한, 더욱 명확하고 친절한 설명으로 다시 구성된 캡컷 템플릿 활용 가이드
캡컷 템플릿, 나만의 영상 만들기, 스마트폰으로 간편하게 영상을 만들고 싶으신가요? 캡컷의 다양한 템플릿을 활용하면 누구나 손쉽게 전문가처럼 멋진 영상을 만들 수 있습니다.

1단계: 캡컷 앱 설치 및 실행
먼저, 스마트폰에 캡컷 앱을 설치하고 실행합니다. 앱을 처음 실행하면 다양한 기능들이 보이지만, 겁먹지 마세요! 우리는 템플릿을 이용할 것이기 때문에 간단한 조작만으로도 충분합니다.

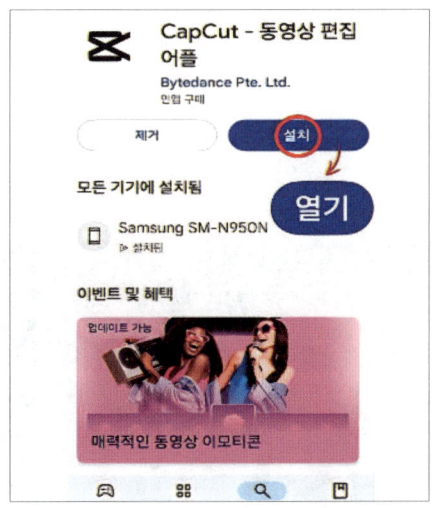

2단계: 템플릿 선택하기
다양한 종류의 템플릿: 캡컷에는 여행, 음식, 일상 등 다양한 주제에 맞는 템플릿이 준비되어 있습니다.

내가 만들고 싶은 영상의 분위기와 가장 잘 맞는 템플릿을 골라보세요. 트렌디한 템플릿: 최신 유행을 반영한 트렌디한 템플릿도 많이 있으니, 유행을 따라하고 싶다면 트렌드 템플릿을 선택해 보세요.

3단계: 나만의 영상으로 만들기

사진 또는 영상 추가: 템플릿에 내가 찍은 사진이나 영상을 추가합니다. 템플릿에 맞춰 자동으로 배치되기 때문에 어렵지 않아요.

텍스트 변경: 템플릿에 있는 글자를 내가 원하는 문구로 바꿔줍니다. 예를 들어, 여행 영상이라면 여행지 이름이나 감성적인 문구를 넣어보세요.

음악 변경: 템플릿에 기본으로 제공되는 음악이 마음에 들지 않는다면, 내가 좋아하는 음악으로 바꿀 수 있습니다.

효과 조절: 영상에 다양한 효과를 추가하여 더욱 화려하게 만들 수 있습니다. 하지만 너무 많은 효과를 넣으면 오히려 정신없어 보일 수 있으니 적절하게 활용하는 것이 좋습니다.

4단계: 영상 저장하기

모든 편집을 마쳤다면, "워터마크 없이 내보내기" 터치 후 "내보내기" 버튼을 눌러 영상을 저장합니다. 이제 나만의 멋진 영상이 완성되었습니다!

꿀팁!

자주 사용하는 템플릿은 즐겨찾기에 추가: 자주 사용하는 템플릿은 즐겨찾기에 추가해두면 다음에 더욱 쉽게 찾아서 사용할 수 있습니다.

다른 사람의 영상 참고: 유튜브나 인스타그램에서 멋진 영상을 보았다면, 어떤 템플릿을 사용했는지 유심히 살펴보고 나만의 스타일로 재해석해 보세요.

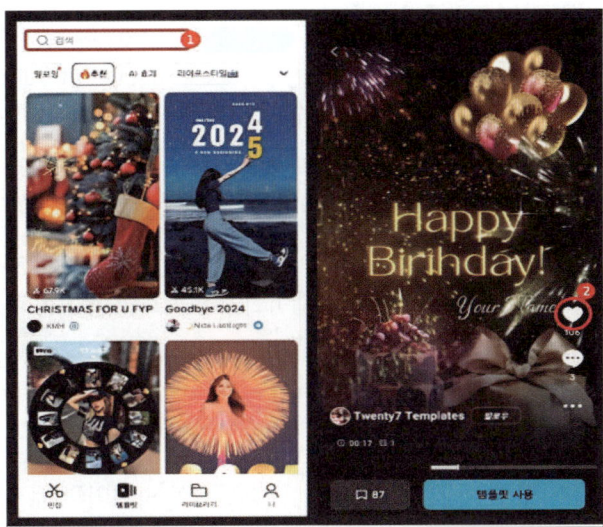

PART3 영상 제작의 모든 것

캡컷 템플릿을 활용하면 복잡한 영상 편집 프로그램 없이도 누구나 쉽고 빠르게 멋진 영상을 만들 수 있습니다. 지금 바로 캡컷 앱을 열고 나만의 영상을 만들어 보세요!

7. 오경옥 _ 크로마키 촬영 및 캡컷 앱에서 배경제거하기

kyok65@hanmail.net
대표경력:유튜브크리에이터지도사/2021년 창원시 1인 미디어 페스티벌 신박해상 수상
모든 사람들이 디지털에 자유로울 수 있는 그날까지 진심으로 강의하는 AI·디지털 교육 전문가입니다. 초등학생부터 노인, 그리고 외국인 근로자에 이르기까지 국적과 연령을 가리지 않고 디지털 역량을 일깨워주는 Digital free샘으로 활약하고 있습니다.

동영상 제작 기법 가운데 영화, 방송 등에서 흔히 사용되는 것으로 '크로마키 촬영' 방법이 있습니다. 배경을 제거하고 원하는 이미지를 합성하는 기법으로, 초록색 또는 파란색의 배경을 설치하기 때문에 '그린 스크린' 혹은 '블루 스크린'이라고 부르기도 합니다.

크로마키 촬영을 위해서는 배경을 준비하고, 조명을 설정하며, 피사체를 배치해야 합니다. 이후 카메라를 적절한 값으로 설정한 이후 피사체를 촬영하고, 배경을 제거하는 후처리를 통해 편집을 완료하면 됩니다.
크로마키 촬영을 위해서는 적절한 배경이 반드시 필요합니다. 앞서 말했듯 초록색 또는 파란색의 배경을 준비해야 하는데, 균일한 색상의 천이나 페인트를 사용하여 배경을 설치하면 됩니다. 이때 주의해야 할 것은 배경이 주름지지 않도록 하는 것입니다. 배경이 준비되었다면 조명을 설정해 줍니다. 배경은 물론 피사체에 고르게 조명을 비추어야 합니다. 조명이 고르게 분포되면 색상 분리가 더욱 용이하기 때문이므로, 피사체에 그림자가 생기지 않도록 조명을 조정해야 합니다.

피사체 배치도 중요한데, 피사체는 배경에서 적어도 1~2미터 이상 떨어져 배치합니다. 이는 배경 색상이 피사체에 반사되는 것을 최소화하기 위함입니다. 이때 피사체의 색깔도 중요합니다. 피사체가 사람이라면 배경의 색깔과 같거나 비슷한 옷을 피해 입어야 하며, 사물의 경우에도 마찬가지입니다. 본격적인 촬영에 앞서 카메라도 설정합니다. 카메라의 화이트 밸런스와 노출을 조정하여 최적의 촬영 조건을 만들며, 크로마키 색상이 왜곡되지 않도록 주의합니다. 이러한 모든 설정이 끝났다면 피사체를 촬영하면 됩니다.

　원하는 영상 및 이미지 촬영을 완료했다면 배경을 제거하고 편집하는 후처리가 필요합니다. 여기에서는 고품질 동영상 제작에 필요한 다양한 편집 기능을 제공하고 있는 무료 동영상 편집 앱 '캡컷'(CapCut)을 사용하는 방법에 대해 설명하고자 합니다. 캡컷 앱에서 원하는 영상 위에 크로마키 촬영물을 가져오고, 편집하기를 하면 끝입니다.

★캡컷 앱을 활용한 편집 순서는 다음과 같습니다.
1. 캡컷 앱의 새 프로젝트를 클릭한 후, 편집할 영상물을 가져옵니다.
2. 하단의 오버레이를 클릭한 후 PIP추가를 클릭합니다.

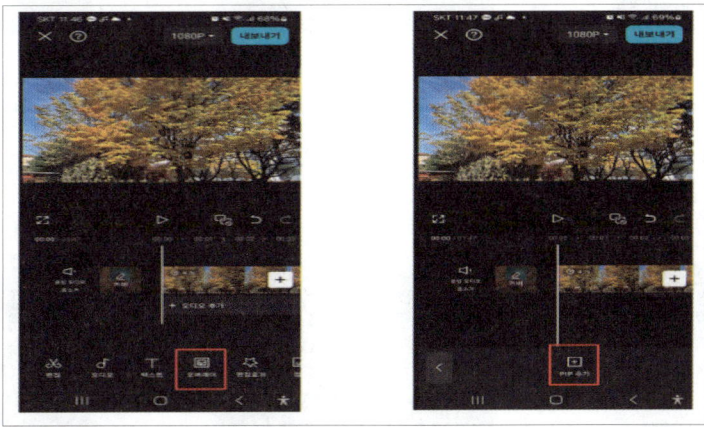

3. 크로마키 촬영물을 클릭한 후 추가를 클릭합니다.
4. 하단의 편집메뉴를 왼쪽으로 넘겨줍니다.
5. 배경제거를 찾아 클릭합니다.

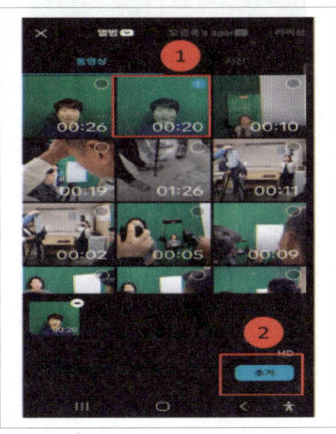 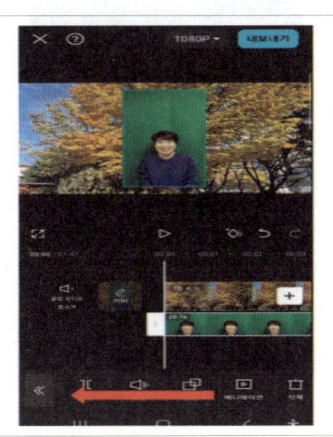 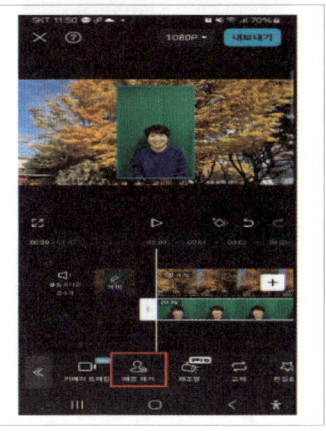

6. 크로마키를 클릭합니다.
7. 손으로 원을 드래그하여 바탕의 초록색이 없어지도록 위치를 이동시킵니다.
8. 초록의 바탕색이 완전히 없어지지 않고 잔여물이 남아있으면 채도를 움직여서 맞춰줍니다. 바탕색을 완전히 없애고 V를 클릭합니다

  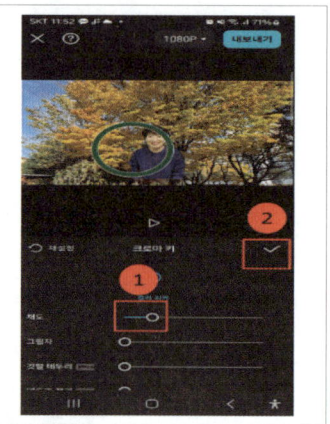

9. 영상가운데 위치한 크로마키 제거된 영상물을 원하는 위치(오른쪽 하단)로 옮겨줍니다.
10. 크로마키 상반신 촬영물이 공중(영상 가운데)에 뜨지 않도록 영상 끝부분과 잘 맞춰줍니다.
11. 완성된 크로마키 영상물입니다.

★크로마키 촬영 꿀팁

1. 촬영하기 전 미리 대본을 써본다.
2. 대본을 외운다.
3. 카메라 앞에서 자연스럽게 말해본다.
4. 2~3번 촬영해서 가장 마음에 드는 촬영물을 사용한다.

8. 류승희 _ AI로 영상 쉽게 제작하기

just.hada0000@gmail.com
대표경력 : 디지털리터러시와 AI 활용 전문 / 울산정보산업진흥원 영상제 우수작품상 수상
디지털 교육과 AI 콘텐츠 제작을 통해 실용적이고 창의적인 학습을 제공하는 디지털 리터러시 전문가입니다. (주)디지털앤피플 홍보이사로 활동하며, AI와 디지털 기술을 실생활에 적용할 수 있는 맞춤형 교육을 제공합니다. 울산대학교 협업툴 활용 교육, 울산농업진흥센터 AI 활용 교육을 진행하였으며, 유치원 교사와 학부모를 대상으로 디지털 리터러시 강의를 실시했습니다. 또한 각종 기관 및 단체에서 영상 및 디자인 플랫폼, AI 콘텐츠 제작 강의, 스마트폰 활용 강의 등을 통해 학습자의 성장을 돕고 있습니다.

디지털 시대에 자신만의 강의를 만들거나 브랜딩 영상을 제작하는 일은 선택이 아닌 필수가 되었습니다. 특히 디지털튜터로서 활동을 시작하면서 자신의 전문성을 효과적으로 전달할 수 있는 영상 콘텐츠는 많은 도움이 됩니다. 그러나 영상 제작은 완성도 있게 작업하려면 복잡하고 시간이 많이 소요되는 작업입니다.

Vrew는 이런 문제를 해결할 수 있는 인공지능(AI) 기반의 영상 제작 도구입니다. 음성을 분석해 자동으로 자막을 생성하고, 간단한 편집으로 완성도 높은 영상과 콘텐츠를 제작할 수 있습니다. PC 버전은 다양한 기능이 사용 가능 하며, 모바일에서는 간단한 작업으로 영상을 쉽게 만들 수 있습니다. 이번에는 다양한 기능을 활용할 수 있는 PC 버전을 알려드리겠습니다.

Vrew 사이트에서 프로그램을 설치합니다. (https://vrew.ai/)

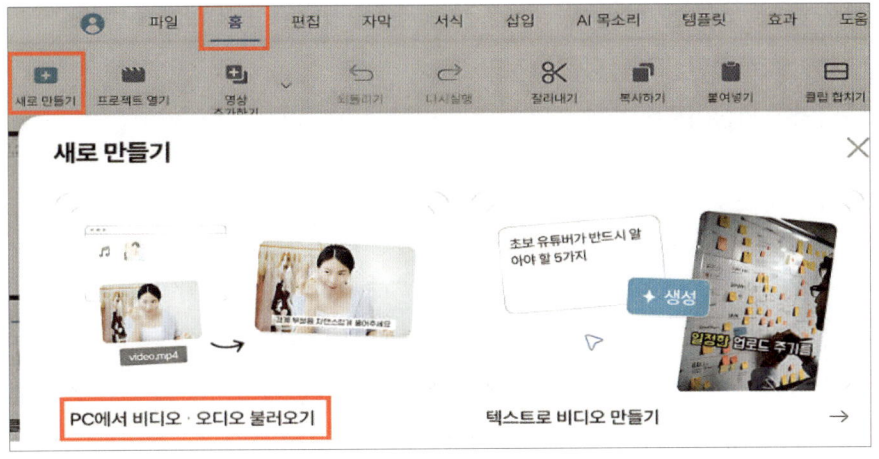

영상 제작을 시작하려면 홈 탭 메뉴에서 [새로 만들기] 버튼을 눌러 [PC에서 비디오.오디오 불러오기]를 선택하여 편집할 영상을 업로드하면 됩니다. 스마트폰에 있는 영상을 사용하려면 [모바일에서 미디어 불러오기]를 눌러 QR코드 스캔 후 업로드 가능합니다.

업로드된 영상을 분석해 음성 데이터를 바탕으로 자막이 자동 생성됩니다. 생성된 자막은 영상의 타임라인에 맞게 자동 정렬됩니다. 음성이 텍스트로 변환된 부분은 편집할 때 영상이 함께 연동되어 컷편집이 용이합니다.

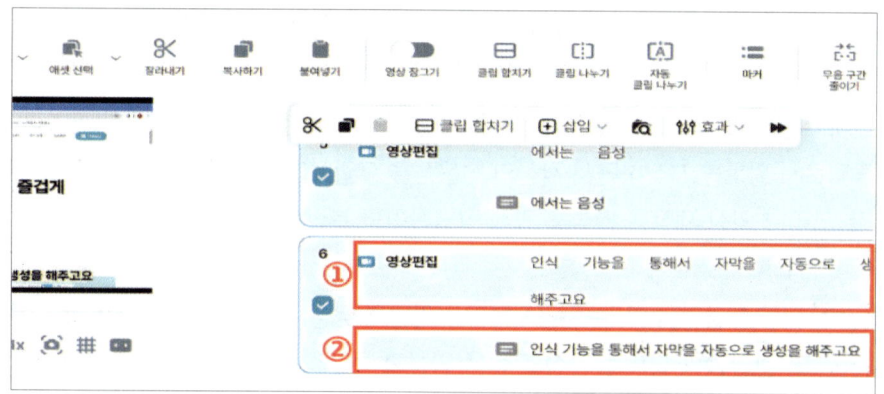

1.클립의 구성

생성된 자막은 클립 단위로 나뉘어지고, 영상의 문맥에 따라 수정할 수 있습니다. 오른쪽 패널에서 자막 텍스트를 클릭해 쉽게 수정할 수 있습니다. 클립으로 컷편집이 되어 있으며, 영상편집과 자막편집 부분으로 나뉩니다.

①영상 편집 영역으로 컷편집과 음성을 수정합니다.
②자막 편집 영역은 영상의 자막을 수정할 수 있습니다.

2. 자막 수정

자막 문장이 너무 길거나 나누어야 할 곳은 나눌 부분에 커서를 둔 후, [클립 나누기] 버튼을 클릭하여 원하는 길이로 수정 가능합니다.(단축키:엔터키)

자막의 길이가 짧다면 합칠 두 클립을 선택 후 클립 합치기를 클릭합니다.(단축키:백스페이스키-합칠 뒤 문장 앞에 커서 위치시키기)

3. 폰트 스타일 설정

자막의 글꼴, 크기, 색상을 조정해 영상의 주제와 어울리는 스타일로 꾸며보세요. 주요 키워드를 굵게 표시하거나 색상을 다르게 설정하면 학습자들에게 더 효과적으로 전달할 수 있습니다. Vrew에서 제공되는 폰트는 상업적 영상에도 이용 가능합니다.

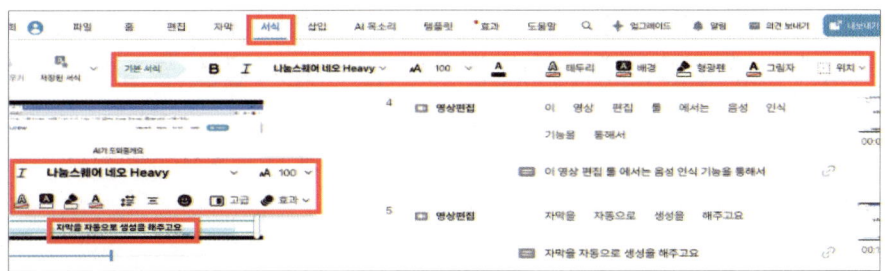

자막 폰트는 서식에서 수정할 수 있습니다.
①기본서식을 확인 후 작업시 전체 자막 폰트 스타일이 일괄 수정됩니다.
②좌측 미리보기창에서 특정 클립의 자막만 수정할 수 있습니다. (클립 체크박스를 선택 후 서식메뉴에서도 작업 가능)

4. 저장하기

상단 메뉴에서 [영상으로 내보내기] 버튼을 눌러 완성된 영상을 저장할 수 있습니다. 영상의 해상도와 화질을 선택할 수 있습니다. 강의 영상이나 브랜딩 콘텐츠를 제작할 때 고해상도를 선택하면 더욱 효과적입니다. 우측 상단의 내보내기로 mp4, mp3, png, 자막파일 등으로 다운로드 할 수 있습니다.

해당 프로젝트를 향후 수정하려면 프로젝트 저장하기를 해주세요. 저장한 프로젝트는 프로젝트 열기를 통해 불러올 수 있습니다.

Vrew의 또 다른 기능은 AI를 활용한 대본 작성과 이미지, 자막, AI 목소리 생성입니다. 텍스트로 비디오 만들기 기능을 이용해 간단한 주제만 입력하면 인공지능을 통해 대본을 작성하고, 이를 기반으로 영상과 자막, AI 음성을 활용한 내레이션까지 제작할 수 있습니다. 그리고 화면 녹화 기능을 이용해 PPT로 강의 영상도 쉽게 만들 수 있습니다.

Vrew는 영상 제작과 편집의 어려움을 해결해 주는 든든한 도구입니다. 특히 PC 버전을 활용하면 더 체계적이고 세부적인 작업을 할 수 있어 다양한 콘텐츠와 브랜딩 영상의 완성도를 높일 수 있습니다.

자동 자막 생성에서 시작해, AI 기반 대본 작성과 영상 제작까지 쉽게 할 수 있는, Vrew를 활용해 여러분만의 특별한 디지털 콘텐츠를 만들어 보세요.

9. 이태경 _ 5분만에 뚝딱 ppt제작하기

mine4202@naver.com
대표경력: 도서전문블로거 / 영상크리에이터
지난해 전자책 2권을 출간했습니다. 현재 도서전문 블로그 활동을 하고 있으며, 디지털튜터로서 콘텐츠 크리에이터와 AI 아티스트를 꿈꾸며 성장하고 있습니다.

감마(Gamma)는 쉽고 빠르게 PPT를 만들 수 있는 도구예요. 디자인 걱정 없이 내용만 입력하면 멋진 발표 자료가 자동으로 완성돼요. 이제 5분 만에 PPT를 만드는 방법을 알아볼까요?

감마(Gamma)는 간단하고 빠르게 프레젠테이션을 제작할 수 있는 도구입니다. 이 툴을 활용하면 직관적인 방식으로 5분 만에 매력적인 PPT를 만들 수 있습니다. 다음은 단계별 가이드입니다.

1. 감마 로그인 및 새 프로젝트 시작
- 감마 웹사이트(gamma.app)에 접속하여 로그인합니다.
- Create 버튼을 클릭해 새 프레젠테이션 프로젝트를 시작합니다.

2. 템플릿 선택
- 감마는 다양한 템플릿을 제공합니다.
- 비즈니스 피치, 데이터 보고서, 강의 노트 등 상황에 맞는 템플릿을 선택하세요.
- 템플릿을 선택하면 전체적인 스타일과 레이아웃이 자동으로 설정됩니다.
- 원하는 색상 테마와 글꼴을 설정해 브랜드에 맞는 디자인을 완성할 수 있습니다.

3. 슬라이드 주제 및 구조 설정
- 감마는 **AI 기반으로 슬라이드 구조를 추천**합니다.
- 주제를 입력하면 자동으로 제목, 소제목, 내용 배치가 구성됩니다.
- 예 : "신제품 출시 발표" → 제품 개요, 기능, 시장 분석, 기대 효과 등의 슬라이드 제안.
- 필요 없는 슬라이드는 삭제하고 원하는 내용을 추가로 작성합니다.

4. 콘텐츠 입력 및 자동 디자인
- 각 슬라이드에 필요한 텍스트를 작성합니다.
- 감마의 스마트 에디터는 텍스트 크기, 정렬 등을 자동으로 조정합니다.
- 이미지, 동영상, 아이콘 추가:
- 슬라이드 편집 화면에서 **'Add Media'** 버튼을 클릭해 시각 자료를 추가합니다.
- 감마는 무료 이미지 라이브러리와 아이콘을 제공하므로 손쉽게 디자인을 강화할 수 있습니다.

5. 미리보기 및 공유
- 완료된 프레젠테이션을 **'Preview'** 버튼을 통해 확인합니다.
- 레이아웃이 깨지지 않았는지, 시각적으로 어색한 부분이 없는지 확인합니다.

- 최종적으로 '**공유**' 버튼을 클릭해 링크를 생성하거나 PDF, PPT 형식으로 다운로드합니다.
- 감마 프레젠테이션은 웹 기반으로 실시간 협업과 공유가 가능합니다.

TIP: 5분 안에 끝내는 방법
- 감마의 **AI 콘텐츠 생성 기능**을 적극 활용하세요.
- 키워드만 입력하면 제목과 텍스트를 자동 생성합니다.
- 템플릿과 자동 레이아웃을 활용하면 디자인에 시간을 줄일 수 있습니다.

감마를 통해 제작한 PPT는 깔끔한 디자인과 직관적인 흐름을 제공하며, 최소한의 시간과 노력으로도 고퀄리티 프레젠테이션을 완성할 수 있습니다.

10. 최영란 _ 투닝AI로 쉽고 재미있는 그림 일기

yrchoeny@gmail.com
대표경력: 서초구IT교육센터 강사, 투닝 공인인증 강사
한국디지털튜터 협회 정회원이자 AI 디지털 교육 전문가. 시니어들의 스마트폰 교육을 시작으로 현재 초·중·고등학교와 지역 교육기관에서 AI 웹툰을 활용한 진로·직업·평생학습 강의를 진행하고 있다. 사회 구성원들의 디지털 격차를 해소하고 AI 기술을 통해 삶의 변화를 이끄는 것을 강의 목표이자 가치로 삼고 있다.

여러분, 투닝(Tooning)을 아시나요? 투닝은 더 이상 만화 제작이 전문가의 전유물이 아님을 보여주는 디지털 창작 플랫폼입니다. 누구나 손쉽게 자신만의 이야기를 시각적으로 표현할 수 있는 놀라운 도구, 투닝AI를 이용해 일상의 순간들을 독특하고 생동감 있는 만화로 탄생시킬 수 있습니다.

특히 그림일기는 개인의 감정과 경험을 1-2컷의 짧은 만화로 압축할 수 있는 매력적인 방식입니다. 오늘의 기분을 그림으로 기록하거나, 특별한 순간을 재미있는 만화로 남기고 싶었던 적이 있으신가요? 전문적인 디자인 기술이나 그림 실력이 없어도, 이제 클릭 몇 번으로 자신만의 이야기를 생생하게 표현할 수 있습니다.

투닝은 단순한 그림 그리기 도구를 넘어, 개인의 일상을 예술로 승화시키는 창의적인 플랫폼입니다. 지금부터 여러분만의 특별한 하루를 그림일기로 기록하는 방법을 함께 알아볼까요?

1. 투닝 접속하기

투닝(Tooning) 웹사이트에 접속한 후 회원가입과 로그인 절차를 완료하세요. (크롬 브라우저와 구글 계정을 사용하시길 추천드립니다)

2. 새 프로젝트 시작

로그인하여 랜딩페이지가 나오면 상단에서 '투닝에디터' 탭을 클릭합니다. 우측의 '제작하기' 버튼이나 하단의 플러스 버튼을 누르면 1:1 비율의 빈 도화지가 준비됩니다(좌측 상단 1080x1080 px을 누르면 도화지를 원하는 크기로 바꿀 수 있습니다).

3. 배경 설정하기

화면 좌측에 있는 '배경' 또는 '사진' 메뉴에서 장소나 분위기에 어울리는 이미지를 선택합니다. 배경이 단조로울 경우, 다양한 요소와 효과를 추가해 생동감을 더하세요.

4. 캐릭터 추가하기

역시 화면 좌측의 '캐릭터' 메뉴에서 원하는 캐릭터를 선택하세요. 다양한 표정과 자세를 제공하므로 상황에 맞는 이미지를 골라 배치하면 됩니다. 캐릭터 크기나 위치를 조정하여 생동감 있는 장면을 구성해 보세요.

5. 말풍선 및 텍스트 박스 추가하기

말풍선은 캐릭터가 대화하는 내용을 입력할 때 사용합니다. 말풍선을 캐릭터 근처에 배치하고 크기를 조절하세요. 텍스트 박스는 날짜, 상황 설명, 제목 등을 넣을 때 유용합니다. 일기의 글이 길 때는 페이지 한 장을 추가하여 배경과 글만 넣어보세요.

6. 저장 및 공유

완성된 만화는 우측 상단의 다운로드 버튼을 눌러 컴퓨터에 파일로 저장할 수 있습니다. 공유 버튼을 누르면 친구나 가족에게 바로 링크를 보낼 수 있고, 투닝 보드에 공유하면 보드를 공유하는 사람들이 함께 볼 수 있습니다.

[팁! 더 재미있는 그림일기를 만드는 방법]

하루 중 가장 기억에 남는 순간을 짧게 요약하세요. 과장된 캐릭터 표정이나 유머 있는 대사도 넣어보세요. 머리 등 신체 일부분을 크게 확대하는 방법도 있습니다. 아이디어가 부족할 때는 템플릿이 도움이 될 거예요. 배경 메뉴에 있는 웹툰 프레임을 사용하면 만화책 같은 느낌을 줄 수 있습니다.

[4060 세대에게 만화 일기의 매력은 무엇일까요?]

우선 간결한 전달력입니다. 긴 글보다 짧은 컷으로 감정을 전달하기 좋아 부담이 없습니다. 다음으로, 새로운 기술이나 도구를 배워보는 재미를 느낄 수 있습니다. 아마도 너무 재미있어 시간 가는 줄 모를 거예요. 또, 그림일기를 써보며 어린 시절의 동심을 느껴볼 수 있습니다. 그림일기 공책을 기억하시죠? 엉성한 그림을 크레파스로 곱게 색칠하던 나의 모습을 떠올리게 될 것입니다.

매일 그리는 1컷 만화는 시간이 지나면서 나만의 특별한 이야기책이 됩니다. 투닝을 활용한 그림일기는 누구나 쉽게 즐길 수 있고, 꾸준히 기록하고 싶게 만드는 매력이 있습니다. 모아진 일기들을 디지털 앨범, 종이 다이어리, 나만의 만화책, 영상 등 다양한 방식으로 재가공하면 더욱 재미있는 경험을 만들 수 있죠. 특히 4060 세대의 일상과 관심사를 담아낸다면, 만화 일기는 충분히 매력적인 콘텐츠로 자리 잡을 수 있을 것입니다.

11. 권소희 _ 수업 전 30분, 투닝으로 워크시트 뚝딱 만들기(진로교육 편)

98490@naver.com
저자는 사범대학에서 교육학, 국어교육을 공부하고 대학원에서 교육심리학을 전공했습니다. 대학교 학생생활연구소 연구원, 학교 및 학원에서 학생을 가르치는 등 교육 분야에서 다양한 활동을 해 왔습니다. MBTI 일반강사 자격증을 보유한 저자는 개인의 성장과 코칭에 깊은 관심을 가지고 있으며 시대적 변화에 따른 디지털교과서와 학습매체의 다양화에 관심이 있습니다. 최근에는 AI웹툰 투닝강사로서도 활동하고 있습니다.

수업을 하다 보면 수업의 진행을 돕기 위한 관련 워크시트가 필요할 때가 있습니다. 그래서 투닝(https://tooning.io/)이라는 AI 툴을 사용해서 수업관련 워크시트를 쉽고 빠르게 만드는 과정을 설명드리려 합니다. 투닝이라는 툴은 만화 캐릭터를 이용하기에 학생들에게 친근하게 다가갈 수 있다는 장점이 있고 기능이 간단하고 템플릿이 있어 수업자료를 쉽고 빠르게 만들 수 있는 장점이 있습니다. 오늘은 초등학생 대상 진로교육을 주제로 워크시트를 만드는 법을 단계별로 보여드리겠습니다.

1. 소재 정하기

진로 탐색을 돕는 것은 교육적으로 필요한 작업이지만, 학생들이 어렵고 딱딱하게 느끼기 쉬운 분야입니다. 또 학생들이 자신의 적성이나 흥미를 알아낸다는 것도 짧은 시간에 파악하기 어려울 수 있습니다. 그래서 학생들이 부담없이 접근할 수 있는 익숙한 소재로 시작하는 것을 권해드립니다.

저는 초등학생들의 눈높이에 맞고 대부분 학생들이 부담없이 접근할 수 있는 '좋아하는 음식', '좋아하는 놀이 또는 취미', '최근에 칭찬받고 기분 좋았던 경험'을 소재로 하여 그 친구들의 흥미를 이끌어낼 예정입니다. 그리고 마지막으로 그와 연관되는 직업이 무엇인지 고민해보고, 학생들의 감상과 해야 할 일, 다짐 등으로 마무리하겠습니다.

2. 투닝 템플릿 사용하기 – 이제 뚝딱 만들기만 하면 됩니다.

① 먼저 준비 단계에서는 투닝 웹사이트(https://tooning.io/)에 회원가입을 해야 합니다. 회원가입은 크롬 브라우저에서 가입하는 것을 추천드려요. 그리고는 투닝 홈에서 제공되는 템플릿을 이용해 만들어 볼 것입니다.

② 투닝 페이지 첫 화면 상단 툴바에서 투닝 에디터를 찾아서 클릭해 주세요. 다시 에디터 화면 툴바에서 템플릿을 클릭하셔서 제시된 샘플 중 적당한 템플릿을 고릅니다.

③ 템플릿 첫 번째 시트에서 제목 및 원하는 내용으로 글자를 바꿔줍니다.

④ 두 번째, 세 번째 시트에서는 왼쪽 메뉴바에서 요소를 선택하고 필요한 요소를 선택해서 넣어줍니다. 저는 두 번째 시트에서는 음식, 세 번째 시트에서는 학생과 취미, 운동 등을 검색해서 알맞은 그림을 넣었습니다.

⑤ 네 번째 시트에서는 적당한 말풍선을 선택하고 글을 쓴 다음, 마음에 드는 모양으로 꾸며줍니다.

⑥ 다섯 번째 시트처럼 자세나 디테일을 바꾸기도 하고, 여섯 번째 시트처럼 색깔을 바꾸어 줍니다.

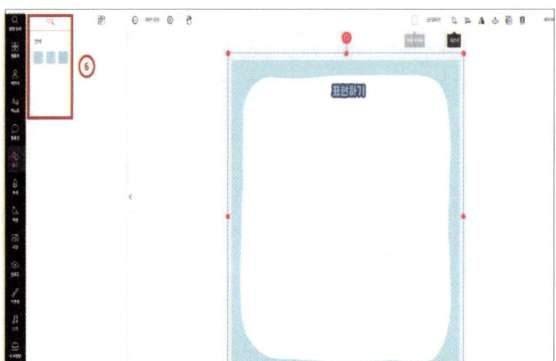

⑦ 일곱 번째 시트에서는 캐릭터에서 원하는 것을 골라 추가합니다.

⑧ 이후에는 학생들이 작성한 것을 바탕으로 장래 희망을 묻고, 지금 해야 할 일을 적어보게 해서 마무리 했습니다.

⑨ 저는 필요한 시트가 10컷이므로 10시트를 맞추기 위해, 페이지 추가 또는 삭제를 통해서 정리해줍니다.

3. 다운로드 및 인쇄

이제 오른쪽 위쪽의 다운로드를 눌러 알맞은 형식으로 PC에 다운받은 다음 인쇄하거나 공유하시면 됩니다.

어때요? 정말 간단하지 않나요? 오늘은 친근한 캐릭터로 워크시트를 뚝딱 만들어 보았습니다. 이외에도 정확한 내용이나 구체적인 아이디어가 떠 오르지 않을 때에는 투닝매직이나 투닝GPT에서 도움을 받을 수 있으며 더 쉽고 간단하게 만드는 많은 방법이 있으니 투닝 사이트를 꼭 한 번 이용해보시라 추천해드립니다.

12. 박미래 _ 유튜브 업로드하기

> lupinus1106@naver.com
> 대표경력: MKYU디지털튜터협회홍보대사, K지역명예위원, 지역 활동 공로상 수상
> 늦은 나이에 차근차근 꿈의 봉우리를 하나씩 만들어가는 4년 차 직장인입니다. MKYU에서 다양한 사람들과 만나 함께 독서하고, 공부하면서 하나의 작은 점들이 모인다는 것을 깨닫고 성장하기 시작했습니다. 눈에 보이는 점들을 선으로 연결시키고 있으며, 히아신스 꽃처럼 만들어가는 중입니다. 디지털 시대의 사회에 소외된 사람들에게 희망의 씨앗을 전달하고 싶습니다.

몇 년 전까지는 유튜브 생태계가 활성화되지 않았습니다. 팬데믹이 일어나면서, 많은 사람들이 생계의 어려움을 겪었습니다. 하지만 그 어려움에 속에 희망의 빛줄기가 된 것이 어쩌면 유튜브일지 모릅니다.

오늘날 유튜브는 전 세계에서 가장 인기 있는 동영상 플랫폼 중 하나가 되었습니다. 개인, 기업, 교육 기관 등 다양한 사용자들이 유튜브를 통해 콘텐츠를 공유하고 있습니다. 나도 유튜브로 영상을 올리고 싶은데, 다들 어떻게 하시는 걸까? 이런 생각들이 한 번쯤 뇌리를 스친 적이 있을 겁니다. 그러면 방법을 알려드리겠습니다.

나의 취미 및 강의 촬영 등 동영상으로 촬영한 것이 있다면 영상을 편집해서 올리면 좋습니다.
그리고, 가로 영상은 16:9, 세로 영상은 9:16으로 동영상 촬영해주세요.

PC 버전으로 안내해드리겠습니다.
먼저, 크롬 인터넷으로 접속하여 회원 가입 및 로그인해주세요. 핸드폰을 대리점에서 구매 시에 만든 계정이 있을 것입니다. 만약 없다면 계정을 만들어주세요.
1. 오른쪽에 점 6개 모양 클릭합니다. 그러면 다음과 같은 화면이 보입니다.
아래로 두 번째 재생 모양과 함께 YouTube라고 쓰여진 것을 클릭합니다.

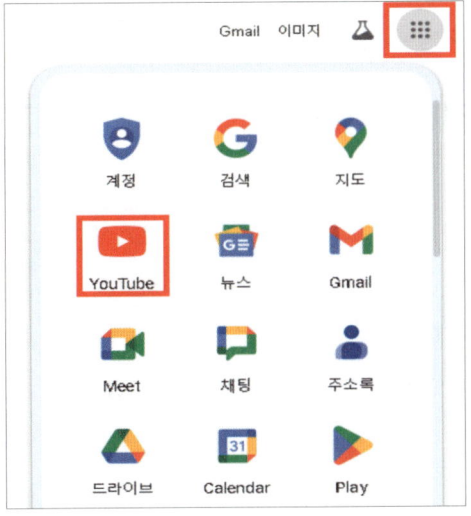

2. 아래 화면처럼 나오면 좌측 하단에 로그인 또는 상단 우측을 보시면 로그인 부분을 클릭합니다.

3. 아래와 같은 화면처럼 하단에 계정 만들기 선택 후 다음을 클릭하면 "본인계정, 자녀 계정, 비즈니스 관리 계정" 해당되는 것을 선택합니다.

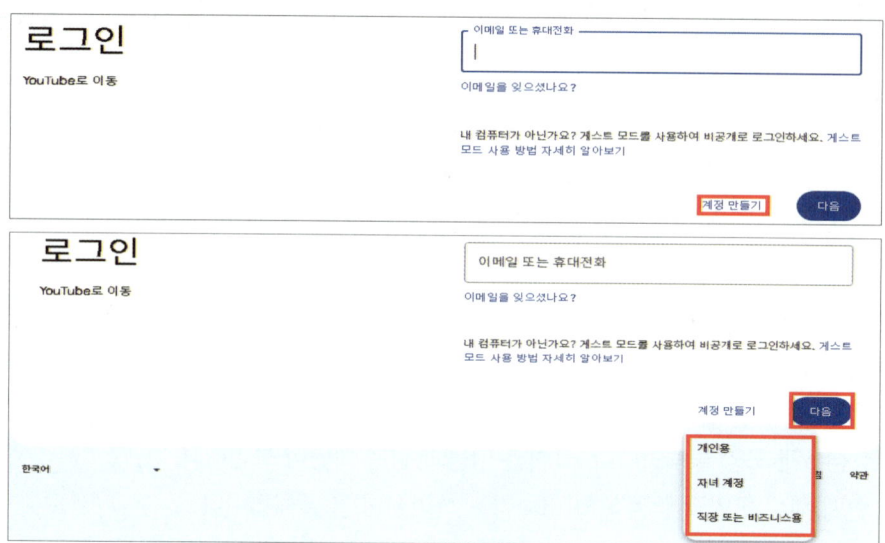

4. 아래 화면처럼 나오면 성, 이름을 입력 후 다음을 누릅니다.

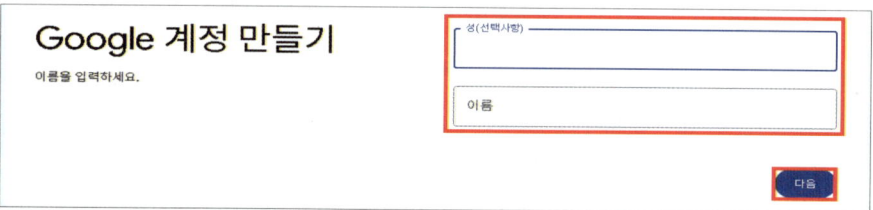

5. 기본정보를 입력 후 다음을 누릅니다.

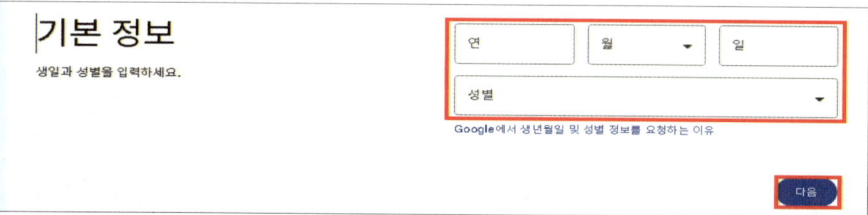

6. Google 계정에 사용할 이메일 주소를 입력합니다. 그리고 다음을 누릅니다.

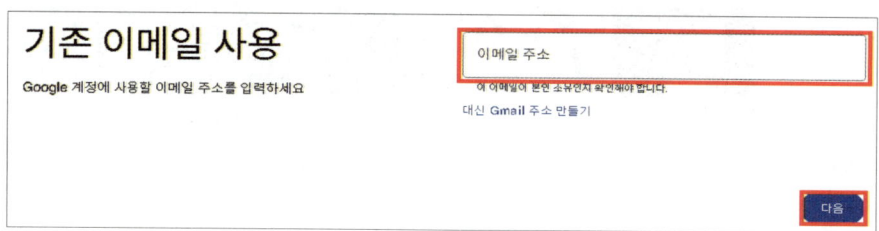

7. 이메일로 주소로 코드가 전송됩니다. 그러면 이메일에서 코드 확인 후 코드 입력 부분에 코드를 입력합니다. 그리고 다음을 누르면 비밀번호 만드는 화면이 나옵니다. 비밀번호도 입력 후 다음을 누릅니다. 이렇게 계정이 만들어졌습니다.

먼저, 만든 구글계정으로 로그인을 하고 6개의 점선을 클릭 후 유튜브 클릭합니다.
그러면, 아래와 같은 화면이 나오면 로그인해주세요.

채널을 생성 후에 영상을 업로드 할 수 있습니다.
채널 만들기
① 우측 상단의 내 프로필 사진을 클릭합니다. ② 메뉴 첫번째 채널 만들기를 눌러주세요.
③ 프로필 사진을 등록, 내 채널 이름을 설정합니다. 그리고 채널 만들기 버튼을 누르면 채널이 개설 됩니다.

1.+만들기 이 부분을 클릭합니다 그러면 "동영상 업로드, 라이브 스트리밍 시작, 게시물 작성" 중 동영상 업로드 클릭합니다.

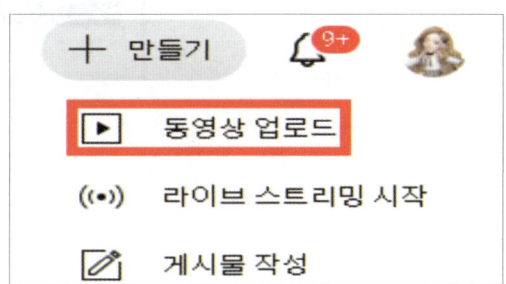

일상이나 강의를 촬영하신 것이 있으면 그 영상을 올리시면 됩니다. 만약에 촬영한 영상이 없다면, 동영상 촬영 먼저 해주세요.

2. 동영상 업로드를 클릭하면 아래와 같은 화면이 나옵니다. 그러면 화살표 모양이나 파일 선택을 클릭합니다.

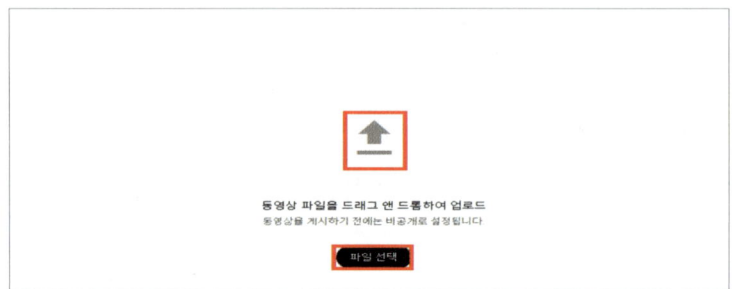

3. 아래 화면이 뜨면 폴더에서 영상을 찾아 클릭한 후 열기를 누릅니다.

4. 세부정보 화면이 나오면 영상 제목, 설명, 입력해주시고, 썸네일로 올리고 싶은 이미지 파일 업로드 클릭 후 이미지 찾아서 하거나 자동 생성으로 해도 됩니다.

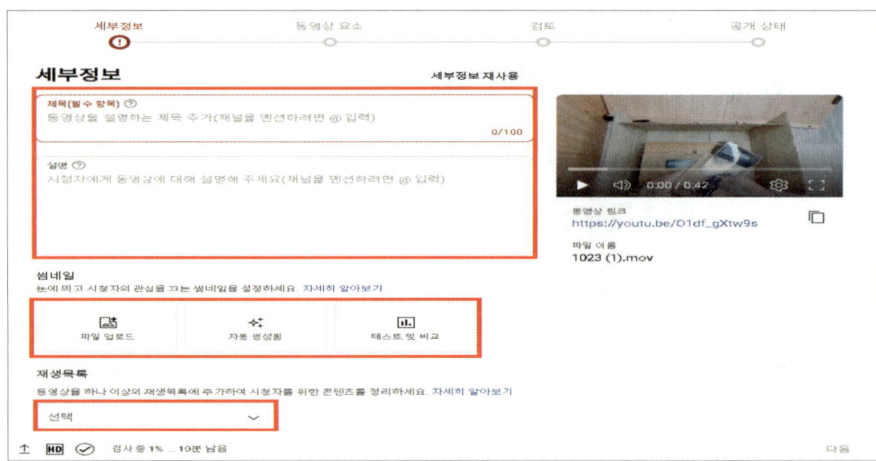

5. 동영상 요소 화면이 뜨면 "자막 추가, 최종 화면 추가, 카드 추가" 중 추가하고 싶은 것을 추가하시면 됩니다. 추가 안 할 것이며, 다음을 클릭합니다.

관련 동영상 추가 및 자막 추가하시면 되고, 없으며 다음을 누르시며, 검토 저작권 부분이 나옵니다. 다음을 클릭하시면 됩니다. 공개 상태 여부 선택해주세요 공개로 클릭하시면 하단 우측에 게시로 나오면 클릭해주세요.

공개는 모든 사람이 볼 수 있고, 일부공개는 동영상 링크를 가진 사람만 볼 수 있습니다. 비공개는 나와 내가 선택한 사람만 내 동영상을 시청할 수 있습니다.

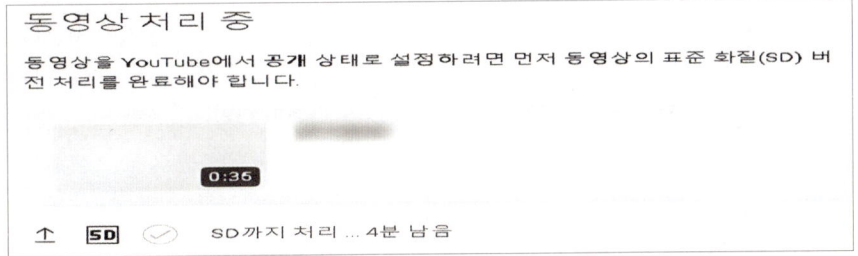

위와 같은 화면이 나온 후 동영상이 업로드 되었다고 나옵니다. 이제, 유튜브 크리에이터 시작해보세요.

우리는 디지털튜터다

디지털 교육 현장의
전문가들이 전하는 성공 실전 가이드

당신의 지식을 수익으로 만드는 가장 확실한 방법

1부 디지털 튜터의 실전 가이드

Part 4

SNS로 만드는 브랜드 파워

CONTENTS

1. 이중호_ 갤러리 사진 활용 나만의 퍼스널 컬러로 이미지 브랜딩 하기   132

2. 서유진_인스타그램 프로필 꾸미기: 나만의 디지털 아트 공간 만들기   135

3. 김명숙_인스타그램 릴스 만들기   136

4. 박현진_인스타그램 릴스로 브랜딩하기   138

5. 하연지_인스타그램 스토리 활용법   141

6. 전병희_인스타그램 피드 구성하기: 디지털튜터의 브랜딩 전략   143

7. 김희수_브랜드 로고 만들기   145

8. 유정애_개인브랜딩을 위한 AI활용 마케팅   148

9. 안소윤_디지털튜터를 위한 명함 마케팅 : 개인 브랜드 강화   150

10. 강버들_디지털튜터의 첫 걸음 : 블로그 당장 시작하기   152

11. 한향기_뤼튼 AI 활용하는 블로그 글쓰기   154

12. 김정란_네이버 밴드 운영   156

13. 서순희_카카오 프로필 예쁘게 꾸미기   160

14. 장보경_바로적용! 채널 메시지 이모지 사용 팁   161

1. 이중호 _ 갤러리 사진 활용 나만의 퍼스널 컬러로 이미지 브랜딩 하기

대표경력: 현)홈플러스 문화센터 출강 / 현)미래교육아카데미 전임강사
디지털튜터 협회의 강사로 활동하며 디지털 리터러시 향상과 AI 활용 교육을 전문으로 하고 있습니다. 시니어와 직장인을 대상으로 챗GPT, 금융, 이미지 생성 AI 등을 활용한 실무 교육을 진행하며, 누구나 쉽고 효과적으로 디지털 기술을 접할 수 있도록 돕는 데 열정을 쏟고 있습니다.

퍼스널 컬러는 단순히 아름다움을 넘어, 당신의 개성과 매력을 가장 자연스럽게 표현하는 도구입니다. 오늘은 당신만의 고유한 컬러를 찾아보며, 스스로를 더 깊이 이해하는 시간을 가져보겠습니다. 갤러리의 사진을 활용하여 머리, 눈, 입술, 얼굴 피부의 색상을 분석해 나만의 퍼스널 컬러를 찾고, 이를 바탕으로 브랜딩하는 과정을 아래와 같이 단계별로 작성했습니다.

1. 사진 준비
 1) 고품질 사진 선택: 얼굴이 자연광 아래 찍힌 고화질 사진을 선택하세요. 선명한 색상을 확인하기 위해 화장과 조명이 과하지 않은 상태의 사진이 이상적입니다.
 2) 분석할 사진 저장: 갤러리에서 분석하고자 하는 사진을 선택하고 연필모양을 눌러 편집을 시작합니다.

2. 퍼스널 컬러 분석
 1) 갤러리 편집 기능 사용: 갤러리 앱에서 → "사진선택 " → "연필" → "웃는얼굴 " → "펜 " → "스포이트 " → "스포이트 옆 색상 " → "색상코드 확인" 기능을 사용해 피부 톤과 눈, 입술, 머리카락 색상을 정확히 볼 수 있도록 설정하세요.

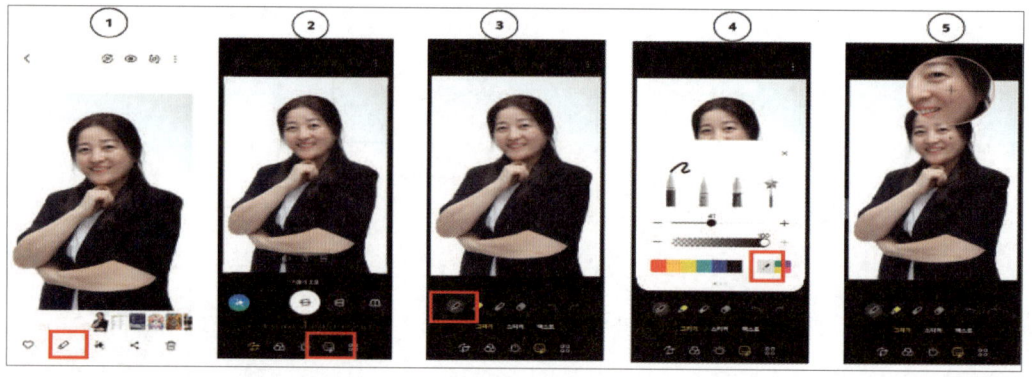

2) 색상 추출 : 갤러리에서 저장한 사진을 불러온 뒤 머리, 눈, 입술, 피부 부위에서 색상을 샘플링합니다. 스포이드를 선택하여 샘플링합니다. 이 과정을 반복해서 색상코드를 추출합니다.

3) 색상 코드 추출: 각 부위에서 추출한 색상의 HEX 또는 RGB 코드를 기록합니다.
예) 피부톤[#F4CBB5], 눈의 색[#1D0E0B], 입술 색[#79403E], 머리카락 색[#30221D]

3. 퍼스널 컬러 분류

1) 챗GPT 앱 활용: 앱을 사용하여 기록한 색상 코드를 입력하고 퍼스널 컬러를 분석합니다. 결과에 따라 봄 웜, 여름 쿨, 가을 웜, 겨울 쿨 중 자신의 계절을 확인합니다.

2) 보완 색상 확인: 앱에서 제공하는 추천 컬러 팔레트를 참고하거나, 자신의 퍼스널 컬러에 어울리는 색조를 추가로 검색합니다.

4. 나만의 퍼스널 컬러 번호 생성 및 나만의 컬러 이름 브랜딩 하기

1) 퍼스널 컬러 조합 번호화: 추출한 주요 색상 코드를 조합해 자신만의 컬러 번호를 생성합니다.
예: FAE76B (피부+입술+눈), 4C6BE7 (머리+눈+입술).

2) 나만의 컬러 이름 지정: 개인적인 의미를 부여해 자신만의 브랜딩 컬러 이름을 만드세요.
예: "따뜻한 봄의 아침" 또는 "미드나잇 브라운".

PART4 SNS로 만드는 브랜드 파워

5. 의상 추천

 1) 의상색상

-브라운, 카멜, 베이지 같은 따뜻한 뉴트럴 색상

-포인트 색상 : 버건디, 다크 올리브 그린, 머스타드, 딥 네이비

 2) 아이템 조합

-셔츠 : 크림색, 아이보리 부츠리스

-뱀파이어/아우터 : 다크 브라운 카멜 색상의 뱀파이어

-터널/스커트 : 딥 네이비 또는 브루스의 슬랙스 액세서리 : 포인터의 주얼리로 포인트를 표시합니다.

 3) 화장품 립 컬러 : 딥 블랙 브라운, 버건디

-아이새도우

-브론즈 치크 : 피치나 브론즈

 4) 모션

잘 보면 단정하고 인상을 주는 것이 중요합니다. 당신의 웹톤에 맞는 색상을 사용하면 피부가 더욱 인상적이며 가을에 신뢰감을 줄 수 있습니다. 골드 액세서리나 짙은 컬러의 벨트로 마무리하면 됩니다.

퍼스널 컬러는 단순한 유행이 아닌, 우리 삶의 다양한 영역에서 활용 가능한 강력한 도구입니다. 나만의 컬러를 찾고 이를 패션, 뷰티, 인테리어는 물론이고, 비지니스 브랜딩과 콘텐츠 제작까지 확장 한다면, 단순히 멋을 내는 것을 넘어 자신만의 특별한 이야기를 담을 수 있습니다.

당신의 퍼스널 컬러는 단순한 선택이 아니라, 자신감과 조화를 선물해 줍니다. 이제 여러분만의 색으로 일상과 특별한 순간을 빛내보세요.

2. 서유진 _ 인스타그램 프로필 꾸미기 : 나만의 디지털 아트 공간 만들기

happynature@kakao.com
국립부산과학관에서 진행한 'AI 그림책 만들기' 강의 7회를 통해 창의 교육의 새로운 지평을 열었으며, AI 디지털 아트 작가전에 작품을 출품하며 기술과 예술의 융합을 선도하는 작가로 활동하고 있습니다.

디지털 시대의 흐름 속에서, 인스타그램은 자신의 창작물을 공유하고 소통할 수 있는 훌륭한 플랫폼으로 자리 잡았습니다. 특히 아티스트나 디지털 튜터가 되고 싶은 분들에게는 매력적인 공간입니다. 이번 글에서는 효과적으로 인스타그램 프로필을 꾸미는 방법을 소개하여, 여러분의 독창성을 표현하고 더 많은 사람들과 연결될 수 있는 방법을 안내하고자 합니다.

1. 프로필의 중요성
인스타그램 프로필은 첫인상을 결정짓는 중요한 요소입니다. 사용자가 내 프로필에 들어오는 순간, 나의 전문성과 매력을 판단하게 됩니다. 매력적이고 잘 구성된 프로필은 팔로워의 관심을 끌고, 나의 콘텐츠에 대한 호기심을 유도하는 데 큰 도움이 됩니다.

2. 간결하고 강렬한 자기 소개
프로필의 첫 번째 줄은 나를 간단하게 소개하는 공간입니다. "디지털 아티스트 | 창의적인 교육자 | 상상력을 현실로"와 같은 문구는 나의 정체성을 명확히 드러내며, 전문성을 강조할 수 있습니다. 자신이 어떤 아티스트인지, 어떤 가치를 제공하는지를 간결하게 표현하세요.

3. 나의 비전과 목표
내가 무엇을 위해 이 공간을 활용하는지를 명확히 하는 것도 중요합니다. "모두가 쉽게 예술을 즐길 수 있도록 돕고 싶어요"와 같은 메시지는 나의 의도를 분명히 하고, 팔로워들에게 신뢰를 줄 수 있습니다. 비전을 통해 나와 비슷한 관심사를 가진 사람들과의 연결을 강화하세요.

4. 개인적인 요소 추가하기
전문적인 면모 외에도 개인적인 매력을 더할 수 있는 요소를 포함하세요. 취미나 관심사를 추가하여 더 친근하게 다가갈 수 있습니다. 예를 들어, "여행과 창작이 삶의 원동력"이라는 문구는 나의 인성을 드러내고, 팔로워들과의 공감대를 형성하는 데 도움을 줄 수 있습니다.

5. 해시태그와 키워드 활용

해시태그는 나의 콘텐츠를 더 많은 사람들에게 노출시킬 수 있는 좋은 방법입니다. 관련된 해시태그를 몇 개 추가하여 내가 다루고 싶은 주제를 명시하세요. 예를 들어, #디지털아트 #AI아트 #창의력향상 등은 내 프로필을 검색하는 사람들에게 나의 전문 분야를 쉽게 알릴 수 있습니다.

6. 링크 추가하기

인스타그램 프로필에는 웹사이트나 블로그 링크를 추가할 수 있습니다. 나의 콘텐츠나 서비스를 더 자세히 알고 싶어하는 사람들을 위해 링크를 활용하세요. 블로그나 유튜브 채널, 혹은 온라인 강의 플랫폼 링크를 통해 팔로워들이 나의 작업을 쉽게 찾아볼 수 있도록 합니다.

7. 비주얼 요소 고려하기

프로필 사진과 배경 이미지는 첫인상을 좌우하는 중요한 요소입니다. 프로필 사진은 나를 잘 나타내는 이미지로 선택하고, 배경 이미지나 스토리 하이라이트 커버는 통일감을 주어 전문적인 느낌을 줄 수 있습니다.

8. 정기적인 업데이트

프로필은 한 번 꾸민 후 그대로 두는 것이 아니라, 정기적으로 업데이트해야 합니다. 나의 새로운 목표나 프로젝트, 변화하는 관심사에 맞춰 프로필 내용을 수정하여 항상 신선한 정보를 제공하세요. 이는 팔로워들에게 내가 지속적으로 성장하고 있다는 인상을 줍니다.

이렇게 프로필을 꾸미는 데 도움이 되는 몇 가지 팁을 공유해보았습니다. 여러분의 독창적인 디지털 아트 공간을 만들고, 많은 사람들과 소통할 수 있는 기회를 놓치지 마세요. 나만의 멋진 프로필을 기대합니다!

3. 김명숙 _ 인스타그램 릴스 만들기

gmyeongsug77@gmail.com
대표경력: MKYU수석 지역리더 공식멘토 공식티칭 / SKT 텔레콤 ifland공식인플루언서
(최우수상, 찐아이템수상)
미드저니 AIART 창작자이자 퍼스널 브랜딩 코치, 브런치스토리작가로 활동하며, 전자책 6권을 출간한 작가입니다. SKT 공식 인플루언서로 활약하며, 디지털 창작과 퍼스널 브랜딩 코칭에 열정을 쏟고 있습니다. 독창적인 콘텐츠를 통해 긍정적인 영감을 전달하며, 꾸준함과 열정을 바탕으로 창작과 코칭으로 사람들과 연결되고 지속적인 성장을 추구하고 있습니다.

1. 릴스란 무엇인가요?

인스타그램 릴스는 짧고 임팩트 있는 동영상 콘텐츠를 제작할 수 있는 도구입니다. 최대 90초 분량으로 구성되며, 음악, 효과, 텍스트를 추가해 창의적으로 표현할 수 있는 기능이 특징입니다. 릴스는 재미와 감동을 함께 전달할 수 있어 팔로워들과의 소통에 효과적입니다.

2. 왜 릴스를 만들어야 할까요?

릴스는 알고리즘상 더 많은 도달률을 보장받습니다. 짧은 동영상 형식은 사용자의 시선을 끌기 쉽고, 빠르게 소비되는 콘텐츠 형태로 적합합니다. 특히, 새로운 팔로워를 유입시키는 데 강력한 도구입니다. 릴스를 통해 팔로워와 더 깊이 소통하고, 브랜드 또는 개인의 가치를 효과적으로 전달할 수 있습니다.

3. 릴스를 만드는 핵심 전략

① 주제를 명확히 하기

릴스는 짧은 영상이기 때문에 메시지가 분명해야 합니다. 웃음, 감동, 정보 전달 등 원하는 감정을 한 가지로 정하고, 모든 요소를 이를 중심으로 구성하세요.

② 첫 3초에 집중하기

사용자들은 짧은 시간 안에 콘텐츠를 스킵합니다. 시작 부분에서 시선을 끌어야 합니다. 강렬한 비주얼, 흥미로운 질문, 도발적인 문구를 활용하세요.

③ 스토리텔링의 힘

짧은 시간 안에 이야기를 전달하세요. 예를 들어, "이 간단한 팁으로 하루를 더 productive하게 만들어 보세요!"라는 식으로 궁금증을 자극하세요.

4. 릴스 제작 과정: 단계별 가이드

① 아이디어 구상

릴스의 주제를 정하세요. 트렌디한 음악, 인기 있는 챌린지, 혹은 자신만의 독창적인 콘텐츠를 구상합니다.
TIP: 해시태그 검색을 통해 현재 유행하는 트렌드를 파악하세요.

② 스크립트 작성 및 촬영

영상의 흐름을 간단히 적어봅니다. "인트로 → 메인 내용 → 엔딩" 구조로 스크립트를 만드세요.
촬영 시 자연스러움을 강조하고, 너무 완벽하려고 하기보다 진정성을 담는 것이 중요합니다.

③ 편집과 효과 추가

인스타그램의 편집 도구를 활용해 배경음악, 자막, 스티커 등을 추가하세요. 재미와 감동을 동시에 담으려면 시각적인 효과를 적절히 활용하세요.

④ 해시태그와 캡션 작성

관련성 높은 해시태그를 5~10개 작성하세요. 예를 들어, #릴스 #브랜딩 #창작자 #성장 같은 태그는 유용합니다.

TIP: 간결하면서도 흥미로운 캡션으로 팔로워들과 소통을 유도하세요. "이 영상에서 가장 좋아하는 부분은? 댓글로 알려주세요!" 같은 방식이 효과적입니다.

5. 성공적인 릴스를 위한 팁
꾸준함이 중요합니다. 주 2~3회 이상 릴스를 올려야 알고리즘에 긍정적인 신호를 보냅니다.
팔로워 피드백을 반영하세요. 어떤 콘텐츠가 더 반응이 좋은지 확인하고, 유사한 콘텐츠를 기획하세요.
분석을 활용하세요. 릴스의 성과를 확인하고, 도달률이 높은 콘텐츠를 기준으로 전략을 조정하세요.

6. 릴스로 브랜드를 성장시키
릴스는 단순히 영상을 올리는 것을 넘어, 팔로워와의 신뢰를 구축하고, 개인 또는 브랜드의 가치를 전달하는 중요한 도구입니다. 짧지만 강렬한 메시지로 여러분의 이야기를 전하세요. 꾸준히 실험하고, 자신의 색깔을 찾아가다 보면 릴스는 강력한 소통 창구로 자리 잡을 것입니다.

릴스 제작, 지금 시작하세요! "완벽한 콘텐츠보다, 진솔한 콘텐츠가 사람들의 마음을 움직입니다."

4. 박현진 _ 인스타그램 릴스로 브랜딩하기

topclass6923@naver.com
대표경력: 생성형AI와 영상 크리에이터 전문 강사 / 2024년을 빛낸 강사상 챗 GPT 활용 교육 분야 수상
한국디지털튜터협회 이사, 협회 공식 인스타그램 운영자이며 한국미디어창업뉴스 취재기자이다. 창원폴리텍대학 평생교육원, 진주폴리텍대학 산학협력처, 마산대학교 평생교육원 등에서 챗gpt와 생성형 AI 활용, 영상 및 SNS 홍보전략 등을 강의한다. 7년차 취업컨설턴트이며 유튜브 크리에이터와 4차산업혁명 진로체험 강사이다.

사진과 영상 촬영을 좋아하던 저는 2010년 인스타그램 출시와 함께 소소한 일상을 기록하며 꾸준히 사용해온 인스타그램 원주민입니다. 단순한 기록에서 브랜딩 도구로 인스타그램을 활용하게 된 계기는 2022년 514챌린지였습니다. 김미경 강사를 통해 온라인 빌딩의 중요성을 배우고 메타버스와 웹 3.0의 가능성을 알게 되었습니다. 그중에서도 메타버스 플랫폼 '제페토'를 만났을 때 디지털영감을 얻었습니다.

출산과 코로나, 그리고 다리 골절로 외출조차 어려웠던 시기에 제페토는 물리적 제약을 넘어 새로운 세상을 열어주었습니다. 메타버스 안에서 자유롭게 활동하며 제가 설정한 아바타로 사진과 영상을 촬영하면서, 스토리를 담은 영상콘텐츠를 제작하는 재미를 발견했습니다. 이 경험은 자연스럽게 인스타그램 릴스 제작으로 이어졌습니다.

릴스는 단순히 짧은 영상이 아닙니다. 브랜딩을 위한 강력한 도구입니다. 처음에는 제페토 뮤직비디오를 주제로 릴스를 만들며 시작했습니다. 시간이 지나면서 디지털튜터로서 저의 도전기를 기록하고, 사람들에게 응원과 용기를 주고 싶다는 목표를 마음에 담았습니다. 수강생이 단 한 명일 때도, 강의가 폐강되었을 때도 "세상의 순간들을 포착하고 공유한다"는 인스타그램의 슬로건처럼 저의 여정을 기록으로 남겼습니다. 기록은 곧 브랜딩의 시작이었습니다.

MKYU 디지털튜터협회 홍보위원으로 활동하며 공식 인스타그램 개설을 제안하고 운영을 시작했습니다. 초기에는 카드뉴스 형태로 강의 소식과 후기를 업로드했지만, 카드뉴스만으로는 충분하지 않았습니다. 더 많은 사람들에게 협회를 알리기 위해 제가 가장 잘하는 영상 제작을 떠올렸고, 인스타그램 릴스를 활용하기로 마음먹었습니다.

릴스는 팔로워뿐 아니라 새로운 사람들에게도 쉽게 노출됩니다. 짧은 시간 안에 메시지를 전달할 수 있는 점은 브랜딩의 핵심입니다. 실제로 딱딱한 카드뉴스보다 생동감 있는 릴스는 훨씬 더 많은 관심을 끌었고, 협회를 알리는 효과를 냈습니다.

협회 행사 때마다 "이번에는 어떤 영상을 촬영할까?" 고민하며 유행하는 릴스 영상을 분석하고, 단체 릴스촬영 방법을 연구했습니다. 협회원들과의 촬영은 늘 즐거웠고, 이 과정에서 만들어진 영상은 협회에 대한 호감과 관심을 자연스럽게 끌어냈습니다.

2023년 연말 시상식에서는 특별한 기록을 남기기 위해 플랜카드를 제작하고 사진과 영상을 촬영했습니다. 수작업으로 만들다 보니 플랜카드 만드는 시간이 예상보다 오래 걸렸지만, 결과물은 매우 뿌듯했습니다. 이처럼 릴스를 활용한 브랜딩은 단순한 기록을 넘어 사람들에게 강렬한 인상을 남기는 효과를 줍니다.

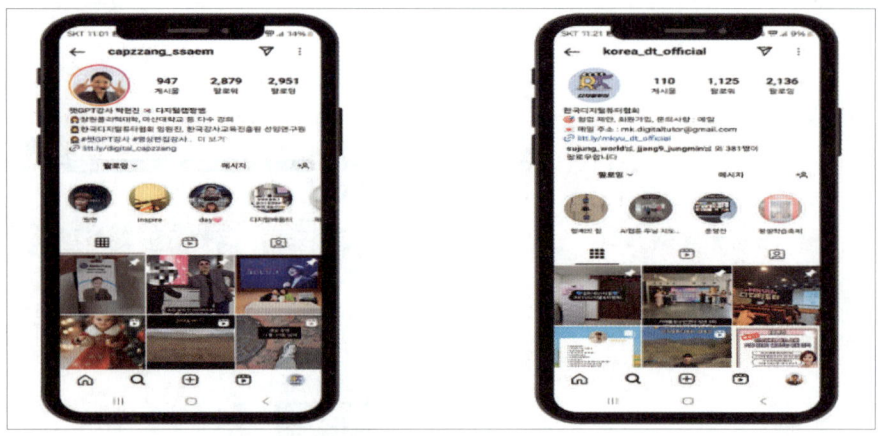

현재 저는 개인 계정 '디지털캡짱쌤'과 협회 계정을 모두 운영하며 개인 브랜딩과 기관 홍보를 동시에 경험하고 있습니다. 두 계정의 특성에 맞춰 콘텐츠를 기획하고 전략을 세우는 과정에서 얻은 노하우는 SNS 브랜딩 교육 과정을 운영하는 저에게 큰 자산으로 자리 잡았습니다. 개인 계정은 저를 표현하는 공간이고, 기관 계정은 전문성과 신뢰를 보여주는 중요한 역할을 했습니다.

사진은 저와 인친인 사람들에게만 노출되지만, 릴스는 새로운 사람들에게도 노출됩니다. 이는 브랜딩을 위한 최적의 방법입니다. 개인 계정부터 시작해 기관이나 커뮤니티 계정을 운영하며 더 큰 브랜딩 효과를 경험해보시길 추천합니다. 릴스를 통해 브랜딩의 문을 열어보세요. 짧은 영상이 만들어낼 수 있는 영향력은 여러분이 상상하는 그 이상입니다. 지금 바로, 인스타그램 릴스로 여러분만의 브랜딩 여정을 시작해보시기 바랍니다.

5. 하연지 _ 인스타그램 스토리 활용법

yeonjisaem@naver.com
대표경력: 대한노인회 남양주지회 디지털강사 / 경기도 남양주시, 구리시 기관강의 200건
시니어 디지털 교육 전문가로서, 스마트폰 활용과 AI 기술 강의를 통해 어르신들의 디지털 역량 강화를 지원하고 있습니다. 다양한 교육 콘텐츠를 개발하며, 디지털 소통의 가치를 확산시키기 위해 노력하고 있습니다.

1. 인스타그램 스토리, 뭐가 좋을까요?

인스타그램 스토리는 24시간 동안만 볼 수 있는 일종의 '짧은 일기'처럼 생각할 수 있어요. 다른 게시물들은 오랫동안 남아 있지만, 스토리는 빠르게 지나가고 그만큼 부담 없이 가볍게 올릴 수 있답니다. 또, 스토리는 실시간으로 팔로워들과 소통할 수 있는 좋은 방법이에요. 예를 들어, "오늘 이 스마트폰 기능 정말 유용했어요!"라고 간단히 올리면, 팔로워들이 "그 기능 나도 써봐야겠다!" 하며 관심을 가질 수 있어요. 스토리는 즉흥적이고 자연스러운 소통이 가능하기 때문에 부담 없이 자주, 간편하게 올릴 수 있는 장점이 있습니다.

2. 왜 스토리를 써야 할까요?

스토리는 다른 피드 게시물과는 달리, 짧고 가볍게 일상을 공유할 수 있는 기능이에요. 24시간 후 사라지니까, "이 정도는 괜찮겠지?" 하고 부담 없이 올릴 수 있죠. 예를 들어, 스마트폰을 사용하면서 "이 기능 정말 편리하다!" 싶은 순간이 생기면, 바로 그 순간을 스토리로 올리세요. "나만 알고 있던 꿀팁을 공유한다!"는 느낌으로 팔로워들과 소통하면, 팔로워들이 "나도 이 기능 써봐야겠다!" 하고 관심을 가질 수 있어요.

3. 어떻게 활용할까요?

일상 속 작은 팁 나누기

스마트폰을 사용할 때 유용한 팁을 발견했다면, 그때 바로 스토리에 올려보세요. "사진 찍을 때 이렇게 하면 더 예쁘게 나와요!" 라고 간단히 올리면, 팔로워들이 "어, 나도 해봐야겠다!" 하며 자연스럽게 반응할 수 있어요.

작은 순간을 공유하기

스토리는 일상에서 일어나는 소소한 순간들을 빠르게 공유할 수 있어요.

"오늘 스마트폰으로 AI 프로그램을 해봤어요!" 이렇게 간단한 내용을 올리면, 팔로워들이 "우와, 이 사람 무슨 일을 하고 있지?" 하며 흥미를 가질 수 있어요. 이렇게 예상치 못한 순간을 보여주는 것도 스토리의 매력 중 하나예요.

팔로워와의 소통

팔로워들과의 소통을 위해 스토리에서 질문을 던져보세요. "여러분, 스마트폰에서 자주 사용하는 기능은 뭐예요?" 라고 물어보면, 팔로워들이 "이건 정말 유용하다!" 하고 답해줄 거예요. 그들의 답변을 스토리로 공유하면서 자연스럽게 소통할 수 있어요.

4. 스티커와 필터로 더 재미있게 꾸미기

스토리에는 다양한 스티커와 필터가 있어요. 그냥 글만 올리는 것보다 이모티콘이나 재미있는 스티커를 활용하면 훨씬 더 눈에 띄어요.

"이 스마트폰 꿀팁 정말 유용해요!" 하고 스토리를 올릴 때 웃는 얼굴 이모티콘을 붙이면 팔로워들이 더 친근하게 느낄 수 있어요. 필터를 활용해 사진이나 영상을 조금 더 멋지게 꾸미는 것도 좋은 방법이에요. 너무 과하지 않게, 자연스러운 느낌으로 꾸며보세요. 팔로워들이 한눈에 알아볼 수 있도록 간단하면서도 멋지게 꾸미는 게 중요합니다.

5. 팔로워와 함께 콘텐츠 만들기

스토리에서 가장 좋은 점은 팔로워들과 함께 콘텐츠를 만들 수 있다는 거예요. "여러분, 스마트폰에서 어떤 기능을 자주 사용하세요?" 하고 질문을 던지면, 팔로워들이 자신만의 팁을 공유해줄 거예요. 그들의 답변을 다시 스토리로 공유하면 팔로워들과의 소통이 더욱 자연스럽고, 사람들의 참여도 높아져요. 팔로워들이 참여할 수 있도록 유도하면서, "이분도 이렇게 유용한 기능을 써보세요!" 하는 식으로 소통하면, 팔로워들이 더 친근하게 느끼게 될 거예요.

6. 꾸준히 소통하기, 꾸준히 업데이트하기

스토리는 한 번 올리고 끝나는 것이 아니에요. 팔로워들과의 관계를 지속적으로 이어가려면 꾸준히 소통해야 해요. 하루에 한두 번씩 간단한 "오늘의 스마트폰 꿀팁"이나 "오늘의 일상"을 올리면 팔로워들이 자연스럽게 여러분의 콘텐츠를 기대하게 될 거예요. 무리하게 매일 많은 콘텐츠를 올릴 필요는 없어요. 하루에 한두 개의 간단한 내용이라도 꾸준히 올리면, 팔로워들이 지루하지 않게 여러분의 콘텐츠를 지속적으로 확인하게 될 거예요.

7. 반응을 보고 개선하기

스토리를 올리고 나면, 그 반응을 확인하는 것도 중요해요. "이게 사람들이 많이 봤을까?" 하고 분석을 해보면, 어떤 콘텐츠가 팔로워들에게 잘 전달되었는지 알 수 있어요. 반응이 좋았던 콘텐츠는 계속해서 비슷한 스타일로 올리고, 반응이 적었던 콘텐츠는 조금 더 개선해볼 수 있어요.

이렇게 인스타그램 스토리를 활용하는 방법을 알아봤어요. 부담 없이, 간단하게 일상과 꿀팁을 공유하면서 팔로워들과 친해질 수 있는 좋은 방법이죠. 이제 여러분도 스토리로 소통을 시작해보세요!

6. 전병희 _ 인스타그램 피드 구성하기 : 디지털튜터의 브랜딩 전략

jbh0312@naver.com
대표경력: (주)디지털앤피플의 대표 / 한국디지털튜터협회 정회원
(주)디지털앤피플의 대표이며, 한국도로공사와 한국수력원자력, 창원대학교 평생교육원, 울산광역시교육청 등에서 디지털 교육을 진행했다. SNS마케팅, 미리캔버스와 캔바를 활용한 디자인 교육, 스마트폰 영상 편집, 생성형 AI 활용 전문강사이다. 울산정보산업진흥원이 주관한 대회에서 메타버스 부문 2등상과 메타버스 영상기획 부문 울산저널 상을 수상했다.

디지털튜터로서 성공적인 온라인 브랜드를 구축하는 데 있어 인스타그램은 핵심적인 플랫폼입니다. 단순한 소셜 미디어를 넘어서, 인스타그램은 여러분의 전문성을 보여주는 포트폴리오이자 수강생들과 소통하는 창구로 기능합니다. 이번 장에서는 디지털튜터로서 효과적인 인스타그램 피드를 구성하는 방법을 상세히 알아보겠습니다.

1. 피드 구성의 기본 원칙

성공적인 인스타그램 피드는 마치 잘 구성된 갤러리와 같습니다. 방문자가 처음 여러분의 프로필을 방문했을 때, 9칸의 그리드에 보이는 이미지들은 여러분의 전문성과 브랜드 아이덴티티를 즉각적으로 전달할 수 있어야 합니다. 이를 위해서는 일관된 비주얼 스타일과 체계적인 콘텐츠 구성이 필수적입니다.

1) 비주얼 아이덴티티 구축하기

브랜드의 시각적 일관성을 유지하기 위해서는 먼저 여러분만의 색상 팔레트를 정해야 합니다. 주요 색상 2-3가지와 보조 색상 1-2가지를 선정하여 모든 콘텐츠에 일관되게 적용하세요. 예를 들어, IT 교육을 담당하는 디지털튜터라면 전문성과 신뢰감을 주는 네이비블루를 주 색상으로, 포인트 색상으로는 밝은 오렌지를 사용할 수 있습니다. 게시물의 편집 스타일도 통일성 있게 유지해야 합니다.

동일한 필터를 사용하거나, 비슷한 톤의 이미지를 선택하여 피드 전체가 하나의 스토리를 들려주는 듯한 느낌을 만들어내세요. 폰트 역시 브랜드 이미지에 맞는 것을 2-3개 정도 선정하여 일관되게 사용합니다.

2) 전략적인 콘텐츠 믹스

효과적인 피드 운영을 위해서는 다양한 콘텐츠를 적절한 비율로 믹스하는 것이 중요합니다. 전문 지식을 공유하는 교육 콘텐츠가 40%, 강의 일정과 공지사항이 20%, 수업 현장의 스케치가 20%, 그리고 일상적인 이야기나 비하인드 스토리가 20% 정도의 비율을 유지하면 좋습니다.

3) 그리드 레이아웃 설계

인스타그램의 3x3 그리드 특성을 고려한 레이아웃 설계도 중요합니다. 강렬한 이미지와 텍스트 중심의 이미지를 적절히 배치하여 시각적 리듬감을 만들어내세요. 예를 들어, 세 개의 연속된 포스트로 하나의 주제를 다루거나, 체스판처럼 텍스트 포스트와 이미지를 교차 배치하는 방식을 활용할 수 있습니다.

2. 실전 포스팅 전략

1) 캡션 작성법

인스타그램 포스트의 캡션은 단순한 설명문이 아닌, 수강생과의 소통 창구입니다. 다음과 같은 구조로 캡션을 작성해보세요:
- 첫 문장에서 즉각적인 관심을 끌 수 있는 훅(Hook)을 던집니다
- 본문에서는 가치 있는 정보나 인사이트를 제공합니다
- 마지막에는 반드시 행동을 유도하는 CTA(Call-to-Action / 행동유도문장)를 포함시킵니다

2) 해시태그 전략

해시태그는 새로운 수강생을 유입시키는 중요한 도구입니다. 브랜드 태그, 니치(틈새) 태그, 인기 태그를 적절히 조합하여 사용하세요. 예를 들어, #디지털튜터 #온라인강의 #언택트교육과 같은 브랜드 관련 태그, #블로그마케팅 #캡컷기초와 같은 구체적인 교육 내용 태그, 그리고 #자기계발 #취업준비와 같은 일반적인 태그를 함께 사용합니다.

3) 스토리와 릴스의 활용

피드 포스트만으로는 부족합니다. 스토리를 통해 일상적인 업데이트와 수업 준비 과정을 공유하고, 릴스를 통해 짧고 임팩트 있는 교육 콘텐츠를 제작하세요. 특히 릴스는 새로운 잠재 수강생을 유입시키는 데 매우 효과적입니다.

3. 피드 관리의 실제
1) 콘텐츠 캘린더 관리
효율적인 피드 운영을 위해서는 콘텐츠 캘린더를 만들어 계획적으로 포스팅해야 합니다. 한 주 또는 한 달 단위로 콘텐츠를 미리 계획하고, 주요 교육 일정이나 이벤트와 연계하여 포스팅 일정을 조율하세요.

2) 인사이트 분석과 개선
인스타그램의 인사이트 기능을 활용하여 어떤 콘텐츠가 수강생들에게 더 큰 반응을 얻는지 분석하고, 이를 바탕으로 콘텐츠 전략을 지속적으로 개선해 나가야 합니다.

4. 마무리
성공적인 인스타그램 피드 운영은 하루아침에 이루어지지 않습니다. 꾸준한 콘텐츠 제작과 소통, 그리고 데이터 기반의 개선 노력이 필요합니다. 이러한 노력들이 모여 결국 여러분만의 독특한 브랜드를 만들어내고, 더 많은 수강생들과의 만남으로 이어질 것입니다.

7. 김희수 _ 브랜드 로고 만들기

subest1@naver.com
대표경력: 챗GPT 프롬프트 강사/2024년 부천시여성인력개발센타 창업동아리 스타강사상 수상
생성형AI 프롬프트 전문가, 창업CEO의 사업계획서, 각기관의 제안서 및 기획서를 위주로 전국을 강의하고 있습니다. 실시간 변화하는 생성형AI프로그램들의 활용 및 업무 효율과 장애우를 위한 프로그램에 특화되어 있어 디지털 리터러시에 필요한 전 연령층의 강의에 적용하고 있습니다. 디지털과 인간의 윤리를 함께 고민하고 더 나은 교육의 미래를 전달하는 강의를 제공하겠습니다.

생성형AI 프로그램 중 브랜드 로고 만들기에 적합한 프로그램은 무엇일까요? 초보자도 쉽게 사용하며 결과물의 효과에 만족도가 높은 플레이그라운드 AI에 대해 알아보겠습니다.

1. 플레이그라운드 AI란?
플레이그라운드 AI는 텍스트 기반으로 이미지를 생성할 수 있는 창의적인 도구입니다.
사용자가 입력한 키워드(프롬프트)를 바탕으로 다양한 스타일의 이미지를 만들어줍니다.
초보자도 쉽게 사용할 수 있으며, 로고 아이디어를 빠르게 시각화하는 데 유용합니다.

2. 시작하기

1) 플레이그라운드 AI 접속
https://playgroundai.com 링크를 통해 접속하세요.
계정이 없으면 이메일이나 Google 계정으로 간단히 회원가입할 수 있습니다.

2) 새 프로젝트 만들기
로그인 후, 'Create New Project' 버튼을 클릭하여 새로운 디자인 작업을 시작합니다.

3. 로고 만들기: 단계별 안내

1) 텍스트 프롬프트 작성하기
로고를 만들기 위해 필요한 정보를 텍스트로 입력합니다.
예를 들어, 브랜드의 스타일, 색상, 분위기 등을 포함하세요.
-예시 프롬프트: "Modern minimalist logo for a tech startup, using blue and white colors, with clean geometric shapes."

2) 스타일 설정하기
-플레이그라운드 AI는 다양한 스타일을 제공합니다.
  예: 3D, 스케치, 핸드드로잉 등.
-스타일 선택은 결과물의 분위기를 결정하므로 브랜드에 적합한 스타일을 골라보세요.

3) 이미지 생성
-프롬프트 입력 후 'Generate' 버튼을 누르면 AI가 이미지를 생성합니다.
-결과물이 마음에 들지 않으면 프롬프트를 수정하거나 다른 키워드를 추가해보세요.

4) 결과 이미지 저장
-마음에 드는 로고 디자인이 완성되면, 이미지를 저장하세요.
 (PC에서는 마우스 우클릭 → '이미지 저장', 모바일에서는 길게 눌러 저장)

4. 저작권 및 상표권 관련 주의사항

1) 플레이그라운드 AI에서 생성된 이미지의 저작권
-AI 생성 이미지의 소유권: 일반적으로 AI가 생성한 이미지는 사용자에게 상업적 사용 권리가 주어지지만, 서비스 약관을 확인해야 합니다.

-주의사항: AI가 만든 로고가 기존 상표나 디자인을 모방하거나 유사할 가능성이 있습니다. 생성 결과물을 반드시 검토하세요.

2)상표권 등록 가능 여부
-고유성 확인: 상표권 등록을 위해 로고가 독창적이고 기존 상표와 혼동되지 않아야 합니다.
-검색 도구 사용: 특허청의 상표 검색 시스템(한국은 KIPRIS)을 활용해 유사 상표가 있는지 확인하세요.

3)상업적 사용 제한:
-AI 생성 이미지는 로고 디자인의 "참고 자료"로 사용하고, 최종 로고는 그래픽 도구에서 수정하거나 전문가와 협업하여 제작하는 것을 권장합니다.
-생성 이미지가 상업적으로 사용 불가로 명시된 경우 이를 준수해야 합니다.

4)기타 법적 이슈
-AI가 생성한 디자인이 기존의 저작권 보호 이미지를 무단으로 사용할 가능성이 있을 수 있으므로, 법적 분쟁 방지를 위해 사용 전에 철저히 검토하세요.

5. 자주 묻는 질문(FAQ)
Q. 플레이그라운드 AI는 무료인가요?
기본 기능은 무료로 제공되며, 일부 고급 옵션은 유료입니다.

Q. 로고를 상업적으로 사용해도 되나요?
일반적으로 생성된 이미지의 상업적 사용이 가능하지만, 서비스 약관과 해당 국가의 저작권 및 상표법을 반드시 확인하세요.

Q. 벡터 파일 형식으로 저장할 수 있나요?
플레이그라운드 AI는 벡터 파일(.SVG)을 제공하지 않으므로, 별도의 디자인 툴을 사용해 정제해야 합니다.

마무리
플레이그라운드 AI는 로고 아이디어를 빠르게 시각화하는 데 유용하지만, 저작권 및 상표권 문제를 염두에 두고 사용하는 것이 중요합니다. 필요한 경우 전문가의 도움을 받아 상표 등록 과정을 진행하세요. 안전하고 창의적인 작업을 통해 브랜드 정체성을 강화하세요!

8. 유정애 _ 개인브랜딩을 위한 AI활용 마케팅

leaudevie11@naver.com
대표강의: AI활용 그림동화 제작 기관 강의 AI활용 마케팅 제작 및 전략 기관강의
안녕하세요, "우리는 디지털튜터다" Part 4 <개인 브랜딩을 위한 AI 활용 마케팅>의 저자 유정애 입니다. 저는 디지털과 AI 전문 강사이자 한국미디어창업뉴스 기자로 활동 중이며, 스마트폰·영상편집·컴퓨터 활용 등 디지털 지식과 AI를 활용한 그림동화·교육·마케팅 등 다방면의 경험을 보유했습니다. '2024 AI와 함께하는 숏폼 영상 제작', '별이와 보석의 수수께끼' 등의 도서를 집필했으며, 독자 여러분께 더 유익한 정보를 드리기 위해 계속해서 노력하겠습니다. 감사합니다!

현대 사회에서는 정보의 홍수 속에서 살고 있습니다. 수많은 기업과 개인이 자신의 존재감을 드러내기 위해 끊임없이 경쟁하고 있습니다. 이러한 환경에서 자신만의 브랜드를 만들고 성공적으로 운영하기 위해서는 특별한 전략이 필요합니다. 그중에서도 숏폼 마케팅은 가장 효과적인 방법 중 하나입니다.

숏폼 마케팅은 짧은 형식의 영상을 활용하여 메시지를 전달하고, 소비자의 관심을 유도하는 마케팅 방식입니다. 숏폼 마케팅은 높은 접근성과 쉬운 제작, 빠른 확산 등의 장점을 가지고 있고 요즘은 다양한 AI 플랫폼들을 활용할 수 있어 누구나 쉽게 시도할 수 있습니다.

이번 주제에서는 AI 플랫폼을 활용한 숏폼만들기에 대해 알아보겠습니다.
1. 크롬에서 플리키AI를 검색하고 구글로 로그인하기

2. 홈에서 아이디어(프롬프트)카테고리 클릭

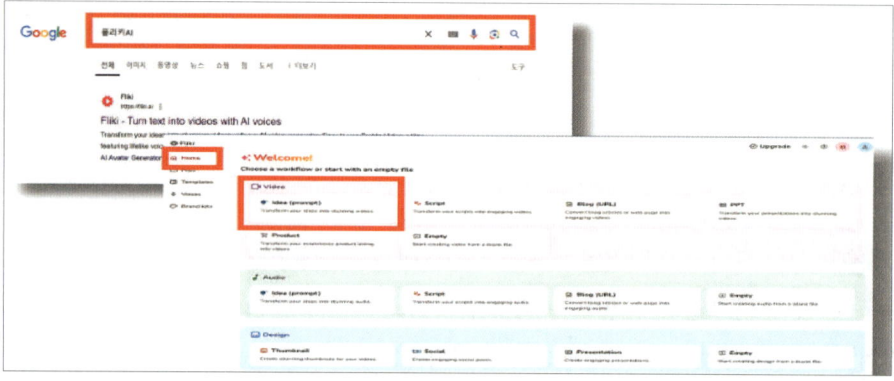

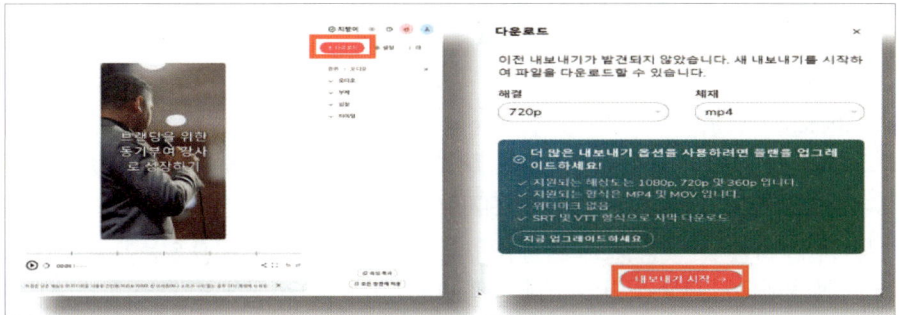

3. 아이디어 프롬프트에 만들고자하는 프롬프트 입력하기

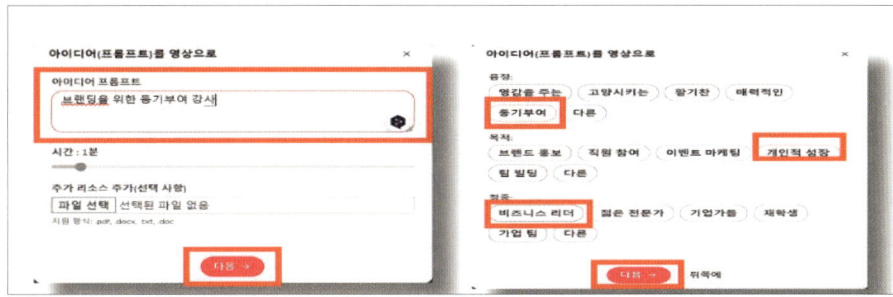

4. 각 카테고리별로 원하는 키워드 선택하기

여기까지 플리키(Fliki)AI 플랫폼에서 손쉽게 숏폼을 만드는 방법에 대해 알아보았습니다. 플리키(Fliki)AI는 현재 매월 5분의 크레딧을 무료로 제공해 줍니다. 1분정도의 영상을 만든다고 가정했을때 매월 5개의 숏폼 영상을 만들 수 있습니다. 언제 유료로 전환이 될 지 모르니 무료로 제공이 될때 많이 사용해보길 바랍니다.

개인 브랜딩의 시대, AI 플랫폼을 활용한 숏폼 마케팅은 여러분의 가치를 세상에 알리는 가장 강력한 무기입니다. 또한 AI가 제공하는 다양한 도구와 기능들은 창의적이고 효과적인 숏폼 콘텐츠를 만드는 데 큰 도움이 될 것입니다. 이를 통해 자신의 개성과 전문성을 담은 콘텐츠를 제작하고, 많은 사람들과 소통하며 신뢰를 쌓아나갈 수 있습니다. 여러분의 성공적인 개인브랜딩 마케팅을 기원합니다!!

9. 안소윤 _ 디지털튜터를 위한 명함 마케팅 : 개인 브랜드 강화

wingncs@naver.com
대표경력: 챗GPT와 생성형 AI 활용 강의 다수 / 미리캔버스를 활용한 마케팅 웹페이지 제작 강의 다수
한국디지털튜터협회 지부위원으로 활동하며, 디지털 리터러시와 AI 도구 활용 강의를 통해 중장년층부터 창작자까지 다양한 대상에게 맞춤형 교육을 제공합니다. 챗GPT와 생성형 AI를 활용한 글쓰기와 미리캔버스를 통한 마케팅 웹페이지 제작 강의로 큰 호응을 얻으며, 2023, 2024 올해의 강사상을 수상했습니다. 디지털기술을 사람 중심의 따뜻한 접근으로 풀어내는 디지털 멘토로, 수강생들에게 디지털 기술의 가능성을 열어주고 있습니다.

디지털 시대에 강사로 활동하는 프리랜서라면 명함은 단순한 연락처 제공 이상의 역할을 합니다. 특히 디지털튜터처럼 프리랜서로 활동하는 강사들에게 명함은 개인의 브랜드를 알리고, 잠재 고객과의 연결고리를 만드는 중요한 도구입니다. 이번 글에서는 디지털 강사들에게 명함이 왜 중요한지, 그리고 이를 어떻게 효과적으로 활용할 수 있는지에 대해 이야기해 보겠습니다.

명함은 강사 개인 브랜딩의 시작점입니다.

디지털 강사들은 다양한 채널에서 활동하지만, 직접적으로 사람을 만나는 순간 명함이 브랜딩의 출발점이 됩니다. 명함의 색상, 로고, 글꼴은 강사가 사용하는 웹사이트, SNS 프로필, 블로그와 통일성을 갖추는 것이 중요합니다. 이는 전문성과 신뢰를 구축하는 데 큰 도움이 됩니다. 또한, "디지털 튜터로서 디지털 문해력을 돕습니다"와 같은 짧은 슬로건을 포함한다면, 강사가 제공하는 가치가 무엇인지 잠재 고객에게 명확히 전달할 수 있습니다.

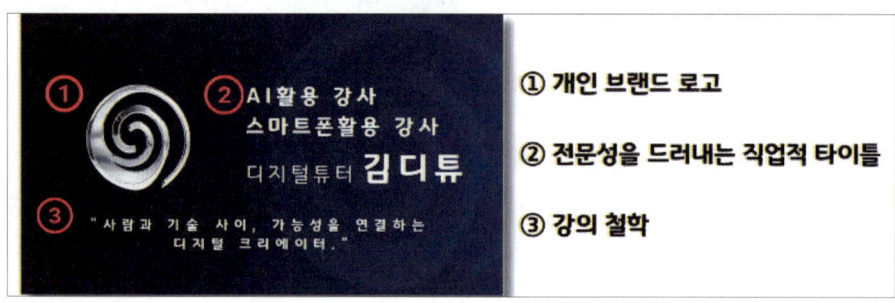

명함은 '첫인상'을 결정짓는 도구입니다.

명함은 강사로서의 첫인상을 심어주는 매개체입니다. 강의를 마치고 수강생이나 관계자에게 명함을 건넬 때, 명함의 디자인과 정보는 당신의 전문성을 그대로 전달합니다. 깔끔하고 디지털 강의의 정체성을 반영한 디자인은 수강생에게 당신의 실력을 시각적으로 보여줍니다. 또한, 단순히 이름과 연락처만 기재하

는 것이 아니라, 강의 분야나 QR 코드로 연결된 포트폴리오, 강의 예시 링크 등을 제공하면 훨씬 강렬한 인상을 남길 수 있습니다.

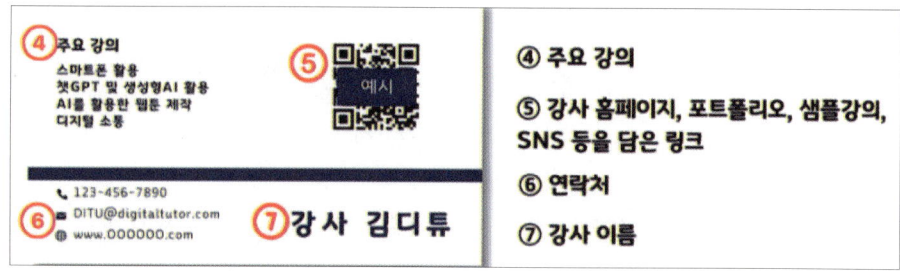

명함은 잠재 고객과의 연결고리를 만들어 줍니다.

명함은 고객과의 연결 통로를 확장시키는 중요한 매개체입니다. 특히 QR 코드를 활용하면, 잠재 고객이 강사의 홈페이지, YouTube 채널, 강의 예제 또는 블로그로 쉽게 접근할 수 있습니다. 이는 디지털 강사로서의 역량을 효과적으로 보여줄 수 있는 방법입니다. 또, 소셜 미디어 계정을 명함에 포함하면 네트워크를 확장하고 더 많은 사람들과 연결될 기회를 얻을 수 있습니다.

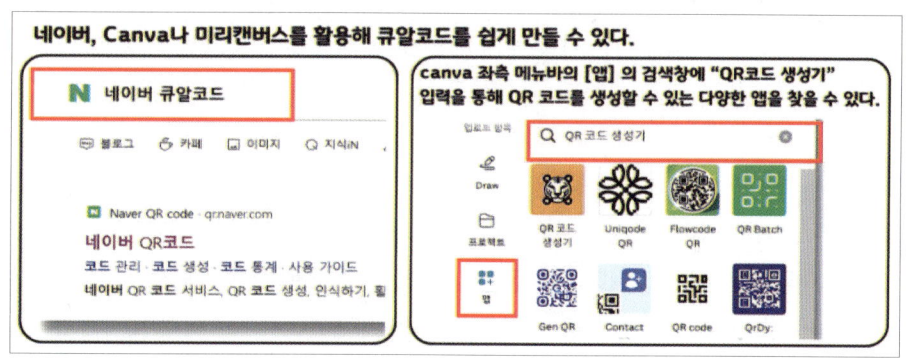

기억에 남는 강사로 자리 잡을 수 있습니다.

명함은 단순한 정보 제공에서 그치지 않고 독창적인 디자인과 활용법을 통해 강사를 기억에 남게 만듭니다. 예를 들어, USB 형태의 명함, 가상현실 요소를 반영한 명함, 친환경 재료를 활용한 명함은 디지털 강의의 혁신적인 이미지를 강화할 수 있습니다. 여기에 "사람과 기술 사이, 가능성을 연결하는 디지털 크리에이터"와 같은 감각적인 문구를 넣으면 잠재 고객의 흥미를 유발하는 데도 효과적입니다.

명함을 효과적으로 활용하는 전략

명함은 그 자체로는 충분하지 않기 때문에 이를 적극적으로 활용할 수 있는 전략이 필요합니다. 강의를 마친 뒤 간단한 감사 인사와 함께 명함을 건네는 것은 신뢰를 높이는 효과적인 방법입니다.

또한, 세미나나 콘퍼런스 같은 네트워킹 이벤트에서 명함을 적극적으로 배포해 디지털 강사로서의 네트워크를 확장할 수 있습니다. 이와 더불어 명함에 QR 코드를 삽입해 강의 할인 코드나 무료 자료를 제공하는 식으로 명함을 더 유용하게 만들 수도 있습니다.

디지털 튜터로 활동하는 프리랜서 강사에게 명함은 단순한 종이 한 장 이상의 의미를 가집니다. 이는 강사의 첫인상과 브랜드를 전달하며, 잠재 고객과의 연결고리가 되는 중요한 도구입니다. 명함을 전략적으로 설계하고 적극적으로 활용한다면 더 많은 강의 기회를 얻고, 강의 브랜드를 더욱 확고히 할 수 있을 것입니다. 작은 명함 한 장이지만, 그 안에 담긴 당신의 스토리와 가치는 무궁무진합니다.

10. 강배들 _ 디지털튜터의 첫 걸음 : 블로그 당장 시작하기

k23402@naver.com
대표경력: SW강원미래채움
'디지털로 연결된 우리, 함께 성장하는 여정'이라는 슬로건 아래, 강원SW미래채움에서 AI, 메타버스, SW 교육을 통해 학습자들에게 친절하고 체계적인 강의를 제공합니다. 초보 학습자들이 디지털 세계에 쉽게 적응하고 성장할 수 있도록 돕는 데 주력하고 있습니다.

여러분도 아마 디지털 시대의 흐름 속에서 자신만의 목소리를 세상에 알리고 싶은 열망이 있으실 거예요. 그렇다면 블로그야말로 여러분의 이야기를 전하기에 딱 맞는 플랫폼입니다. 블로그는 단순히 정보를 공유하는 공간을 넘어서, 여러분의 전문성을 알리고, 지식을 체계화하며, 전 세계 독자들과 소통할 수 있는 유용한 도구가 됩니다. 지금부터 블로그가 여러분이 디지털 튜터로서의 성장 여정에 어떤 도움을 줄 수 있는지 말씀드리겠습니다.

먼저, 블로그는 나만의 브랜드를 구축할 수 있는 훌륭한 플랫폼입니다. 디지털 튜터로서의 전문성을 알리고, 교육 철학과 노하우를 공유하면서 독특한 브랜드 이미지를 만들어 갈 수 있죠. 이는 수강생들에게 신뢰를 주고, 자신을 알리는 데 큰 도움이 됩니다. 제가 블로그를 처음 시작했을 때, 제 강의 스타일과 교육 내용을 소개한 글이 학생들에게 큰 호응을 얻었어요. 덕분에 많은 학생이 저에게 관심을 갖게 되었고, 결국 수업 신청으로 이어졌습니다. 제 이야기를 통해 사람들은 저와 연결되고, 더 많은 관심을 가지게 된 거죠.

둘째, 블로그는 내가 가진 지식을 체계적으로 정리하고 공유할 수 있는 공간입니다. 교육 현장에서 얻은 경험과 팁들을 블로그에 기록하면서, 스스로도 더 깊이 있게 학습할 수 있어요. 강의 자료를 만들면서 고민했던 점이나, 수강생과의 소통에서 얻은 교훈들을 정리해 두면 나중에 강의 준비할 때 큰 자산이 됩니다. 또한, 다른 디지털 튜터들과 교류하면서 새로운 아이디어와 영감을 얻을 기회도 많아져요. 블로그는 여러분의 성장과 발전을 촉진하는 소중한 공간이 될 거예요.

셋째, 블로그는 여러분의 목소리를 더 넓은 세계에 전달할 수 있는 플랫폼입니다. 디지털 시대의 교육은 더 이상 교실이나 지역사회에만 국한되지 않습니다. 블로그를 통해 전 세계의 청중에게 접근하고, 다양한 배경을 가진 사람들과 교육 철학, 팁 및 이야기를 공유할 수 있습니다. 블로그는 온라인 학습 적응, 언어 장벽 극복, 창의적인 교육 전략 개발 등 교육의 보편적인 주제를 논의할 수 있는 기회를 제공합니다. 자신의 관점을 공유하면 다른 사람들에게 영감을 주고, 교육의 미래에 대한 더 큰 글로벌 대화에 기여할 수 있습니다. 이러한 연결감과 목적 의식은 블로그 활동의 가장 보람 있는 측면 중 하나입니다.

넷째, 블로그 운영은 디지털 기술을 향상시킬 수 있는 기회입니다. 블로그를 만들고 운영하는 과정에서 웹사이트 관리, 콘텐츠 제작, SEO(검색 엔진 최적화) 등의 기술을 익힐 수 있어요. 이런 기술들은 디지털 튜터로서의 경쟁력을 높이는 데 큰 도움이 됩니다. 특히 SNS와 연계해 블로그를 홍보하는 능력도 키울 수 있죠. 이는 더 많은 사람에게 여러분의 콘텐츠를 알릴 수 있는 기회를 제공할 거예요.

마지막으로, 블로그는 여러분의 성장 과정을 기록하는 소중한 공간이 됩니다. 디지털 튜터로서의 여정을 블로그에 담아 두면, 나중에 되돌아볼 때 큰 자산이 될 거예요. 성공과 실패, 시행착오를 모두 기록하며 자신의 성장 과정을 지켜보는 것은 큰 동기부여가 됩니다. 제가 처음 블로그를 시작했을 때의 설렘과 어려움을 기록한 글들이 지금은 큰 자산이 되었고, 저에게 지속적인 동기부여가 되고 있으니까요.

이제 블로그를 시작할 준비가 되셨나요? 첫걸음은 간단합니다. 자신의 관심사와 전문성을 바탕으로 블로그 주제를 정하고, 꾸준히 글을 써 나가면 돼요. 처음에는 어렵게 느껴질 수 있지만, 시간이 지날수록 자신만의 스타일과 목소리를 찾게 될 거예요. 중요한 건 시작하는 거예요. 지금 당장 노트북을 열고 블로그 개설을 위한 첫발을 내디뎌 보세요. 어떤 것이든 기록으로 남기게 되면 머지않아 나만의 소중한 자산이 쌓이게 됩니다.

디지털 튜터로서 블로그를 운영하는 것은 전문성을 강화하고, 더 많은 사람과 소통할 수 있는 훌륭한 방법입니다. 여러분의 디지털 튜터 여정에 큰 도움이 될 거예요. 여러분의 이야기를 세상에 펼칠 준비가 되셨나요? 세상은 여러분의 첫 글을 기다리고 있습니다. 오늘부터 당장 블로그를 시작해 보세요!

11. 한향기 _ 뤼튼 AI 활용하는 블로그 글쓰기

0326sw@naver.com
대표경력: 디지털배움터, 한국장애인고용공단외 다수의 기관에서 현재 활동 중
알고 나면 편리한 디지털 생활 활용법을 알려주는 교육 전문가입니다. 스마트폰 활용, SNS 마케팅, 인공지능 진로 교육, 블로그 교육 및 컴퓨터 관련 자격증 과정을 전문으로 하고 있습니다. 현재 '알려드림 교육원'의 대표를 맡고 있으며, 디지털배움터와, MKYU의 공식 아트스피치 전문 강사, JB 교육원, 해피트리교육원등 현장에서 전주 주부 평생학교 및 예수대학교 익산 평생학습관에서 인공지능 디지털 전문 문해 교육 강사로 다수의 기관등에서 활발히 활동하고 있습니다.

디지털 강사인데 "인터넷에 이름 한줄 안나오는데 디지털 전문인 맞아?" 라는 말에 충격을 받고 블로그 활동을 시작하게 되었습니다. '적자생존'이라는 마음으로 활동을 업로드한 덕분에 지금은 네이버, Chat Gpt, 뤼튼, 코파일럿등 인공지능에 '한향기'라는 이름을 넣어도 주요이력이 나와 꾸준한 강의 의뢰가 들어오고 있습니다. 블로그가 단순한 일기장이 아니라, 나의 브랜드를 구축하고 사람들과 연결될 수 있는 훌륭한 플랫폼이기 때문에 글쓰기를 잘하는 것의 중요성을 알고 있지만 시작하기 어려워 하기 분들에게는 좋은 뤼튼 AI 글쓰기를 소개하고자 합니다.

뤼튼 AI 소개

뤼튼 AI는 시간 절약, 다양한 스타일, 아이디어 생성 등 여러 가지 장점을 제공하며 글을 작성하는 데 드는 시간을 크게 줄여주며, 원하는 주제를 입력하면 자동으로 초안을 만들어냅니다. 또한, ~해요체, ~습니다체 등 다양한 말투를 지원해 블로그의 주제나 독자층에 맞춰 쉽게 조정할 수 있습니다. 초보자들도 글쓰기 아이디어가 막힐 때도 유용하게 활용할 수 있어 새로운 영감을 얻는 데 도움이 됩니다.

뤼튼 AI 블로그 글쓰기 사용방법

1. 회원가입 후 블로그 클릭

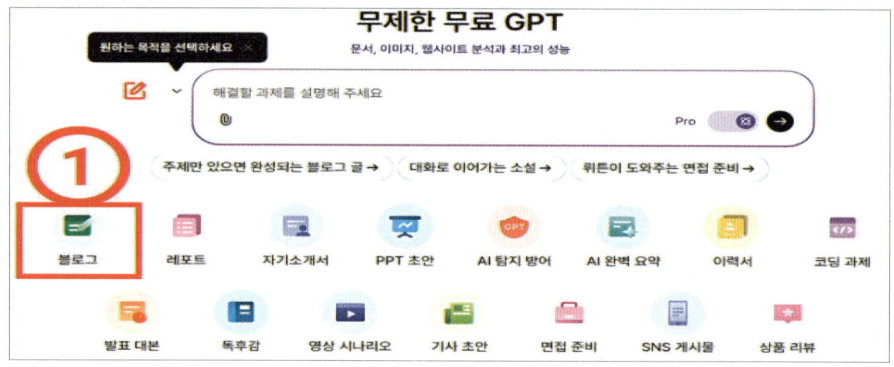

2. 게시물 주제 입력
3. 원하는 말투의 스타일(해요체, 입니다체 등)를 선택합니다.

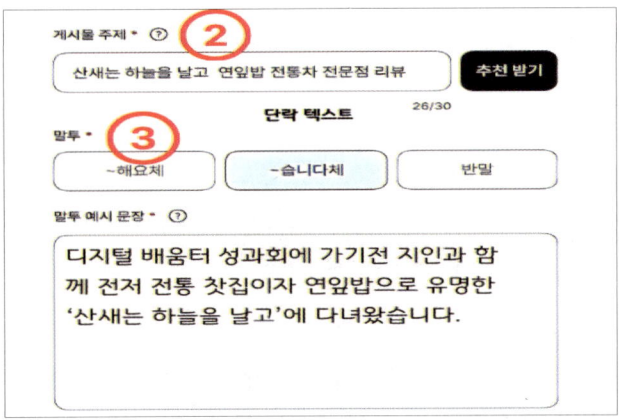

4. 인터넷 검색을 활용해 주제에 맞는 글을 작성 ON
5. 사진을 원하면 예시 이미지를 ON
6. 강조하고 싶은 핵심내용도 넣어주세요.

자동 완성을 누르면 오른쪽에 블로그 예시 글이 작성됩니다.

뤼튼 AI 블로그 글쓰기 주의사항
자동 완성된 글을 그대로 복사 붙여넣기 하는것은 블로그가 저품질이 될수 있습니다. 그대로 사용하기 보다 내생각을 넣어 글쓰기의 흐름을 수정하며 글을 완성하세요. 블로그라는 나만의 멋진 온라인 공간을 만들고 싶지만 글쓰기가 어려운 분들은 뤼튼 AI의 도움을 받아보세요. 원하는 주제를 입력하면 AI가 빠르게 초안을 생성해주고, 그 초안을 바탕으로 수정만 하면 되니 시간도 절약할 수 있습니다.

더욱이 이미지 생성 기능 덕분에 블로그에 필요한 이미지를 쉽게 만들 수 있어, 시각적으로도 매력적인 콘텐츠를 구성할 수 있습니다. 이렇게 뤼튼 AI를 활용하면 블로그 운영이 훨씬 더 즐거워지고, 나만의 독특한 스타일을 살릴 수 있는 기회를 제공할수 있어 글쓰기에 대한 부담을 덜고, 창의적인 아이디어를 마음껏 펼쳐보세요! 더 많은 뤼튼 글쓰기로 완성된 글을 보고 싶은분은 저자소개의 OR링크의 블로그로 놀러와주세요.

12. 김정란 _ 네이버 밴드 운영

jl0427@hanmail.net
대표경력 : 디지털배움터 / 스마트폰 기초 및 중급 영상편집 기관강의 200건
한국디지털튜터 협회 정회원으로 AI 디지털 교육 전문가입니다. 2023년 디지털배움터 서포터즈로 스마트폰 교육시작. 2024년 기관에서 스마트폰, 영상편집, 키오스크, 금융교육, 캔바, 캡컷을 활용한 콘텐츠 제작. 부천시소상공인 프로젝트 상품 사진촬영 강의로 실용적인 디지털 교육을 통해 누구나 디지털 기술을 익히고 자신감 있게 생활할 수 있도록 지원합니다.

네이버 밴드(Naver Band)는 "네이버 주식회사"에서 2012년 8월에 출시된 소셜 네트워크 플랫폼으로, 처음에는 대학생들의 각종 조모임용으로 기획됐지만 출시와 함께 소규모 그룹 형태로 인기를 누리다가 동창 찾기 등의 서비스 추가로 급속도로 확장되었습니다.

그룹 커뮤니케이션과 협업을 용이 하도록 설계되어, 취미, 동아리, 스터디 그룹, 가족, 직장등에서 널리 사용됩니다. 밴드는 모바일과 PC를 연동해 사용할 수 있어 편리합니다. 이 글에서는 PC 사용법을 중심으로 설명합니다. 화면 크기와 글자 위치가 약간 다를 수 있으나 기능은 동일합니다.

1. 밴드 설치
구글 에서 "네이버밴드" 또는 네이버에서 "밴드" 로 검색하고 앱을 설치합니다.

2. 로그인 및 회원가입을 통해 계정을 생성하고 접속합니다.

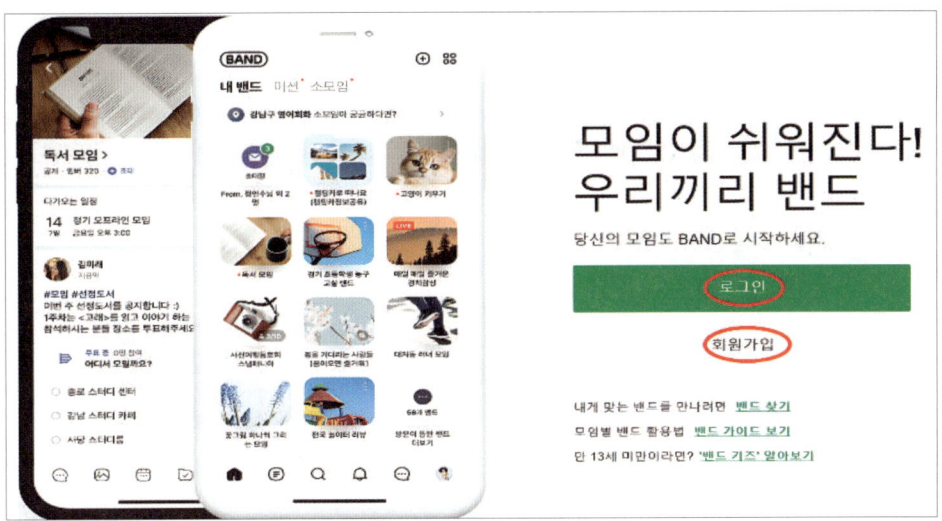

3. 내밴드에 참여하기

글쓰기 : 글쓰기 버튼을 클릭하고, 상단에서 글씨체와 색상을 선택하여 작성합니다.

첨부기능 : 글 작성 후 하단에서 사진, 이모티콘, 동영상, 투표, 파일, ToDo, 참가신청서, 출석체크, 퀴즈, 지도, 게임, 마크다운 등 다양한 첨부 기능을 활용할 수 있습니다.

글쓰기 설정 : 저장 허용, 댓글 사용 여부를 켜거나 끌 수 있습니다.

게시 완료 : 작성한 글을 게시하면 상단에 업로드됩니다.

글 관리 : 내 이름 오른쪽의 점 세개(메뉴)를 클릭하면 글수정, 공지등록, 삭제 등이 가능합니다.

PART4 SNS로 만드는 브랜드 파워

4. 커뮤니케이션 기능

오른쪽 상단에서 채팅, 그룹콜, 파일, 사진기능을 활용할 수 있습니다. 상단에 게시글, 사진첩, 일정, 첨부, 멤버등 확인할 수 있습니다.

5. 탈퇴하기는 설정에서 맨 아래 탈퇴하기 클릭하시면 됩니다.

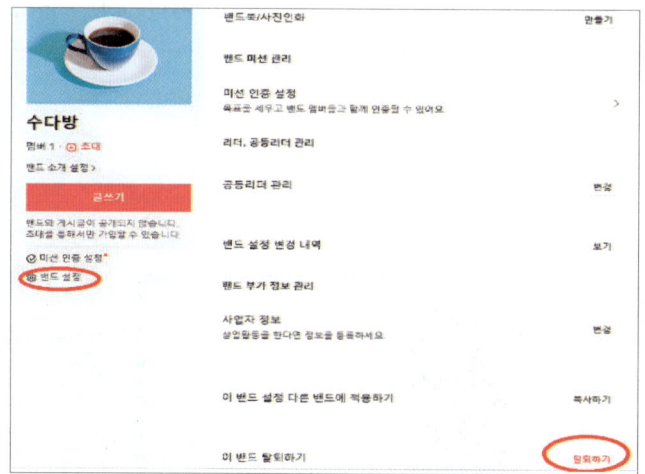

6. 새 밴드 만들기

홈 화면에서 " +만들기" 를 클릭합니다. 원하는 모임 유형을 선택하고, 밴드 이름과 커버 이미지를 설정합니다. 밴드 공개 여부를 설정한 뒤 완료를 클릭하면 새로운 밴드가 생성됩니다.

관리자 기능 : 관리자(리더)는 밴드 설정관리에서 메뉴별로 멤버들의 권한을 설정할 수 있습니다.

7. 멤버 초대하기QR코드, 링크 또는 네이버 계정을 통해 카카오톡, 메시지 등으로 직접 초대할 수 있습니다.

 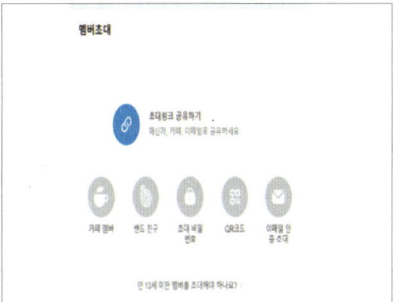

8. 전체 홈화면 하단에 취미밴드등 여러 밴드들도 소개 되어 있으니 살펴보시고 가입해서 활동하시면 됩니다.

PART4 SNS로 만드는 브랜드 파워   159

13. 서순희 _ 카카오 프로필 예쁘게 꾸미기

인생의 절반을 무디게 살아온 60대인 나에게 디지털이라는 '뾰족이'가 찾아와 내 도전 정신을 깨웠다. 그 특별한 변화는 나를 디지털 교육과 콘텐츠 제작의 배움으로 이끌며 새로운 세상의 문을 열어주었다. Homeplus 논산점 강사로 시작해 Canva와 Tooning 강사로서 창의적인 디지털 기술을 전파하고, 생성형 AI 기반 콘텐츠 제작과 출판함으로 작가"의 가능성을 발견하고. 디지털 문해력 교육을 통해 세대 간 기술 격차를 줄이는 한편, 현재 Senior Book Cafe운영함으로서 디지털 기술이 시니어들의 생활을 풍요롭게 만드는 과정을 공유하며, "나는 디지털 튜터다"를 통해 도전의 즐거움을 전하고자 합니다.

1. 프로필 사진 설정하기

카톡 프로필 사진은 첫인상을 결정하는 중요한 요소입니다. 사진을 변경하려면 카톡 앱을 열고 사람모양이 그려진 친구탭을 누르면 왼쪽상단에 나의 프로필 누르시면 프로필 관리 메뉴로 이동합니다. 이때 연필모양의 프로필편집을 눌러야 편집할 수 있습니다.

다음 현재 프로필 사진을 누르면(카메라모양) 휴대폰 갤러리에서 원하는 사진을 고르거나, 카메라로 직접 촬영할 수도 있습니다. 사진을 선택한 뒤 크기를 조절하고 잘라내면 끝! 가족 사진, 여행 사진, 또는 좋아하는 그림을 선택해 나만의 감성을 표현해 보세요.

2. 상태 메시지 작성하기

프로필 사진 아래에는 두개의 연필 모양이 있는데 위에는 나의 이름이나 닉네임을 표시하고 밑에는 짧은 상태 메시지를 적을 수 있습니다. 이 메시지는 나를 표현하는 공간이자, 친구들에게 오늘의 기분이나 상태를 알릴 수 있는 좋은 방법입니다. 예를 들어, "새해 복 많이 받으세요!" 같은 메시지를 넣거나, 좋아하는 명언을 추가할 수도 있습니다. 상태 메시지를 작성할 땐 지나치게 개인적인 정보를 포함하지 않도록 주의하세요.

3. 프로필 배경 꾸미기

프로필 배경은 사진이나 감각적인 이미지를 통해 나만의 분위기를 만들어주는 요소입니다. 배경을 설정하려면 프로필 편집 메뉴에서 아래 하단에 있는 카메라 모양을 선택하세요. 갤러리에서 이미지를 고르거나, 기본 제공되는 테마 중 하나를 사용해도 좋습니다. 계절에 맞는 풍경 사진이나 내가 좋아하는 패턴 이미지를 사용하면 더욱 독특한 느낌을 줄 수 있습니다.

4. 감각 있는 꾸미기 팁

프로필 꾸미기의 재미는 작은 디테일에 있습니다. 예를 들어, 계절에 따라 테마를 변경해 보세요. 겨울에는 따뜻한 느낌의 사진, 봄에는 꽃이나 자연 풍경을 배경으로 설정하면 친구들이 보았을 때 감성적이고 매력적으로 느낄 것입니다. 또, 스티커를 적용하여 아름답고 재미있게 꾸밀수있고 텍스트를 넣을수도, 음악을 추가할수도 , 이모티콘을 추가해 밝은 분위기를 더해 보세요.

5. 주의할 점

프로필을 꾸밀 때는 개인정보를 과도하게 드러내지 않는 것이 중요합니다. 예를 들어, 집 주소나 연락처가 포함된 사진은 피하세요. 또한, 지나치게 화려하거나 과한 이미지는 오히려 불편한 인상을 줄 수 있으니 적당히 깔끔하게 꾸미는 것이 좋습니다.

나만의 스타일로 완성하기, 카톡 프로필은 단순한 연락처가 아니라 나를 보여주는 작은 창입니다. 사진, 메시지, 배경을 통해 나의 개성을 표현하면서도, 친구들과 소통할수 있습니다.

14. 장보경 _ 바로적용! 채널 메시지 이모지 사용 팁

> 2023년부터 카카오 단골 시장 디지털 튜터로 활동하며 소상공들의 디지털 마케팅 능력 강화에 앞장 선 교육 전문가입니다. 시장현장 경험을 바탕으로 카카오채널 운영과 온라인 홍보 전략 교육에 능력을 갖추고 있으며. 디지털에 어려움을 겪고 있는 개인과 소상공인들에게 눈높이에 맞는 언어로 디지털 커뮤니케이션 솔루션을 제공하여 온라인 비즈니스 경쟁력을 높이는데 기여하고 있습니다

2022년 2023년 카카오 단골시장 디지털 튜터로 상인분들을 만나면서 카카오 채널과 개설을 도와드리고 꾸준히 상품 판매 글과 여럿 소식들을 업로드 하는 방법을 옆에서 튜터로 여러가지 교육을 진행하였습니다

그중 현장에서 상인분들이 큰 효과를 보시고 자기효용감을 올렸던 이모지 사용팁을 알려드립니다 mz세대들은 당연히 알고있지만 모르면 어려운 이모지. 한자키와 ㅁ키를 이용하여 별과 하트를 표시했던 (★☆※♡) 특수 문자키와 비슷한것 같지만 전혀 다릅니다

이모지란? 문자와 그림의 합성어로 말그대로의 이모지입니다.

이모지는 우리의 감정과 분위기를 전달하는 데 매우 유용한 도구입니다. 카카오 채널 메시지는 텍스트 기반이기 때문에 이모지를 사용하면 메시지의 전달력을 크게 향상시킬 수 있습니다. 예를 들어 상인분께서 본인가게 만의 쿠폰을 발행하기위해 선물이모지나 쿠폰이모지를, 새로 입고된 과일을 홍보하기 위해 해당과일 이모지를 사용하면 메시지의 의도를 더욱 명확하게 전달할 수 있습니다

이모지 어떻게 사용할까요?

이모지를 사용하는 방법은 크게 두가지로 나누어집니다. 컴퓨터와 모바일로 같은 이모지를 사용할 수 있습니다 시장 상인 매니져분들은 컴퓨터로 이모지를 많이 사용하고 현장에서 주로 일하시는 상인 분들은 모바일로 주로 채널메시지를 작성하면서 이모지를 사용합니다

1. 컴퓨터에서 이모지 사용법
   키보드 키 + . (마침표) 키 기억하기
2. 모바일 버전
   스마일/ 이모지 버튼 기억하기

이모지 선택하기

상인분들께 교육을할시 이모지를 선택할때는 메시지의 목적과 상황에 맞는 이모지를 선택하는 것이 중요하다고 강조합니다. 예를 들어 정육가게에는 동물 이모지를 주로 사용하며 생선가게에는 생선 이모지를 과일과게에는 과일 이모지를 주로 사용하며 채널 메시지의 내용에 따라 강조 하트 체크 이모지를 함께 사용합니다

이모지의 색상과 크기도 고려해야 합니다 밝은 색상의 이모지는 눈에 잘 띄며, 큰 이모지는 강조 효과를 줍니다. 반면, 어두운 색상의의 이모지나 작은 이모지는 덜 강조 될 수 있습니다.

이모지 배치하기

이모지를 메시지의 어느 위치에 배치하느냐에 따라 메시지의 전달 효과가 달라질 수 있습니다. 일반적

으로 이모지는 메시지의 첫 부분 이나 끝 부분에 배치하는 것이 좋습니다 이렇게 하면 이모지가 메시지의 주요 내용을 강조하거나 마무리하는 역활을 할 수 있습니다.

이모지 사용시 유의사항

채널 메시지에 이모지 3개 정도 권장합니다.가게의 홍보 및 채널 메시지 전달력을 높이기 위해 이모지를 사용하지만 너무 많은 이모지를 사용하는 것은 눈의 피로도를 올리며 메시지의 전달 효과가 떨어지거나 오해를 불러일으킬 수 있습니다

이모지는 상인분들이 채널 메시지에서 가게홍보와 내용을 전달하는데 매우 유용한 도구입니다. 나의 가게의 브랜딩을 위해 비슷한 컬러 이모지와 특성에 맞는 이모지를 사용하여 가게를 각인시키고 이모지를 선택하고, 배치하며, 텍스트와 함께 나와 가게를 브랜딩 해보시길 바랍니다!

우리는 디지털튜터다

디지털 교육 현장의
전문가들이 전하는 성공 실전 가이드

당신의 지식을 수익으로 만드는 가장 확실한 방법

1부 디지털 튜터의 실전 가이드

Part 5

수강생과 함께 성장하기

CONTENTS

1. 서미애_성공적인 강의를 위한 가이드라인　　166
2. 김연우_수강생 출석 관리　　168
3. 류다현_수강생의 마음을 사로잡는 3가지 비결!　　170
4. 유영희_디지털튜터로서 온라인 동기부여 전략　　172
5. 이보하_디지털, 나이의 벽을 넘다　　175
6. 이현숙_재강의 요청 폭주! 디지털 전환의 마법사　　177
7. 박명희_만족도 최고 받는 강의 꿀팁 나눔　　178
8. 강이구_디지털 교육 현장의 위기관리: 공감과 전문성으로 이끄는 해결의 기술　　184

1. 서미애 _ 성공적인 강의를 위한 가이드라인

hoho827@hanmail.net
20년간 정신건강 상담원으로 활동하고 있습니다. 한국디지털튜터협회 정회원이자 한국강사교육진흥원 강사로, 디지털 문맹 해소 교육에 힘쓰고 있습니다. 스마트폰 활용 및 정신건강 교육을 통해 어르신과 정신적 어려움을 겪는 이들이 성장하도록 돕고 있으며, 2024년을 빛낸 강사상을 수상했습니다. 교육 프로그램으로는 디지털교육, AI디지털아트, AI쇼츠제작 등이 있습니다.

1. 강의 주제 선정과 목표 설정

효과적인 강의를 위한 첫걸음은 바로 강의 주제를 명확하게 설정하는 것입니다. 마치 여행을 떠나기 전 목적지를 정하는 것과 같이, 강의 역시 어떤 목표를 향해 나아갈지 분명하게 정해야 합니다. 강의 주제를 선정할 때 가장 중요한 것은 교육생의 요구와 필요를 정확하게 파악하는 것입니다. 교육생들은 어떤 지식이나 기술을 배우고 싶어 할까요? 어떤 문제를 해결하고 싶어 할까요? 이러한 질문에 대한 답을 찾는 과정에서 적합한 강의 주제를 발견할 수 있습니다.

예를 들어, '스마트폰 활용'이라는 주제를 선택했다고 가정해 봅시다. 이때 단순히 '스마트폰 활용'이라는 큰 주제만으로는 부족합니다. 더 구체적인 목표로, '스마트폰으로 사진 촬영하고 편집하기', 'SNS 활용을 통한 소통 방법' 등과 같이 교육생들이 실제로 필요로 하는 내용을 중심으로 세분화해야 합니다.

강의 목적은 교육생들이 강의를 통해 얻을 수 있는 구체적인 결과를 의미합니다. '스마트폰 활용' 강의의 목적은 '스마트폰의 기본 기능을 이해하고, 다양한 앱을 활용하여 일상생활에 활용할 수 있도록 한다.'와 같이 명확하게 설정할 수 있습니다.

2. 강의 준비

슬라이드, 동영상, 이미지 등 다양한 시각 자료를 활용하면 교육생들의 이해를 도울 수 있습니다. 실습 자료나 참고 링크를 함께 제공하면 강의 후에도 스스로 학습을 이어갈 수 있도록 돕습니다.

강의 시작 30분 전, 기술적인 부분을 점검하는 것은 필수입니다. 인터넷 연결 상태, 컴퓨터의 작동 상태, PPT 화면, 영상 및 소리, 마이크 등 모든 것이 정상적으로 작동하는지 확인해야 합니다. 마치 공연 전에 악기를 조율하는 것처럼, 원활하게 강의를 진행할 수 있도록 사전에 준비해야 합니다.

3. 실시간 강의 진행

강의를 시작할 때는 짧은 자기소개와 함께 오늘 학습할 내용을 명확하게 제시하여 교육생들의 기대감을 높입니다. 강의의 전체적인 흐름을 간략하게 안내하고, 질문이나 의견을 편안하게 이야기할 수 있는 분위기를 조성하는 것이 중요합니다. 교육생들의 참여를 유도하기 위해 강의 내용과 관련된 질문을 던지거나 간단한 퀴즈를 통해 흥미를 갖도록 합니다. "이 프로그램의 가장 유용한 기능은 무엇이라고 생각하세요?"와 같은 개방형 질문을 통해 교육생들의 다양한 생각을 공유하는 시간을 가질 수도 있습니다.

학습 내용을 더욱 효과적으로 이해하기 위해 실습 시간을 충분히 제공하는 것이 좋습니다. 교육생들이 직접 실습을 해보면서 궁금한 점을 바로 해결하고, 실력을 향상시킬 수 있도록 돕습니다. 실습 후에는 개별적으로 피드백을 제공하여 학습 효과를 높이고, 다음 단계로 나아갈 수 있도록 지원합니다.

강의가 끝나기 전에는 오늘 학습한 내용을 간결하게 요약하여 교육생들이 핵심 내용을 정확하게 파악할 수 있도록 돕습니다. 추가적으로 질문이 있는지 확인하고, 궁금한 점을 해결해 주는 시간을 갖습니다. 필요한 경우, 관련 자료나 참고 링크를 제공하여 교육생들이 추가 학습을 할 수 있도록 지원합니다.

강의를 진행할 때는 목소리의 크기와 속도, 그리고 다양한 표정과 제스처를 활용하여 교육생들의 집중력을 높입니다. 시각 자료를 적절하게 활용하여 설명을 보완하고, 다양한 예시를 통해 내용을 쉽게 이해시킬 수 있도록 노력합니다. 또한, 교육생들의 반응을 살피면서 강의 내용을 유연하게 수정하고 보완하는 것이 중요합니다.

4. 강의 후, 더 나은 강의를 위한 노력

출석 체크를 통해 교육생들의 학습 상황을 파악하고, 필요한 경우 개별적인 피드백을 제공하여 학습 효과를 높일 수 있습니다. 강의 후에는 교육생들에게 설문조사를 실시하거나, 개별 인터뷰를 통해 강의에 대한 다양한 의견을 수렴하는 것이 좋습니다. 강의 내용의 이해도, 진행 속도, 강사의 설명 방식, 자료의 활용도 등에 대한 구체적인 의견을 듣고 이를 다음 강의에 반영해야 합니다. 다양한 요소에 대한 평가를 통해 강의의 장단점을 파악하고, 개선점을 찾을 수 있습니다. 평가 결과를 바탕으로 다음 강의를 준비합니다.

5. 디지털 튜터의 지속적인 성장을 위한 노력

디지털 튜터는 끊임없이 변화하는 교육 환경 속에서 교육생들에게 양질의 교육을 제공하기 위해 지속적인 자기 계발이 필요합니다. 새로운 기술과 지식 습득을 통해 최신 교육 트렌드를 따라가고, 다른 튜터들과의 교류를 통해 다양한 강의 기법을 배우는 것이 중요합니다. 온라인 강의, 워크숍, 세미나 참여는 물론, 관련 서적을 읽고 온라인 커뮤니티에 참여하는 것도 좋은 방법입니다.

다른 튜터들과 네트워킹을 통해 서로의 경험을 공유하고, 강의 방법을 개선하는 데 도움을 받을 수 있습니다. 또한, 교육생과의 소통을 통해 피드백을 받고, 교육 과정을 개선하는 노력을 지속해야 합니다.

결론적으로, 디지털 튜터는 교육생들과 함께 성장하는 촉진자입니다. 끊임없는 자기 계발을 통해 더욱 전문적인 튜터로 성장하고, 더 나은 교육 경험을 제공할 수 있습니다. 교육생과 소통을 통해 서로의 경험을 나누고 함께 성장할 수 있을 것입니다.

2. 김연우 _ 수강생 출석 관리

sunshiny0413@gmail.com
대표경력 : 홈플러스 문화센터 시니어 스마트폰 활용 강사/ 디지털배움터 스마트폰 활용 및 키오스크와 인공지능기기 체험 강사
  시니어 세대의 디지털 격차를 해소하여 세상과 친근하게 연결된 삶, 활력이 더해진 삶을 만드는 데 주력하고 있습니다. 시니어 미디어 활용 강사로서 시대의 변화에 뒤쳐지지 않게 도와주는 조력자라는 역할을 다하고 있습니다.

효과적인 학생 출석 관리 방안

디지털 강의가 보편화되면서 학생 출석 관리가 교육의 중요한 요소로 자리 잡았습니다. 온라인 환경에서는 공간의 제약이 사라지는 대신 학생들의 출석과 참여를 확인하기 위한 체계적 방법이 필요합니다. 출석 관리는 단순히 학생의 출석 여부를 확인하는 것을 넘어, 학생의 학습 몰입도와 책임감을 높이는 데 중요한 역할을 합니다. 수업 진행시 강사님들이 활용할 수 있는 구체적 출석 관리 방안을 아래에 정리했습니다.

1. 출석 관리 도구의 활용

학생 출석을 효과적으로 관리하려면 디지털 도구의 활용이 필수적입니다. 줌(Zoom), 구글 클래스룸(Google Classroom), MS 팀즈(Microsoft Teams)와 같은 플랫폼은 자동 출석 확인 기능을 제공하며, 이를 통해 학생들이 실시간으로 수업에 참여했는지 손쉽게 확인할 수 있습니다. 또, QR 코드를 생성하거나 별도의 출석 폼을 활용해 학생 스스로 출석을 기록하게 함으로써 적극적 참여를 유도할 수도 있습니다.

2. 출석 기준의 명확화

온라인 강의에서는 출석 기준이 모호할 경우 문제가 발생할 수 있습니다. 그러므로 강사는 출석에 대한

명확한 기준을 사전에 제시해야 합니다. 예컨대, 강의 시작 10분 이내에 입장한 경우 출석으로 인정하거나, 강의 종료 시 제출해야 하는 간단한 과제를 출석 요건으로 설정할 수 있습니다. 처음부터 이런 기준을 명확히 전달하면 불필요한 혼란을 방지할 수 있습니다.

3. 학생 참여 기록 관리

출석 기록뿐 아니라 학생의 강의 참여도와 학습 진행 상황을 함께 관리하는 게 중요합니다. 이를 위해 학생들이 강의 중 채팅창에 의견을 남기거나, 퀴즈에 참여한 횟수를 기록하는 방법이 효과적입니다. 이런 데이터는 학생과의 상담 시 학습 상황을 분석하는 데 활용할 수 있습니다.

4. 출석 독려 전략

디지털 강의에서는 학생들이 쉽게 집중력을 잃고 강의를 소홀히 할 가능성이 큽니다. 이를 방지하기 위해 강사는 출석 독려 메시지를 주기적으로 발송 하거나, 성취감을 느낄 수 있는 보상을 제공할 수 있습니다. 예를 들어, 출석률이 높은 학생들에게 소정의 선물을 증정하거나, 칭찬과 격려의 메시지를 보내 학생의 동기 부여를 강화할 수 있습니다.

5. 문제 상황에 대한 대응

불가피한 사유로 인해 출석하지 못한 학생들에게는 대체 과제를 부여하거나, 녹화된 강의를 제공해 학습 결손을 방지해야 합니다. 또, 반복적으로 결석하는 학생들에게는 개별 상담을 통해 문제의 원인을 파악하고 개선 방안을 모색해야 합니다. 강사의 유연한 대처가 학생들에게 신뢰를 줄 수 있습니다.

6. 출석 데이터의 활용

출석 기록은 단순히 확인 차원을 넘어 학생의 학습 상태를 파악하는 데 중요한 자료로 활용될 수 있습니다. 강사는 출석 데이터를 바탕으로 학생들의 학습 패턴을 분석하고, 수업 방식을 개선하는 데 반영할 수 있습니다. 예컨대, 출석률이 낮은 특정 강의의 경우, 강의 내용을 보강하거나 흥미로운 활동을 추가해 학생 참여를 높일 수 있습니다.

결론

효과적 출석 관리는 학생들의 학습 동기를 높이고, 강사와 학생 간의 신뢰를 형성하는 데 중요한 역할을 합니다. 디지털 강의 환경에 적합한 출석 관리 시스템을 구축하고 이를 지속적으로 개선함으로써, 학생들이 더 나은 학습 경험을 제공받을 수 있도록 노력해야 합니다.

3. 류다현 _ 수강생의 마음을 사로잡는 3가지 비결!

> iruda_alliswell@naver.com
> 대표경력 : 생성형 AI와 디지털 트렌드 전문 / 공공기관 및 학교 출강
> 원하는 것을 이루며 살고 싶은 꿈 탐험가이자 AI와 디지털 교육 전문가입니다. 메타버스, 소셜미디어, 생성형 AI를 활용한 실용적 콘텐츠 제작에 강점을 두고 디지털 리터러시 향상에 기여하며, '다른 사람의 성장이 나의 성장'이라는 철학으로 학습자들과 함께 배우고 성장하는 여정을 이어가고 있습니다.

디지털 트랜스포메이션(DX) 시대가 된지 얼마 되지 않아 벌써 AI트랜스포메이션(AIX) 시대가 되었고 앞으로 또 어떤 시대가 올지 기대되는 세상에서 우리는 디지털 튜터로 활동하고 있는데 수업의 성공은 단순히 훌륭한 콘텐츠에만 달려 있지 않다. 수강생과의 소통과 관계 관리가 학습의 효과를 배가시키는 역할을 한다. 전문가가 되기 위한 공부는 기본값이기에 더 강조할 필요가 없을 것 같다.

누구나 처음부터 수강생을 휘어잡는 전문가가 될 수는 없다. 전문가로 가는 길도 순서가 있는 법! 내 경험을 바탕으로 수강생이 원하고 따르는 디지털튜터가 되는 실전 팁을 단계로 나누어 안내해 드릴 예정이니 참고하여 자신만의 강의 스킬로 업그레이드하시길 응원하며 시작해 본다.

1단계 : 진심 어린 공감이 신뢰의 시작!

수업을 하다 보면 어린이부터 시니어 분까지 연령대는 다양해도 배움을 대하는 태도의 다양성은 비슷하다는 것을 많이 느낀다. 아이라서 산만하고 어른이라고 집중력이 높은 것은 아니다. 나이와 상관없이 개인의 성향에 따라 다르다. 수업 시간에 딴짓을 하거나 혼자 앞서나가다가 설명을 놓치기도 하고 또 성실하게 참여하면서 숙제도 빠짐없이 잘하는 사람이 있는가 하면 자신만의 생각에 사로잡혀 설명을 제대로 수용하지 못하는 사람도 있다.

사람들의 성향은 천차만별이지만 나는 한 가지 공통점을 느꼈다. 바로 자신의 마음이나 상황에 대해 알아주고 이해해 줄 때 '신뢰'가 생기기 시작한다는 것! 대부분의 사람들은 말로는 이해한다고 하면서도 진짜는 그렇지 않다. 부부가 서로 운전 연수를 시키면 싸움이 난다거나 부모가 자기 자식을 가르치면 혈압이 오른다는 말도 괜히 나오는 게 아니다. 잘 모르는 것이 무엇인지, 왜 자꾸 서툴게 되는지, 어떤 내용을 혼동하고 어려워하는지 등을 진심으로 이해하고 받아들이지 못하기 때문에 갈등이 유발된다.

특히 수업을 할 때 수강생에 대한 이해와 공감이 중요하다고 느끼는 순간들이 많다. 가짜 이해는 가식적인 격려를 하게 되고 사람들은 진심이 아닌 걸 본능적으로 알아차린다. "왜 이런 걸 모르지? 왜 이해를 못하지? 왜 자꾸 잊어버리지? 왜 딴짓하지?" 이런 마음으로 진행하는 수업은 즐겁고 유익한 수업으로 이끌기 어렵다. '공감'라는 말이 너무도 뻔한 말 같지만 정말 필요한 마음가짐이라는 생각을 많이 한다. 자~ 이 글을 읽고 계신 분들은 마음과 머리에 "진심으로 이해하고 공감하자"라는 말을 새기길 추천한다.

2단계 : 완벽할 수 없으니 성실하고 유연하게!

디지털기술이나 AI 툴들을 경험해 본 분들은 느끼고 있겠지만 디지털 분야는 크고 작은 오류가 생길 때가 많고 특히 AI 분야는 정말 빠르게 업데이트되는 중이다. 그리고 워낙에 기능들도 많아 툴들의 모든 메뉴들을 섭렵하는 것도 어렵다. 강의 중엔 돌발 상황이 종종 발생하는데 이때 어떻게 대처하느냐에 따라 수업에 대한 기대와 믿음이 결정되는 순간들이 생긴다. 강사가 당황하면 수강생들은 더 혼란스럽다. 멘탈이 흔들릴만한 상황에서 침착하게 대처하기 위해서는 평소 성실하게 수업 준비를 하며 꼼꼼히 공부해두는 것이 정석이다. 성실은 모든 사회생활의 기본이지만 이것을 지키는 것이 쉽지 않기에 성실한 사람이 빛나 보이는 것이다.

또 강의 현장 경험을 통한 배움은 유연함을 기르는 가장 빠르고 확실한 방법이다. AI도 학습을 통해 능력치가 향상되듯이 강사도 수업 경험을 통해 성장한다. 혼자서 아무리 공부하고 준비해도 다수의 사람 앞에 서는 것을 직접 겪어보지 않으면 모른다. 학습자들은 강사에게 완벽함을 바라는 것이 아니다. 배움을 잘할 수 있도록 도와주길 기대한다. 아직 서툰 초보 강사라면 성실히 준비하고 수업에서 얻는 경험을 통해 유연함을 장착하기를 바란다.

3단계 : 다음을 기대하게 만들자!

강의장에서 수업을 듣는 사람들은 소중한 시간을 투자해서 왔다는 것을 잊지 말자. 투자를 하면 크든 작든 수익이 생겨야 보람이 생긴다. 연한 건데 무슨 말이냐고? 자신에게 도움이 안 되면 수업에 안 온다는 말이다. 수강생 2명으로 시작해서 20명으로 늘리는 강사가 있는가 하면 20명 정원으로 시작해서 종강 때는 10명도 채 안 남는 경우도 있다.

모두를 만족시킬 순 없지만 두루두루 보듬어 줄 필요는 있다. 아무리 열심히 노력한다고 해도 수강생이 원하지 않은 강사는 도태될 수밖에 없기 때문이다. 학습자의 수준, 배우길 희망하는 부분, 관심분야, 직업 등등 알아낼 수 있는 정보를 활용해서 수업에 적용하고 각자 바로 성과를 낼 수 있도록 이끄는 것이 중요하다. 제일 어려운 수업이 학습자의 수준이 천차만별인 경우인데 수준 차이가 심할 때는 그에 맞게 개별 과제를 소화하도록 지도하면 만족도를 높일 수 있다.

너무 어렵다고? 자신만의 강점을 살려 개성 있고 알찬 수업이 되도록 노력하면 된다. 사람 마음은 같아서 에너지는 거의 비슷하게 느낀다는 것을 기억해두길 바란다. 오늘이 즐거워야 다음이 기대되는 법이다.

무슨 일을 하든 우리 모두는 자신의 일에서 성공하길 원한다.
능력사회라는 것이 누군가에겐 기회가 되기도 하지만 또 누군가에겐 넘기 힘든 산이 될 수도 있다. 퍼스널 브랜딩이 필수인 시대에 자신의 분야에서 신뢰를 얻지 못하면 성공은 어렵다. 누구나 할 수 있지만 아무나 성공하지는 않는다는 말을 꼭 해주고 싶다. 디지털 튜터로 살아남기 위해서는 수강생에게 유익한 배움을 전하고 인정받는 것이 필수이다. 단계를 뛰어넘은 성공은 없다는 걸 기억하고 한 단계씩 성장해 나가길 응원한다.

4. 유영희 _ 디지털튜터로서 온라인 동기부여 전략

yyhks4013@naver.com
대표경력 : 디지털튜터/메타버스 크리에이터
디지털튜터와 메타버스크리에이터로 활동하고 있는 슈퍼하니입니다. 지역사회에서 시니어 스마트폰 강좌와 영상편집 재능기부를 통해 시니어분들이 디지털 기술을 쉽게 배울 수 있도록 돕고 있으며, 메타버스 플랫폼에서 가상현실을 통해 다양한 콘텐츠를 제작, 기획하는 일을 하고 있습니다. 디지털 격차를 줄이고, 좀더 많은 사람들이 메타버스를 통해 소통하고 협력할 수 있는 기회를 만들고자 도움이 되길 바랍니다!

디지털 시대에 교육은 그 형태와 방식이 크게 변화하고 있습니다. 특히 온라인 학습이 일상이 된 지금, 교육의 중심은 기술적인 도구나 플랫폼만이 아니라, 학습자가 끝까지 배우고 성장할 수 있도록 돕는 동기부여에 달려 있습니다. 오프라인 수업에서는 표정, 몸짓, 분위기 등을 통해 자연스럽게 동기를 자극할 수 있지만, 온라인에서는 이러한 물리적 상호작용이 어렵기 때문에 특별한 전략이 필요합니다.

저는 디지털튜터로서 활동하며 수백 명의 수강생과 함께한 경험을 바탕으로 온라인 학습에서 동기를 부여하는 몇 가지 핵심 전략을 정리했습니다. 이 글을 통해 여러분도 자신의 강의에 이 전략들을 적용하여 학습자들에게 긍정적인 변화를 가져올 수 있기를 바랍니다.

1. 개인화된 목표 설정: 동기의 시작점 만들기
학습자는 각자 다른 이유로 강의를 듣습니다. 어떤 이는 커리어 개발을 위해, 어떤 이는 단순한 호기심이나 자기계발을 위해 시작합니다. 이처럼 다양한 목적에 맞추어 학습 목표를 개인화하는 것이 동기부여의 첫걸음입니다.

구체적인 목표 설정 유도

학습자가 자신의 목표를 명확히 정의하도록 돕는 것이 중요합니다. 예를 들어, 단순히 "포토샵을 배우겠다"가 아니라 "3개월 안에 포트폴리오를 완성하기 위해 포토샵으로 로고를 디자인하는 기술을 익히겠다"라는 식으로 구체화하도록 안내합니다. 이를 통해 학습자는 자신의 학습 이유를 더 깊이 인식하고, 강의 내용이 자신의 삶과 직결된다고 느끼게 됩니다.

맞춤형 피드백 제공

강의 중간이나 과제를 리뷰할 때 학습자의 목표를 언급하며 구체적인 피드백을 제공하세요. 예를 들어, "김영수 님이 말씀하신 회사 발표 자료에 이 차트 디자인이 잘 활용될 것 같네요"와 같은 맞춤형 코멘트는 학습자가 자신의 목표와 학습 내용을 연결 짓는 데 큰 도움을 줍니다.

2. 작은 성공의 축적: 성취감을 시각화하라

성취감은 학습 동기를 유지하는 데 있어 가장 강력한 원동력입니다. 하지만 온라인 학습은 종종 학습 진도가 눈에 보이지 않기 때문에 성취감을 느끼기 어렵습니다. 이를 해결하기 위해 다음과 같은 방법을 활용해보세요.

쉬운 과제부터 시작하기

강의 초반에는 난이도를 낮추어 학습자가 빠르게 성과를 느낄 수 있는 과제를 제공하세요. 간단한 퀴즈나 기초 작업을 통해 학습자가 "나는 이걸 해낼 수 있다"는 자신감을 얻도록 유도합니다.

진척 상황을 시각화하기

학습 진행 상황을 막대그래프, 달성률 차트, 체크리스트 등 시각적 자료로 공유하세요. 학습자가 강의를 들으면서 얼마나 성장하고 있는지 한눈에 알 수 있게 하면 동기가 더욱 강화됩니다. 예를 들어, "강의의 50%를 완료했습니다! 이제 마무리를 향해 갑시다"라는 식의 알림은 학습 동기를 유지하는 데 효과적입니다.

3. 공동체 감각 조성: 온라인에서도 연결감을 느끼게 하라

온라인 학습에서는 학습자가 고립감을 느낄 수 있습니다. 하지만 디지털 환경에서도 공동체 감각을 형성하면 학습자의 참여와 동기부여를 크게 높일 수 있습니다.

그룹 활동 도입

강의 중간에 학습자들이 서로 협력하거나 아이디어를 나눌 수 있는 간단한 활동을 넣어보세요. 예를 들어, 두세 명씩 조를 나누어 토론하거나, 댓글로 서로의 과제를 리뷰하도록 유도하는 방식입니다. 학습자는 자신이 강의의 일부임을 느끼며, 자연스럽게 동기부여됩니다.

정기적인 소통 유지
SNS 그룹, 채팅방, 이메일 등을 활용해 학습자들과 소통하세요. 정기적으로 강의와 관련된 유용한 정보를 공유하거나, 간단한 격려 메시지를 보내는 것도 좋습니다. "이번 주 강의에 참여해주셔서 감사합니다! 여러분의 피드백이 큰 도움이 됩니다"와 같은 짧은 메시지는 학습자들에게 지속적인 관심을 느끼게 합니다.

4. 실제와의 연결: 학습 내용을 실생활에 적용하라
학습자가 강의에서 배운 내용을 실제 상황에 활용할 수 있다고 느낄 때 학습 동기는 극대화됩니다.

현실적인 과제 제시
강의 내용과 관련된 실제 문제를 해결하는 과제를 내세요. 예를 들어, 엑셀 강의에서는 "이번 주 회사 프로젝트에서 사용 가능한 데이터 정리 방법을 만들어보세요"와 같은 현실적인 과제를 제안합니다. 학습자는 배운 내용을 즉시 활용하며 더 큰 동기부여를 받습니다.

성공 사례 공유
다른 학습자들의 성공 사례를 소개하세요. 예를 들어, "지난 강의를 들은 수강생이 만든 프로젝트"를 공유하면 현재 학습 중인 수강생들에게 좋은 자극이 됩니다. 이는 "나도 할 수 있다"는 긍정적인 생각을 심어줍니다.

5. 감정을 자극하라: 긍정적인 학습 분위기 만들기
감정은 동기부여와 밀접한 관련이 있습니다. 강의 중에 긍정적인 분위기를 만들어 학습자가 흥미를 느끼고 몰입할 수 있도록 하세요.

유머와 스토리텔링 활용
강의에 적절한 유머나 자신의 경험담을 넣어보세요. 예를 들어, "저도 처음엔 이 기능을 배우느라 세 번이나 실수했어요" 같은 말은 학습자와의 거리를 좁히고, 더 쉽게 다가오게 만듭니다.

성취 축하하기
작은 성공이라도 축하하는 분위기를 만드세요. 퀴즈를 통과하거나 과제를 완수했을 때 "대단해요! 이젠 다음 단계로 가볼까요?"라는 격려의 말 한마디가 큰 차이를 만듭니다.

맺으며: 디지털튜터의 역할
디지털튜터로서 우리는 단순히 지식을 전달하는 데 그치지 않습니다. 학습자의 동기를 깨우고, 끝까지 유지하며, 그들이 목표를 이루도록 돕는 것이 우리의 가장 중요한 역할입니다.

오늘 소개한 다섯 가지 전략은 제가 실제 강의에서 시행착오를 거치며 얻은 노하우입니다. 여러분도 이를 참고해 학습자들에게 동기부여의 씨앗을 심고, 온라인 강의가 단순한 지식 전달의 장을 넘어 성취와 성장의 경험으로 남도록 만들어보세요.

여러분의 강의가 누군가의 꿈과 목표를 이루는 시작이 되기를 응원합니다.

5. 이보하 _ 디지털, 나이의 벽을 넘다

> elsmere@naver.com
> 대표경력 : 강릉시 노인복지관 스마트활용 48회 / 강원여성 IT전문강사16회
> 디지털 격차 해소를 위해 강릉 노인복지관과 강원여성 IT전문강사를 수료 후 활발하게 활동하며 시니어 디지털 교육에 앞장서고 있습니다. 스마트폰 활용부터 금융사기 예방까지, 어르신들의 자립과 일상 속 편리함을 돕는 교육을 통해 디지털 전환 시대의 가교 역할을 하고 있습니다.

강릉 노인복지회관에서 스마트활용 수업을 진행하면서 다양한 연령대의 어르신들과 소통하며 수업을 이끌어 가는 노하우를 담아봅니다.

1. 90대의 스마트폰과 영어 도전
90대 양하늘 할아버지는 스마트폰 수업뿐 아니라 매일 아침 영어 단어를 외우며 새로운 일상을 만들어 갔다. "틀리면 어때요? 다시 하면 되죠"라며 스스로를 격려하며 손주와 영어로 대화할 날을 기대했다. 스마트폰으로 영어를 배우는 그의 모습은 나이를 잊은 도전의 상징이었다.

2. 작은 성취, 큰 자신감
80대 김영자 할머니는 앱을 잘못 눌러 화면이 바뀔 때마다 실망하며 "나는 안 돼"라고 말하곤 했다. 그러나 메시지를 성공적으로 보내는 작은 성취를 경험한 뒤에는 밝은 표정으로 "오늘은 내가 해냈어요!"라며 자신감을 되찾았다. 작은 성공이 그녀에게 큰 용기를 심어줬다.

3. 70대의 두려움과 첫 경험
70대 최정호 할아버지에게는 디지털 세상이 미지의 우주처럼 느껴졌다. "모든 게 빠르고 복잡해요. 누를 때마다 새로운 화면이 나와 겁나요." 그러나 스트리밍 앱으로 영화를 처음 본 뒤 그는 "이렇게 쉽게 영화를 보다니 신기하네요"라며 감탄했다.

또 다른 70대 김철수 할아버지는 스마트폰 터치조차 두려워했지만, 사진 확대 방법을 배우고 "내가 했네!"라며 자신감을 찾았다.

4. 정보 공개, 신뢰의 문제

어르신들에게 가장 큰 벽은 온라인에서 이름이나 연락처 같은 정보를 입력하는 일이었다. "이걸 적어도 괜찮을까요?"라는 질문 속에는 낯선 세상에 대한 불안감이 묻어 있었다. 계좌번호나 카드 정보를 입력하는 과제에서는 "이건 못 하겠어요. 제 돈이 다 털릴까 봐요"라며 수업을 멈추는 분들도 있었다. 디지털 신뢰를 쌓는 과정은 또 하나의 도전이었다.

5. 조별 활동으로 함께 성장

디지털 격차를 줄이기 위해 조 별 조장을 뽑고 24명을 6개 조로 나누었다. 조장은 상대적으로 디지털 활용 능력이 높은 'A레벨' 어르신들로, 자신이 맡은 과제를 빠르게 끝낸 뒤 조원 들을 도왔다. "제가 조장이에요! 책임감이 생기네요"라며 웃던 김영자 할머니의 모습은 모두에게 큰 동기를 주었다. 조별 활동은 협력과 격려 속에서 디지털 격차를 줄이는 좋은 방법이 되었다.

6. 복습과 공유, 배움의 완성

수업은 복습과 실습 중심으로 진행되었다. 어르신들은 배운 내용을 집에서 연습한 뒤 밴드에 사진이나 동영상을 공유했다. "처음엔 밴드에 올리는 것도 어려웠는데, 이제는 제가 먼저 해요"라며 웃는 박순자 할머니의 모습은 다른 이들에게도 큰 자극이 되었다.

7. 공동체의 따뜻한 힘

수업 중에는 어르신들 간의 따뜻한 나눔이 계속되었다. 70대 최정호 할아버지는 매 수업마다 커피를 찬조하며 "힘내세요!"라고 격려했고, 80대 한명숙 할머니는 상을 받은 기쁨을 음료수로 나누며 축하의 시간을 만들었다. 또 다른 어르신들은 자발적으로 자원봉사자로 나서 수업 준비를 도와주었다. 이들의 따뜻한 마음은 수업을 더 의미 있는 장으로 만들었다.

8. 나이는 숫자일 뿐

디지털 학습은 단순히 기술을 배우는 시간이 아니었다. 어르신들은 도전을 통해 나이를 뛰어넘는 가능성을 보여주었다. 작은 성취를 서로 축하하고 격려하며, 그들은 한 걸음씩 새로운 세상을 향해 나아가고 있었다. 나이는 숫자에 불과하다는 사실을, 그들은 매 순간 증명했다.

6. 이현숙 _ 재강의 요청 폭주! 디지털 전환의 마법사

suki0442@naver.com
대표경력: 카카오임팩트 "우리동네 단골시장" 교육매니저/ 홈플러스 문화센터 강사 2023 올해의 MVP 수상

디지털 리터러시, AI 리터러시 교육 전문 강사로, 다년간의 경험을 바탕으로 다양한 연령층의 눈높이에 맞춘 실용적이고 효과적인 디지털 교육을 제공합니다. 이를 통해 디지털 정보화 시대에 적극적으로 대처할 수 있도록 돕고, 세대 간의 소통 격차를 줄이는 데 기여하고 있습니다.

모두의 삶이 지속되도록! 디지털을 다 정복해드리는 디지털 강사 다정쌤 이현숙입니다. 유치원 교사에서 교육회사 지국장으로 교육 사업을 6년 동안 하면서 치열한 경쟁 사회 속에 하루를 48시간처럼 살았습니다. 스타강사 김미경의 '리부트'라는 책을 읽고, 2021년 1월 31일자로 퇴사한 날 고생한 나에게 선물로 MKYU 대학에 입학금을 입금했습니다.

새롭게 공부를 시작해 디지털 튜터 1기 시험에 자격증을 취득하였습니다. 뽀로로 좌식상을 주방 싱크대 밑에 펴고 아이를 키우며 내 시간을 갖고 공부하는 게 쉽지 않았지만, 514 챌린지에 1년간 참여하며 4시 30분에 기상해 꾸준히 나를 들어 올리는 연습을 통해 성장하는 큰 계기가 되었습니다.

디지털 튜터 자격증 첫 1회 시험에 응시하여 디지털 튜터 2급 자격증을 취득해 2022년 8월에 당근비즈니스 찾아가는 사장님 학교 1기로 활동했으며, 4그룹을 매핑하여 그중 한 점포는 우수 점포로 선정되셨고, 사장님들의 평가로 우수 강사로 선정되어 기뻤습니다. 2022년 11월부터 시작한 카카오임팩트 우리동네 단골시장 점포 사업 수유전통시장에 매니저로 디지털 전환 교육을 했습니다. 처음에는 교육에 반신반의하며 못 미더워하던 사장님의 태도가 시간이 지나면서 변하기 시작했습니다. 온라인으로 주문이 들어오고 택배 발송으로 매출이 이어지면서 추운데 고생한다고 손잡아 주실때 보람을 느낍니다., 2023년에는 상인회 디지털 교육으로 길동복조리시장과 상계중앙시장에서도 친구 수 1,000명을 돌파하며 성황리에 프로젝트를 마쳤습니다. 올해 2024년에는 다시 찾아가는 디지털 튜터로 시장에서 다시 불러주셔서 인공지능 AI를 활용한 실질적이고 쉬운 마케팅 방법을 교육하고, 디지털 시대에 맞춤 교육으로 실무 중심의 교육을 진행하여 야근이 사라졌다고 좋아하셨습니다.

소신 있는 사장님들의 철학을 현장에서 배우며 교육하면서 디지털 역량 소외 계층에 대한 필요성을 온몸으로 느낄 수 있었고, 성장하는 모습을 지켜보면서 디지털 튜터의 사명감을 갖게 되었습니다. 디지털 튜터 1급/2급, 스마트폰 활용 지도사 2급, AI 콘텐츠 활용 지도사, AICE FUTURE 3급 지도사, 레크리에이션 등 다양한 자격을 보유하여 보다 즐겁고 신나게 소통하는 디지털 교육 전문가로 수강생의 성장과 발전을 돕고 있습니다.

또한, SNS 마케팅과 최신 AI 도구 활용법을 강의하며, AI 콘텐츠와 1인 미디어의 연구, 끊임없이 진화하는 강사입니다. 홈플러스와 과학기술통신부에서 추진하는 디지털 배움터 강사로 어린이와 청소년은 물론 성인과 시니어분들의 맞춤 디지털 교육에도 많은 활약을 하고 있습니다.

저와 함께 2년 동안 빠지지 않고 수강하신 80대 수강생분들의 이야기를 하려고 합니다. 자꾸 까먹는다고 배우면 뭐하냐고 말씀하시는 분들이 대부분입니다. 이분들은 한자 한자 수첩에 메모하며 수업에 열공하셨습니다. 수업하면서 어릴 적 콩나물 키울 때가 생각이 났습니다. 교육은 콩나물에 물을 주는 것과 같다고 하죠. 콩나물에 물을 부으면 전부 콩나물 시루 밑으로 빠져나가는 것 같지만 그 속에서 콩나물이 서서히 자라나죠. 디지털 교육도 마찬가지였습니다.

교육을 그저 비용이라 생각하지 말고 투자라는 생각을 가지시고 비가 오나 눈이 오나 빠지지 않고 2년을 꼬박 수강하신 시니어 수강생분들의 교육에 대한 투자는 당장의 작은 변화가 아닌 후에 큰 성과를 가져오게 되어 지금은 좋아하는 가수 콘서트 예매, 가수 모바일 투표, 네이버 카페 활동, 인스타그램, 카카오페이로 결제합니다. 제가 수업하는 동안은 죽을 때까지 계속 다니고 싶다고 하시는 교육생을 보면서 가슴이 뭉클하고 보람을 느끼며, 성장하는 모습에 뿌듯합니다.

나의 성장보다 다른 사람의 성장을 돕는 우리는 디지털 튜터입니다. 디지털 튜터 강사라서 행복하고 감사합니다. 소중한 인연에 진심을 다하는 강사! 재강의요청의 비결입니다.

7. 박명희 _ 만족도 최고 받는 강의 꿀팁 나눔

pmhnine@naver.com
박명희강사는 AI 웹툰 투닝 공인 강사로 활동하며, 강사들의 목소리를 챙기는 강사로 <건강한 목소리 호흡법> 저자이자 목소리 코치로 활동중입니다. 초중고부터 시니어까지, 온·오프라인에서 그들의 니즈를 재미있고 쉽게 해결해주는 매력적인 강사입니다.

디지털 시대에 접어들면서 교육의 방식은 빠르게 변화하고 있습니다. 비대면 교육이 일상이 된 지금, 강의의 질과 학생들의 만족도는 그 어느 때보다 중요해졌습니다. 여기서는 405060세대 독자들이 쉽게 활용할 수 있는 강의 꿀팁을 공유하겠습니다. 특히 시니어분들의 소통을 엣지 있게 만들어줄 카카오톡, AI 그림 그리기, 캡컷 동영상 제작 방법을 소개하겠습니다.

《 카카오톡으로 엣지 있게 소통하기 》

저는 시니어분들이 당황하지 않고 손가락 터치를 최소화하며, 말을 최소한 줄여 엣지 있게 소통하기를 바랍니다. 그래서 카카오톡을 활용한 소통 방법을 소개합니다. 수업 중 저는 시니어분들의 '딸' 역할을 하며 질문을 던집니다. 시니어분들은 카카오톡 나와의 채팅을 활용해서 소통 연습을 합니다.

1) 딸: "엄마, 어디야?"
   엄마: "부산역이다" (위치 정보 보내기)

* 시니어분들이 길게 설명하지 않고, 카카오톡에서 위치 정보를 클릭해 쉽게 답할 수 있도록 돕습니다.

2) 딸: "거기서 뭐해?"
   엄마: "내 스마트폰 공부한다" (사진 찍어 보내기)

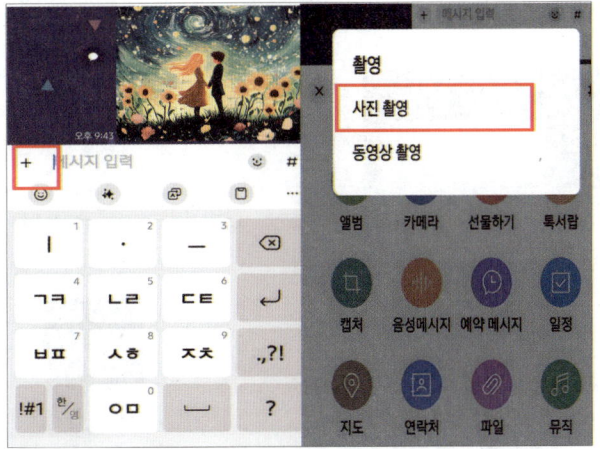

* 수업하는 모습을 사진으로 찍어 보내는 방법을 알려줍니다.

3) 딸: "뭐 입고 갔어?"

　엄마: "따숩게 예쁘게 입고 왔다" (셀카 보내기)

　환하게 웃고 귀여운 모습으로 셀카를 찍는 팁도 함께 공유합니다. 입은 스마일하고 턱은 내리고, 눈은 카메라를 향해 웃는 방법을 알려줍니다.

4) 딸: "엄마, 오늘 멋지네!"

　엄마: (이모티콘으로 답하기)

* 다양한 이모티콘 중에서 선택해 엣지 있게 소통합니다.

5) 딸: "엄마, 이모 전화번호 좀 알려줄래?"

　엄마: (별 말 없이 연락처 보내기)

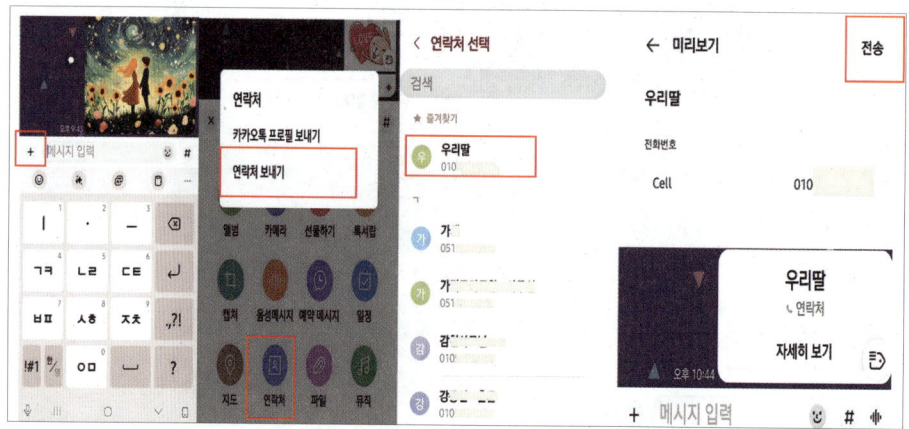

* 카카오톡에서 연락처를 찾아 간편하게 전송합니다.

6) 딸: "엄마, 어제 찍은 사진이랑 동영상 좀 보내 줄래?"
 엄마: (말 없이 사진과 동영상 보내기)

* 쉽게 사진과 동영상을 공유하는 방법을 가르칩니다.

7) 딸: "엄마, 다음 주 토요일에 가족 모임 있는 거 알지?"
 엄마: (오케이 이모티콘 보내기 후 일정 등록)

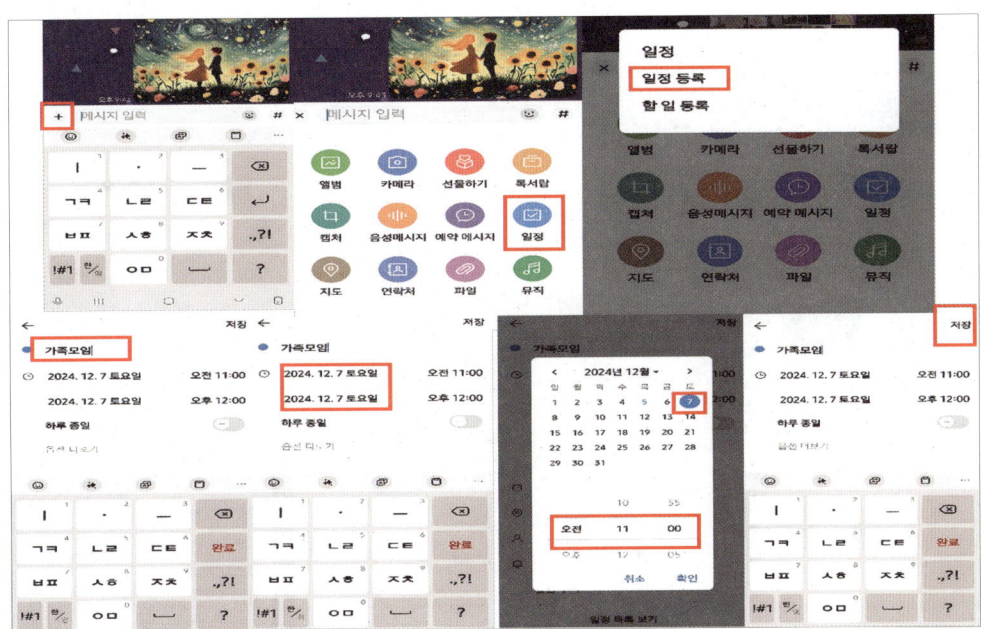

* 카카오톡의 일정 등록 기능을 활용해 엣지 있게 답변합니다.

8) 딸: "엄마, 뭐 배우는데? 기억은 하나?"

 엄마: (배운 것 캡처해서 보내기)

* 수업 내용을 캡처해 보내는 방법을 알려줍니다.

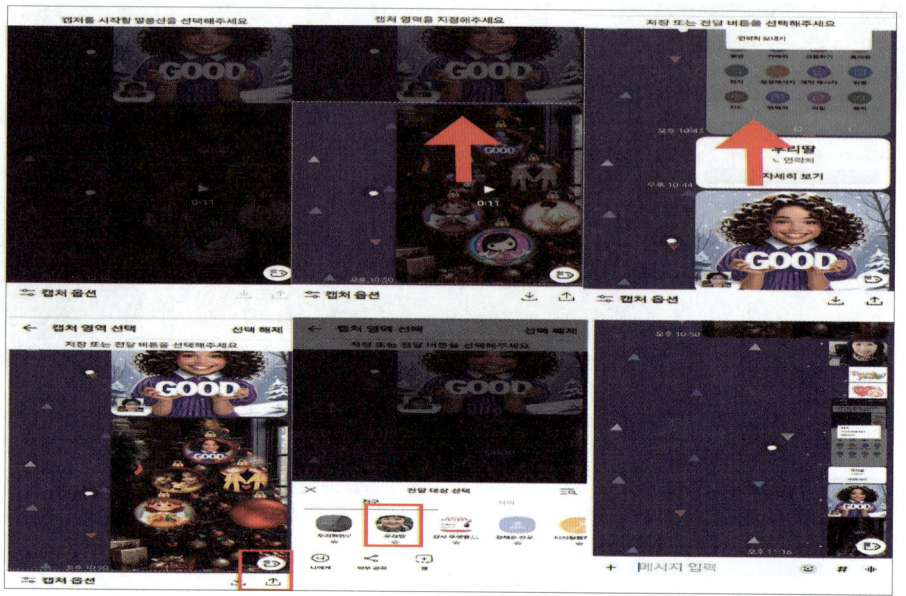

9) 엄마: "우리 딸이 좋아하는 커피 보내줄게"

 (선물하기 기능으로 커피 선물)

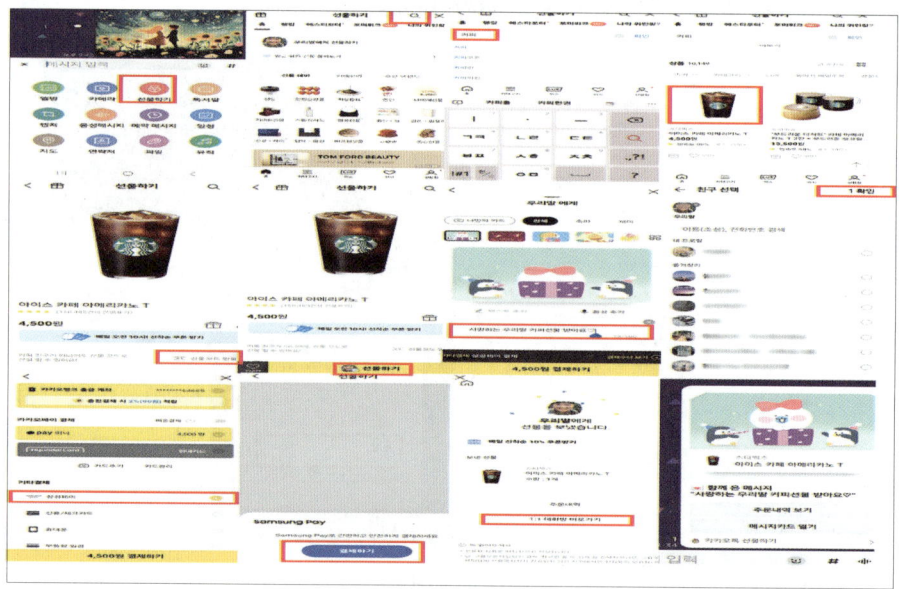

*카카오톡에서 선물 기능을 활용해 간편하게 커피를 보냅니다.

10) 엄마: 예쁜 그림으로 "오늘도 좋은 하루 보내!"
(AI로 예쁜 그림 만들어 보내기)

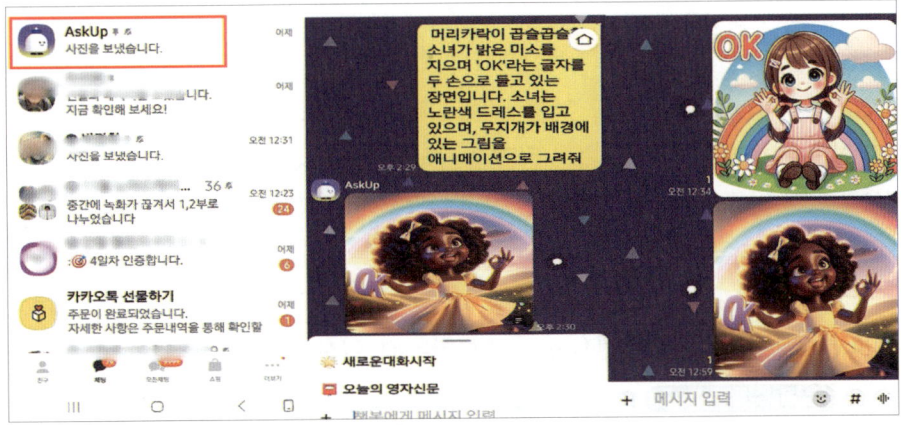

* AI 툴을 활용해 만든 그림으로 메시지를 전합니다.

11) AI로 그린 그림을 동영상 만들기
(캡컷으로 동영상 제작하기)

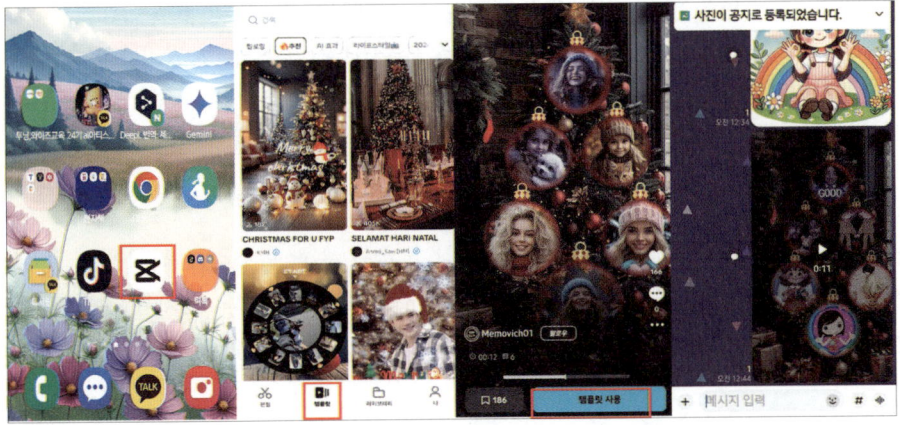

*마지막으로, AI로 제작한 그림을 캡컷에서 동영상으로 만들어 딸에게 전송합니다.
 이런 방식으로 수업을 진행하면 시니어분들의 집중도와 즐거움이 높아져 자연스럽게 만족도가 상승합니다. 무엇이든 해보려는 자신감이 생기고, 다양한 AI 툴을 활용한 그림 그리기, 글쓰기, 시화전을 통해 캡컷으로 영상을 만드는 데에도 적극적입니다.

특히 이 수업은 2시간 분량이지만, 시간이 어떻게 가는지 모를 정도로 집중도가 뛰어납니다. 반복 학습은 필수지만, 지루할 틈이 없습니다. AI 그림 그리기와 다채로운 대화 내용 덕분에 수업이 항상 새롭게 느껴지기 때문입니다.

가장 공부하기 힘든 시간인 오후 1시에 시작해 3시 30분까지 주 5일, 6개월 이상 수업을 진행했으며, 결석률이 거의 없었습니다. 더운 날씨에도 아픈 날에도 "까먹으면 또 하면 되지"라는 긍정적인 마음으로 웃으며 수업에 참여하는 시니어분들의 모습은 정말 인상적이었습니다. 간식을 챙겨오며 서로 나누는 즐거운 분위기 속에서 수업이 더욱 활기차게 진행되었습니다. 덕분에 복지관 내 만족도 조사에서 가장 높은 점수를 받은 강사라는 소식도 들을 수 있었습니다.

이처럼 시니어분들은 교육을 통해 엣지 있게 소통하는 데 힘찬 발걸음을 내딛었습니다. 여러분의 엣지 있는 소통 또한 응원합니다.

8. 강이구 _ 디지털 교육 현장의 위기관리

yigoo29@naver.com
대표경력: 기업 법정의무교육 전문강사 / 한국강사교육진흥원 2024 '자기계발' 강사상 수상
AI와 디지털 기술의 가능성을 누구나 쉽게 이해하고 활용할 수 있도록 안내하는 AI 리터러시 교육 전문가입니다. 디지털튜터 1급, AICE FUTURE 3급, AIPOT 2급 자격을 바탕으로 맞춤형 교육을 설계하며, 특히 시니어 세대의 디지털 적응을 돕는 교육에 주력하고 있습니다. 현재 MKYU 수석장학생이자 한국디지털튜터협회 회원으로서 디지털 교육의 새로운 가능성을 열어가고 있습니다.

처음 강단에 섰던 그날을 지금도 생생히 기억합니다. 떨리는 손과 목소리로 시작했던 첫 강의는 법정의무교육이었습니다. 직장 내 괴롭힘 예방, 성희롱 예방, 심폐소생술과 같은 주제들을 다루었죠. 당시에는 단순히 실적을 위한 수단이라고 생각했습니다만, 교육생들의 반응에서 예상치 못한 희열을 느꼈습니다.

매일 새벽 4시 30분, 더 나은 강의를 위해 일찍 일어나 준비했습니다. 교육생들의 눈빛이 변하는 순간, 제가 준비한 내용이 그들에게 도달하는 순간, 그리고 "많이 배웠습니다"라는 감사 인사를 들을 때마다 가슴이 뭉클해졌습니다.

무라카미 하루키의 '먼 북소리'처럼, 저에게도 내면의 소리가 들려왔습니다. "이제부턴 해야하는 강의말

고 내가 하고싶은 일을 하자", "사람들을 돕는 다정한 강사가 되자." 이후의 여정은 끊임없는 도전의 연속이었습니다. 퇴근 후에는 강사 자격증과 ai공부에 매진했고, 주말마다 교육 세미나를 찾아다녔습니다. 카메라 앞에서 말하기, 영상 편집, 온라인 플랫폼 활용까지, 모든 것이 새로운 도전이었습니다.

시니어 대상 교육은 전혀 다른 도전이었습니다. 기술을 가르치는 것보다 더 중요한 것은 마음을 이해하는 것이었죠. 코로나19로 갑자기 시작된 비대면 수업에서 위기는 일상이 되었고, 그 속에서 '공감'과 '전문성'의 균형이 얼마나 중요한지 깨달았습니다.

가장 자주 마주치는 것은 기술적 문제입니다. "선생님, 화면이 안 보여요", "소리가 자꾸 끊겨요"와 같은 말들이 수업의 흐름을 끊어놓곤 합니다. 이런 순간에는 신속한 대처가 관건입니다. 미리 준비해둔 PDF 자료를 즉시 공유하고, 잠시 다른 학습 활동으로 전환하는 유연함이 필요합니다.

감정적 충돌도 자주 발생합니다. "너무 어려워요"라는 말 속에는 좌절감과 불안이 묻어있습니다. 저 역시 처음에는 이런 상황에서 당황했습니다. 하지만 시간이 지나면서 깨달았습니다. 기술을 가르치는 것보다 더 중요한 것은 자신감을 심어주는 것이라는 걸요.

세대 간 이해의 차이는 더욱 깊은 공감을 요구합니다. "젊은 사람들은 이해 못 해요"라는 말에 처음에는 마음이 무거웠습니다. 그분들이 디지털 세상에서 느끼는 소외감이 담겨있었습니다. 이런 순간에는 경청이 핵심입니다. 천천히, 그리고 구체적인 예시를 들어가며 설명하다 보면, 어느새 그 벽이 허물어지는 것을 경험하게 됩니다.

실시간 대응 능력도 중요합니다. 문제가 발생했을 때 즉각적으로 상황을 파악하고, 유연하게 수업 계획을 수정할 수 있어야 합니다. 이를 위해서는 평소에 다양한 상황을 가정하고 대비하는 훈련이 필요합니다. 특히 집단 민원이 발생했을 때는 더욱 체계적인 접근이 필요합니다. 문제의 근본 원인을 파악하고, 객관적인 해결 방안을 제시하되, 그 과정을 투명하게 공유하는 것이 중요합니다. 죄송하다는 말보다는 "이런 불편을 겪으셨군요. 구체적으로 어떤 부분이 가장 어려우셨나요?" 라고 물으며 대화를 시작합니다. 결국 가장 중요한 것은 마음가짐입니다. 위기는 두려운 것이 아닌, 함께 성장하는 기회라는 것을 잊지 말아야 합니다.

위기 상황이 발생하면 반드시 기록해두세요. 어떤 상황이었는지, 어떻게 해결했는지, 앞으로는 어떻게 예방할 수 있을지. 이런 기록들이 모여 여러분만의 노하우가 됩니다. 교육 현장의 위기는 새로운 배움의 기회입니다. 때로는 실수하고, 때로는 부족할 수 있습니다. 하지만 그 과정에서 우리도 성장하고, 수강생들도 성장합니다. 진심을 다해 소통하면, 어떤 위기도 이겨낼 수 있습니다.

우리는 디지털튜터다

디지털 교육 현장의
전문가들이 전하는 성공 실전 가이드

당신의 지식을 수익으로 만드는 가장 확실한 방법

2부 디지털 튜터의 성장 스토리

CONTENTS

1. 강옥자_MKYU 문화센터 디지털튜터 3년동안 매주 강의하는 노하우 … 190
2. 곽연_디지털 리터러시 강사에서 생성형 AI 강사로 … 192
3. 권혁남_디지털 세상의 길잡이! 디지털튜터로 새로운 시작 … 194
4. 김귀랑_주부에서 디지털 튜터로: 나의 꿈을 향한 디지털 전환 … 196
5. 김근영_디지털튜터와 함께 멘토링 프로그램 … 197
6. 김미순_부동산 공인중개사 소장에서 꿈 성장을 돕는 디지털튜터로 … 199
7. 김미진 _시니어를 위한 디지털 교육 … 201
8. 김영미_꾸준함과 작은 도전으로 이뤄낸 디지털튜터로서의 행복한 삶 … 202
9. 김영숙_다양한 앱을 이용해서 해외여행 일정 계획 세우기 … 204
10. 김지은_디지털 튜터로서 배운 5가지 교훈 … 206
11. 박경순_챗GPT 기반 AI 강사와 디지털 튜터의 미래 전망 … 208
12. 박기화_디지털 튜터에서 챗gpt 강사로 성장하기 … 209
13. 박수영_디지털튜터의 하루: 소통과 나눔의 여정 … 212
14. 박재연_늦은 시작은 없다, 디지털 튜터로 사는 오늘 … 213

15. 박찬희_어르신 문해학당에서 디지털튜터의 꽃을 피우다　　　　214

16. 송선정_100세 시대 내 인생의 3번째 선택 디지털튜터　　　　215

17. 신귀숙_스터디 그룹 운영하기 같이 배우고 가치로운 디지털튜터　　　　217

18. 신미영_인생 리셋:디지털튜터와 함께하는 새로운 도전　　　　218

19. 오영진_디지털 바보가 디지털 튜터로, 함께 가는 디지털 세상　　　　220

20. 오정숙_시니어를 위한 디지털 튜터링의 첫걸음　　　　222

21. 용선영_부업으로 시작하는 디지털튜터　　　　223

22. 유미영_23년 중견기업 직장인에서 디지털튜터로전환기　　　　226

23. 윤성녀_인생 리부트, 디지털 튜터와 함께　　　　227

24. 이경란_디지털 세계로 한 발짝 : 튜터의 시작과 성장　　　　229

25. 이봉숙_디지털문맹에서 디지털튜터가 되기까지　　　　230

26. 이세연_만학의 열정으로 제2의 직업 디지털튜터가 되다!　　　　232

27. 이순영_카센터 아줌마에서 디지털튜터로 성장하기　　　　234

28. 이은영_디지털튜터가 되기까지의 여정　　　　237

29. 이은정_디지털 왕초보에서 디지털고수로 포지셔닝하기　　　　238

30. 이은주_퍼스널 브랜딩의 첫걸음, 포트폴리오 만들기　　　　240

31. 이은화_디지털튜터로 빠르게 성장하는 방법　　　　242

32.이정희_어쩌다 디지털, 어차피 디지털! 디지털 전사로 변신 중 244

33.이주현_디지털과 소명의 만남 246

34.이화선_사회복지사에서 디지털 튜터로의 새로운 도전 248

35.정계근_세번째 스무살을 준비하는 늦깍이 디지털튜터 249

36.정재영_제자리 걸음이 아닌 다음을 향한 발돋움 251

37.조경숙_디지털튜터, 나를 키우는 배움의 기술 253

38.최교빈_디지털 세상에서 자기 개발 255

39.최규연_안전제일주의 쫄보 직장인에서 디지털튜터로 : 도전과 성장의 여정 257

40.최영례_50대 새로운 시작, 디지털튜터 259

41.허수정_부업에서 직업으로 : 디지털 강사로 성공하는 법 262

42.홍희정_절망 끝에서 행복한 일상으로 265

1. 강옥자 _ MKYU 문화센터 디지털튜터 3년동안 매주 강의하는 노하우

> koj7729@naver.com
> 대표경력: 디지털 리터러시 전문강사/ AI 전자책 글쓰기 지도자
> 18년간의 디지털 교육 경험을 바탕으로 신중년 대상 실용적이고 효과적인 교육을 진행하는 문화센터, 한국생산성본부의 디지털교육 전문 강사입니다. 한국AI작가협회 이사, AI 활용 전자책 글쓰기 지도자로서 AI 기술을 융합해 쉽고 재미있게 디지털 콘텐츠 창작 활동을 하여 행복한 미래를 여는 디지털 리터러시 교육에 앞장서며, 배움과 교육을 통해 함께 성장하고 새로운 미래를 만들어가고 있습니다.

디지털 교육의 시대, 강의자는 단순한 지식 전달자가 아니라 학습자와 함께 성장하는 동반자가 되어야 합니다. 저는 지난 3년 동안 MKYU & 홈플러스문화센터에서 매주 디지털튜터로 활동하며 많은 시행착오를 겪었습니다. 그 과정을 통해 얻은 노하우를 신중년 세대의 여러분과 공유하고자 합니다. 누구나 쉽게 따라 할 수 있는 이 다섯 가지 노하우가 여러분의 강의 여정을 한층 더 풍성하게 만들어 줄 것입니다.

1. 시작은 친절한 소통에서: 관계 형성의 중요성

강의의 첫 단추는 강사와 수강생 간의 관계 형성입니다. 특히, 신중년 세대는 새로운 기술에 대한 두려움을 느끼는 경우가 많습니다. 이럴 때 강사의 첫인사가 친절하고 편안하면 신뢰감이 쌓입니다. 강의를 시작할 때 "오늘 새로운 것을 배우는 것이 조금 어렵게 느껴질 수 있지만, 우리 함께 해낼 수 있습니다"라는 말 한마디가 큰 힘이 됩니다.

수업 중에는 수강생의 성에 선생님을 붙여 불러주고, 질문에 성실히 답하며 작은 성취도 적극적으로 칭찬을 해드립니다. 이렇게 소통의 벽을 허물면 학습 참여도가 눈에 띄게 높아집니다.

2. 강의 자료는 언제든지 복습할 수 있는 환경

강의 자료는 언제든지 복습할 수 있는 환경으로 카페에 올려 드립니다. 또한 복잡한 내용보다 간결하고 핵심을 담은 것이 중요합니다. 저는 자료 제작시 &한 슬라이드, 한 메시지& 원칙을 고수합니다. 수강생이 한눈에 이해할 수 있도록 큰 글씨와 이미지, 아이콘을 적절히 활용하고, 불필요한 전문 용어는 최대한 배제합니다.

3. 수업내용은 눈 높이 학습, 원하시는 학습

수업내용은 실생활에 바로 활용할 수있는 사례를 중심으로 구성합니다.

원하시는 수업 즉 가계 경제에 도움이되는 2024년 현재 대구사랑상품권 할인 앱 &대구로페이& 7% 할인 충전, 전국 사용 가능한 &충전식 카드형 온누리상품권& 10% 할인 충전 수업을하여 충전하실때 실재로 할인 받고, 쓰실 때는 할인 받은것을 사용하시니 기분이 좋아지는 수업을 합니다. 또한 스마트폰 사진 편집 수업에는 가족사진을 예제로 사용하여 공감과 흥미를 동시에 끌어냅니다.

신중년 세대는 진심 어린 태도에 감동합니다. 문제 상황에서도 &우리 함께 해결해 봅시다. 될 때까지 제가 해결해 드리겠습니다&라고 말씀드립니다. 수강생과 협력하는 모습을 보이면, 수강생과의 신의와 유대감이 깊어집니다.

4. 수강생 관리: 꾸준한 피드백과 상장 수여

디지털튜터로 활동하며 깨달은 가장 큰 진리는 &학습은 과정&이라는 것입니다. 모든 수강생이 같은 속도로 배우는 것은 아닙니다. 저는 수업 후 간단한 피드백을 제공하며, 각 수강생의 학습 진도를 점검합니다. 개인적으로 도움이 필요한 수강생에게는 수업을 마치고도 맞춤형 조언을 해드립니다.

SNS나 카카오톡 오픈채팅방을 활용해 수강생들과 소통하며 질문을 받고, 작은 성취에도 &대단하십니다!& "천재십니다"라는 격려 메시지를 보냅니다. 성실하시고 탁월하신 수강생님께는 상장을 만들어 드렸습니다. 이러한 관심은 수강생의 자존감을 높이고 학습 동기를 강화합니다.

5. 배우는 자세로 성장하며 책 선물까지

디지털튜터는 가르치면서도 끊임없이 배워야합니다. 저는 새로운 도구와 강의 기법을 익히기 위해 ChatGPT 활용을 꾸준히 공부하여 전자책 동화작가가 되고, '신중년을 위한 세상에서 가장 쉬운 AI 가이드' 종이책을 공저로 집필하여 선물로 나누며 성장하고 있습니다. 특히, 우리나라를 인터넷 최고의 국가가 될 수 있도록 한 시대를 잘 살아주신 신중년님들의 삶의 노하우를 배운다는 자세와 신중년님들께 눈과 손이 되어 드릴 마음으로 친절하게 마음을 녹여내면 수강생 분들이 더 깊이 공감해 주신다는것을 알았습니다.

저의 경우, ChatGPT 활용이 처음에는 익숙하지 않았지만, 매주 새로운 시도를 반복하며 점점 더 나아졌습니다. 학습자와 함께 성장하는 모습을 보여주는 것이 디지털튜터로서의 중요한 역할이라고 생각하기 때문입니다.

마무리하며: 함께하는 성장이 목표입니다

디지털튜터는 단순히 지식을 전달하는 사람이 아니라 학습자와 함께 성장하고, 배움의 기쁨을 공유하는 동반자입니다. 이 다섯 가지 노하우는 비록 수강생 숫자는 비밀이지만 제가 지난 3년간 쉬지않고 계속 강의를 할 수 있게 된 원동력이자 직접 체득한 경험에서 나온 노하우입니다.

2. 곽연 _ 디지털 리터러시 강사에서 생성형 AI 강사로

yesyeoniyo@naver.com
대표경력: 챗GPT 생성형 AI 교육전문가 / [알기 쉬운 2025 AI 트렌드] 공저
디지털 세상의 가교 연쌤입니다. 이제 AI는 2025년을 앞두고 모두가 익혀야 할 필수 언어가 되었습니다. 현재 챗GPT 생성형 AI 교육전문가이자 <연하의서재> 대표로서 다양한 교육과 콘텐츠를 제공하며, 디지털과 AI가 낯설고 어려운 사람들도 쉽고 재미있게 배울 수 있도록 최선을 다하고 있습니다.

2021년 MKYU에 들어와서 놀랐습니다. 20대부터 컴퓨터를 접해 불편함을 모르고 사용하던 저와 달리 많은 분이 그렇지 않다는 것을 알았기 때문입니다. 북클럽 카르멘을 온라인으로 운영하며 2022년 디지털튜터 자격증을 취득하였고, 스마트폰 사용법이나 프로그램 활용 같은 기본적인 기술을 어렵게 느끼는 분들을 위해 디지털 리터러시 교육에 집중했습니다.

이때의 마음은 단순히 기술을 알려주는 것을 넘어, 디지털 환경에서 자신감을 가질 수 있도록 도와드리는 것이 제 역할이라 생각했습니다. 잘 알고 좋아하는 일을 하는 것이니 매일 행복했습니다. 수강생들이 익숙하지 않은 스마트폰을 자유롭게 다루고, 사진, 영상을 편집하여 가족들과 더 쉽게 소통하는 모습을 볼 때마다 제 일의 의미를 다시금 되새기곤 했습니다. 참, 잘 시작했구나!!

2023년에는 방송매체를 통해 ChatGPT를 접하게 되었습니다. 별명이 호기심천국이라 당장 가입하고 놀기 시작했습니다. 텍스트만으로 주고받던 대화에서 이미지, 음성, 영상 점점 확장되는 AI에 매료되었습니다. 그렇게 2년을 신나게 노는 동안 새로운 자격증이 만들어졌습니다. 때를 놓치지 않고 관련 자격증을 취득하였습니다.

덕분에 2024년은 디지털 강사를 넘어 생성형 AI 강사로서의 새로운 길을 걷게 되었습니다. ChatGPT를 중심으로 한 강의는 예상보다 훨씬 큰 반응을 얻었습니다. 기업 직원들에게는 업무에 활용할 수 있는 방법을, 농업 종사자들에게는 마케팅에 적용할 아이디어를, 클래식 애호가들에게는 창작의 도구로서 AI를 소개했습니다.

특히 기억에 남는 사례 중 하나는, AI에 회의적이었던 분이 "이게 과연 나에게 필요할까?"라고 망설이시다가, 강의를 들은 후 "이런 것도 가능하다니요!"라며 놀라셨을 때입니다. 이런 변화를 보는 것이 저에게 가장 큰 기쁨이었습니다. 스마트폰이 그랬듯이 AI 역시 많은 분이 두려움을 벗어나 일상생활에서 직접 활용하도록 해야겠다는 두 번째 마음이 생겼습니다.

무서운 속도로 성장한 생성형 AI는 이제 단순히 문서를 작성하고, 번역하고, 정보를 요약하는 것을 넘어 개인만의 비서를 만들 수 있는 GPT까지 나왔기에 그 열기는 어느 때보다 뜨겁습니다. 신체 일부가 된 스마트폰에 이어 인공지능이라는 필수 부속이 더 생겼습니다. 놀랍고 좋기도 하지만 겁나는 시대가 되었습니다.

2025년에는 AI 강사로서 사람들이 AI를 더 친근하게 받아들이고, 일상에 보탬이 되도록 하는 방법을 연구하고 있습니다. 또한 날로 심화하는 격차에 대한 고민을 통해 디지털 튜터의 미래는 AI튜터로 환승해야 가치가 유지된다고 생각했습니다. 그래서 새로운 교육 가치를 가진 디지털 강사들이 생성형 AI강사로 성장하는데 필요한 몇 가지 팁을 소개합니다.

1. 작은 기술부터 시작하기: 처음부터 복잡한 AI 도구를 배우기보다 대화 생성, 이미지 생성 등 간단한 AI 기능부터 활용하는 법을 배웁니다

2. 커뮤니티와의 연결: AI 기술은 빠르게 변화하기 때문에 관련 커뮤니티에서 최신 정보를 공유하고 서로 배우는 것이 중요합니다. 저는 2~3곳 가입하고 새로운 기술이 나올 때마다 배우고 있습니다. 무료, 유료를 떠나 필요한 교육은 무조건 듣습니다. 돈 들고 시간도 들지만 필수입니다.

3. 수강생의 피드백 반영: AI 수업이 끝나면 수강생의 피드백을 받아 무엇을 어려워하는지, 이해하지 못했다면 무엇이 문제인지 파악합니다. 이후 좀 더 간단하고 쉽게 강의안을 수정하고 피드백 받는 일을 반복합니다. 쉽지 않지만 실력향상에 큰 도움이 됩니다.

4. 끊임없는 학습: 매일 업데이트 되는 인공지능을 학습하는 시간이 필요합니다. 어제와 오늘, 그리고 내일이 달라지는 것이 현재 상황입니다. 그렇다고 날마다 쏟아져 나오는 모든 것을 배울 수는 없습니다. 다만 내가 중점적으로 강의하는 분야에 대해서는 지속적으로 학습하는 노력이 필요합니다.

5. 실생활에 도움 되는 콘텐츠 개발: "인공지능이 나하고 무슨 상관인데?" 하는 분들을 위해 다양한 연령대와 상황에 맞는 교육 콘텐츠를 만들어야 합니다. 실생활에 쓰일 수 없다면 무용지물입니다. 쉬운 것부터 전문 분야까지 단계별 학습 콘텐츠가 필요합니다.

6. AI 윤리와 책임 있는 사용 강조: 알고 있으면 득이 될 수 있지만, 모르면 나쁘게 이용당할 수 있습니다. AI 윤리와 책임성에 대한 교육을 꼭 해야 할 이유입니다. 지루하지 않고 재미있게 주변에서 일어난 일어났던 일을 예시로 사용합니다.

이상 개인적으로 필요하다고 생각되는 부분을 적었습니다. AI(인공지능)는 모르면 복잡하고 어려운 기술처럼 느껴질 수 있지만, 우리 일상에서 아주 유용하게 활용될 수 있는 멋진 도구입니다. 양날의 검인 AI를 사람들이 두려워하지 않고, 오히려 이를 통해 삶이 더 풍요로워지도록 돕는 역할을 하는 것이 디지털 튜터의 새로운 사명이라 생각합니다.

2022년 시작한 순간부터 매일 힘든 도전의 연속이지만, 그만큼 큰 기쁨과 보람을 느끼고 있습니다. 앞으로도 여러분들과 함께 배우고 성장하며, 디지털 리터러시에 이어 AI 리터러시 격차를 줄이는 일에 기여하는 멋진 디지털 튜터가 되겠습니다^^

3. 권혁남 _ 디지털 세상의 길잡이! 디지털튜터로 새로운 시작

kwon411@naver.com
대표경력 : 김포시, 카카오 임팩트 '우리 동네 단골 시장 프로젝트' / 사회복지관 등 기관강의
'따뜻한 디지털 교육' 철학을 가지고 있으며 강의 분야는 스마트폰 활용법, SNS 마케팅, 유튜브 콘텐츠 제작 등으로, 급변하는 디지털 환경에 발맞춰 끊임없이 새로운 강의를 개발하고 있습니다.

지하철에서 무언가를 열심히 배우시는 어르신 한 분을 본 적이 있습니다. 스마트폰을 들고 계셨는데, 카톡 이모티콘을 보내려다 실수로 다른 앱이 켜져서 당황하시는 모습이었죠. 옆에 앉아 있던 학생이 친절하게 알려드렸고, 어르신의 얼굴에 환한 미소가 번졌습니다. 그날 집으로 돌아오는 길, 오랫동안 생각에 잠겼습니다. 코로나로 MKYU 평생교육기관에서 디지털 공부를 하였던 제 지식이 누군가에게 도움이 될 수 있지 않을까? 특히 디지털 세상에서 혼자 힘들어하시는 어르신들에게 말이죠.

저는 스마트폰을 좋아하는 평범한 사람입니다. 덕분에 어렵게만 느껴지는 스마트폰 기능들을 조금 더 쉽게 이해하고, 주변 사람들에게 알려줄 수 있게 되었죠. 특히, 디지털 기기에 익숙하지 않은 어르신들을 보면서, 제가 가진 작은 지식이 큰 도움이 될 수 있겠다는 생각을 했습니다.

"스마트폰, 정말 어렵지 않아요!"
처음에는 어렵게 느껴지는 용어나 기능들을 어떻게 쉽게 설명해야 할지 고민이 많았습니다. 마치 외국어를 번역하듯, 어려운 기술 용어를 누구나 알 수 있는 일상적인 표현으로 바꾸려고 노력했죠. 그리고 여러 번의 시행착오 끝에, 어르신들도 금방 따라 할 수 있는 쉬운 방법들을 찾아냈습니다. 첫 수업은 홈플러스 문화센터에서 시작했습니다. [트로트보다 재미있는 스마트폰 교실] 강좌였습니다. "스마트폰은 단순히

전화만 하는 기기가 아니에요. 가족과 친구들과 소통하고, 새로운 세상을 경험할 수 있는 창문과 같아요."

강의를 듣는 어르신들은 처음에는 스마트폰을 어려워했지만, 시간이 지날수록 스마트폰 사용에 자신감을 얻고, 새로운 세상에 눈을 뜨는 모습을 보면서 큰 보람을 느낍니다. 어떤 분은 스마트폰으로 손주들과 영상 통화를 하면서 행복해하고, 또 다른 분은 온라인으로 강의를 듣고 새로운 취미를 찾기도 합니다.

수업은 교육생 눈높이에 맞게 쉬운 내용부터 차례대로 진행하였습니다.. 스마트폰을 켜고 끄는 것부터, 화면 밝기 조절하는 법까지. 어려운 IT 용어 대신 일상적인 표현을 써가며 설명했죠. "와이파이는 보이지 않는 인터넷 줄 이에요. 이 줄을 통해 우리 스마트폰이 세상과 연결되는 거예요."

시간이 지날수록 수강생들의 표정이 달라졌습니다. 손주와 영상통화에 성공한 날, 할머님들의 눈시울이 붉어졌죠. 유튜브로 좋아하는 가수의 노래를 찾아 듣게 되었다며 기뻐하시는 모습에 저도 덩달아 행복했습니다. "선생님, 덕분에 이제 손주들이랑 대화가 통해요. 요즘 애들 사는 세상을 조금은 알 것 같아." 이런 말씀을 들을 때마다 가슴이 뭉클해집니다.

디지털 튜터, 새로운 도전
디지털 튜터가 된 지 3년. 매일 새로운 것을 배웁니다. 때로는 제가 가르치는 입장이지만, 오히려 어르신들에게서 더 많은 것을 배우고 있죠. 인내심, 끈기, 그리고 배움에 대한 겸손한 자세를요.

앞으로도 계속해서 디지털 세상과 사람을 잇는 다리가 되고 싶습니다. 누군가에게는 복잡 하기만 한 스마트폰이, 세상과 소통하는 따뜻한 창문이 될 수 있도록. 그것이 제가 꿈꾸는 디지털 튜터로서의 작은 희망입니다. 이렇게 어르신들의 디지털 문맹을 해소하고, 그분들이 디지털 세상에서 더욱 풍요로운 삶을 살 수 있도록 돕는 일이 새로운 도전이 되었습니다. 디지털 튜터라는 직업을 통해 단순히 지식을 전달하는 것을 넘어, 어르신들의 삶에 작지만 의미 있는 변화를 가져다줄 수 있다는 사실에 큰 기쁨을 느낍니다.

앞으로의 꿈과 희망
앞으로 더 많은 사람들에게 디지털 세상을 쉽고 재미있게 알려주고 싶습니다. 특히, 디지털 소외 계층을 위한 맞춤형 교육 프로그램을 개발하고, 온라인 플랫폼을 활용하여 더 많은 사람들에게 접근하고 싶습니다. 또한, 디지털 튜터 커뮤니티를 만들어 서로의 경험을 공유하고 함께 성장하는 기회를 만들고 싶습니다.

4050세대 여러분, 디지털 세상은 어렵지 않습니다. 누구든지 스마트폰을 쉽고 재미있게 사용할 수 있습니다. 망설이지 마시고, 디지털 세상으로 함께 떠나보세요!

4. 김귀랑 _ 주부에서 디지털 튜터로: 나의 꿈을 향한 디지털 전환

kwirang@gmail.com
대표경력 : 대한노인회 스마트폰 활용 강사 / 홈플러스 문화센터 강사
디지털 활용 교육 전문가로 디지털 소외계층의 역량 강화를 돕고 있습니다. 스마트폰 활용, 키오스크, SNS 및 AI 콘텐츠 강의를 진행합니다. 중장년과 시니어를 위한 소통과 실습 중심 교육으로 디지털 세상에 자신감 있는 참여를 이끌어냅니다. 디지털 교육을 통해 즐겁게 소통하고 성장할 수 있도록 열정을 쏟으며, 새로운 배움과 도전을 이어가고 있습니다.

코로나19 팬데믹은 2020년 봄, 우리의 일상을 완전히 바꿔 놓았습니다. 두 아이를 키우는 주부로서 집에서 아이들을 돌보며 처음엔 감사함을 느꼈지만, 시간이 지나며 점점 큰 어려움과 불안을 마주하게 되었습니다. 특히, 둘째 아이를 출산하고 일을 그만둔 지 몇 년이 지난 상황에서 재취업의 문은 더욱 멀어 보였고, 경력 단절에 대한 고민은 저를 무기력하게 만들었습니다.

그러던 중, 김미경 강사의 미라클 모닝 '514챌린지' 영상을 접하게 되었습니다. 새벽 5시에 일어나 자기계발에 도전하는 이 챌린지는 제게 새로운 희망처럼 다가왔습니다. 2022년 1월 1일, 큰 결심을 하고 이 챌린지에 참여하게 되었습니다. 매일 새벽 5시에 일어나 강의를 듣고 책을 읽으며, 집 정리, 걷기, 시 필사 등 다양한 활동을 온라인 모임에서 함께 실천했습니다. 물론 모든 것을 완벽히 해내지는 못했지만, 함께하는 힘 덕분에 포기하지 않고 꾸준히 이어갈 수 있었습니다. 그 과정에서 제가 무엇을 좋아하고, 무엇을 해보고 싶은지 알아가는 소중한 시간을 가질 수 있었습니다.

챌린지를 통해 얻게 된 가장 큰 변화는 디지털 기술에 대한 관심이었습니다. 디지털에 대한 지식은 부족했지만, 배우고 싶은 열정이 생겨 '디지털 튜터' 1급과 2급 자격증 과정에 도전하기로 결심했습니다. 왕초보 수준에서 시작했지만, 챌린지 인증을 위해 익힌 인스타그램 활용과 디딤돌 온라인 커뮤니티를 통해 얻은 도움은 큰 힘이 되었습니다. 그 결과, 디지털 튜터 자격증을 모두 취득할 수 있었고, 이후에는 시험을 준비하는 분들을 위한 스터디 멘토로 활동하기도 했습니다.

처음에는 디지털이 낯설고 어렵게 느껴졌지만, 배우는 만큼 나눌 수 있다는 보람이 제게 큰 동기가 되었습니다. 줌을 활용한 강의 준비 과정에서는 스마트폰, 노트북, 줌 프로그램 등 다양한 디지털 기능을 익히며 자신감을 키울 수 있었습니다. 빠르게 변화하는 디지털 환경에 적응하기 위해 저는 스마트폰 활용 지도사 2급과 인공지능(AI) 콘텐츠 지도사 2급 자격증을 추가로 취득하며 지속적으로 학습해 왔습니다.

이 모든 변화는 혼자가 아니라 함께한 사람들이 있었기에 가능했습니다. 다양한 스터디와 커뮤니티, 한국디지털튜터협회 특강, 아카데미 참여 등을 통해 동기부여를 받고, 서로를 응원하며 한 걸음씩 나아갈 수 있었습니다.

2023년 3월, 대한노인회 광진구지회 스마트폰 교실에서 첫 강의를 시작으로, 가을학기에는 홈플러스 문화센터에서 중급반 스마트폰 교실을 맡게 되었습니다. 이렇게 1년 이상 꾸준히 디지털 교육활동을 이어가며, 점차 강사로서의 자신감을 얻었습니다. 2024년에는 서울디지털재단과 대치 평생학습관에서 소상공인과 시니어를 대상으로 한 디지털 교육에 참여하며, 활동 범위를 넓혀가고 있습니다.

강의를 하면서 자주 듣는 이야기 중 하나는 "배워도 자꾸 잊어버려요"와 같은 시니어분들의 어려움입니다. 그럴 때마다 저는 미소를 지으며 "괜찮습니다. 또 알려드릴게요"라고 말하며 반복적으로 안내해 드립니다. 한 번은 작은 자판과 시력이 안 좋아 휴대폰으로 문자보내기 어려움을 겪는 분께 음성으로 문자 작성하는 법을 알려드렸습니다. 처음엔 어색해하시던 그분이 연습을 통해 익숙해지시고, 나중에는 "매일 사용하고 있어요. 너무 고마워요"라고 말씀하셨을 때, 제 마음이 뿌듯하고 감사함으로 가득 찼습니다.

과거의 저 역시 디지털 초보였기에 시니어분들의 어려움을 깊이 공감할 수 있었습니다. 그래서 강의할 때마다 최대한 차근차근 설명하고, 쉽게 이해할 수 있도록 노력하고 있습니다. 강의 후 알려줘서 고맙다라는 말을 들을 때마다 제게 큰 힘이 되었고, 디지털 튜터로서, 디지털 강사 활동이 제 삶에 기쁨과 희망을 가져다준다는 것을 깨닫게 되었습니다.

경력단절과 코로나로 인해 무기력했던 주부의 삶에서 벗어나, 디지털을 배우고 가르치는 새로운 길을 찾은 지난 3년은 제 인생의 전환점이었습니다. 이 글이 저와 같은 고민을 가진 분들께 용기와 희망을 전해주길 바랍니다. 변화는 작은 도전에서 시작됩니다. 그리고 당신도 할 수 있습니다.

5. 김근영 _ 디지털 튜터와 함께 멘토링 프로그램

kmklyj0609@naver.com
대표경력: 디지털 크리에이터 전문가 / 인공지능 학습 데이터 전문가
누구나 쉽게 시작할 수 있는 디지털 교육 전문가입니다. 홈플러스, 당근 마켓, SNS 활용한 교육 제작 전문가이며, '찾아가는 당근 사장님 학교 프로젝트'를 통해 소상공인 비즈니스를 디지털 전환으로 돕고 실용적인 활용법을 전파하고 있습니다. "디지털 기술은 우리 일상에 자연스럽게 스며들어 있는 도구일 뿐입니다" 온라인 비즈니스의 새로운 가능성을 제시하고 있습니다.

우리 모두는 새로운 시작 앞에서 설렘과 두려움을 동시에 느낍니다. 특히 디지털 시대의 교육 현장에서 첫발을 내딛는 일은 더욱 그렇습니다. 처음 카메라 앞에 섰을 때의 긴장감, 온라인 플랫폼 사용에 대한 막연한 두려움, 수강생들과의 효과적인 소통에 대한 고민까지. 이 모든 것들이 여러분의 마음 한편에 자리 잡고 있을 것입니다. 하지만 걱정하지 마세요. 우리도 모두 그 길을 걸어왔고, 이제는 그 경험을 나눌 수 있는 위치에 서 있습니다. 현재 활발히 활동하고 있는 베테랑 디지털 튜터들이 여러분의 성장을 위해 모였습니다. 우리가 겪었던 시행착오와 그것을 극복한 노하우를 여러분에게 전해드리려고 합니다.

이 멘토링 프로그램은 12주 동안 진행됩니다. 처음 4주는 기초를 다지는 시간입니다. 카메라 앞에서 자연스럽게 말하는 법부터 시작합니다. 우리는 이것을 '카메라 친구 만들기'라고 부릅니다. 딱딱한 이론이 아닌, 실제 강의실에서 활용할 수 있는 실용적인 기술들을 배우게 됩니다. 온라인 강의 자료 만들기, 기본적인 영상 편집까지, 현장에서 꼭 필요한 기술들을 차근차근 익혀갑니다. 그다음 4주는 실전 연습 기간입니다. 이론과 기초를 배웠다면, 이제는 직접 해보는 시간입니다. 5분 미니 강의부터 시작해서 점차 시간을 늘려가며 실제 강의를 진행합니다. 이 과정에서 베테랑 튜터들의 꼼꼼한 피드백을 받게 됩니다. 수강생들의 참여를 이끌어내는 방법, 질문 대처법, 효과적인 콘텐츠 구성까지, 현장에서 바로 적용할 수 있는 실용적인 노하우를 전수받습니다.

마지막 4주는 전문가로 도약하기 위한 준비 기간입니다. 여러분만의 독특한 강의 스타일을 완성하고, 브랜드를 만들어갑니다. 수강생 모집 전략부터 커뮤니티 운영 노하우까지, 독립적인 디지털 튜터로 활동하는 데 필요한 모든 것을 배웁니다. 이 시기에는 실제 수강생을 대상으로 한 시범 강의도 진행하여, 현장감 있는 경험을 쌓게 됩니다. 우리 프로그램의 특별한 점은 1:1 맞춤형 멘토링입니다. 매주 정해진 시간에 베테랑 튜터와 1:1로 만나 그 주의 과제를 리뷰하고 피드백을 받습니다. 영상 촬영 기술부터 강의 내용 구성까지, 세세한 부분들을 꼼꼼히 점검받을 수 있습니다. 더불어 월 1회 진행되는 그룹 멘토링에서는 다양한 분야의 튜터들과 경험을 나누고 새로운 인사이트를 얻을 수 있습니다.

기술적인 부분도 걱정하지 마세요. 전문 테크니컬 매니저가 상주하며 장비 설정부터 프로그램 사용법까지 필요한 모든 지원을 제공합니다. 줌이나 구글 클래스룸 같은 기본적인 도구부터, 프리미어 프로 같은 전문 영상 편집 도구까지, 실무에 필요한 모든 디지털 도구 사용법을 배우게 됩니다. 프로그램 수료 후에도 우리의 동행은 계속됩니다. 정기적인 동문 모임, 워크숍, 콘퍼런스 등을 통해 계속해서 새로운 것을 배우고 네트워크를 확장할 수 있습니다. 24시간 열려 있는 온라인 커뮤니티에서는 언제든 선배 튜터들의 조언을 구할 수 있고, 최신 교육 트렌드와 노하우를 공유 받을 수 있습니다.

디지털 교육의 무한한 가능성을 함께 열어갈 여러분을 기다립니다. 체계적인 커리큘럼, 현장 중심의 실무 교육, 든든한 멘토 진과 함께라면, 여러분도 곧 자신감 넘치는 디지털 튜터로 성장할 수 있습니다. 새로운 도전을 시작하는 여러분의 첫걸음부터, 전문가로 성장하는 과정까지, 우리가 함께하겠습니다.

6. 김미순 _ 부동산 공인중개사 소장에서 꿈 성장을 돕는 디지털튜터로

> dhffp6740@naver.com
> 대표경력: 홈플러스 "트로트보다 재매있는 스마트폰 교실" 강의
> 현대를 살아가는 세대들이 디지털시대에 소외되지 않고 함께 성장할 수 있도록 4060세대에 "디지털문맹 해소에서 디지털튜터로의 성장"을 슬로건으로 꿈 성장을 돕고 싶은 작가입니다. 디지털튜터 1급, 2급 자격증을 취득하고, 블로그, 유튜브, 구글 활용법, 미리캔버스, 캔바 생성형 AI 과정을 수료하며 끊임없이 배우는 강사입니다.

현대를 살아가는 세대들이 디지털 시대에 소외되지 않고 함께 성장할수 있도록 "디지털문맹 해소에서 티지털튜터로의 성장" 을 슬로건으로 꿈 성장을 돕고 싶은 작가입니다.

2022년 MKYU 온라인 대학에서 514챌린지에 참여하면서 디지털 분야에 입문. 디지털튜터 1급,2급 자격증 취득. 블로그,유튜브, 구글 활용법,미리캔버스,캔바, 생성형 AI과정 수료, 한국디지털튜터협회 정회원. "스마트폰 교실"을 강의하면서 디지털튜터로 활동했습니다 유튜브 영상제작. AI활용, 줌 강의 등의 분야로 강의 확산을 준비중입니다.

꿈 성장을 돕는 디지털 튜터
디지털 시대의 변화는 교육의 패러다임을 바꾸고 있습니다. 코로나19 이후 비대면 교육이 일상이 되었으며, 디지털 기술을 활용한 교육은 이제 선택이 아닌 필수로 자리 잡았습니다. 이런 흐름 속에서 새로운 교육 방식으로 성장하고 있는 사람들이 있습니다. 바로 "디지털 튜터"입니다.

디지털 튜터는 각기 다른 삶의 여정을 가진 사람들이 도전과 성장을 통해 만들어가는 새로운 직업군입니다. 저 또한 이 여정에 동참하며 디지털 세계의 가능성을 발견하고, 이를 통해 삶의 새로운 방향을 모색하고 있습니다.

디지털 세상으로의 전환
10년 넘게 운영하던 부동산 사무소는 시장 침체로 거래가 줄면서 어려움을 겪고 있었습니다. 이 시점에 저는 디지털 세상을 들여다보게 되었습니다. 2022년 1월, MKYU 온라인 대학에 입학하고, 514챌린지라는 프로그램에 참여하면서 제 디지털 여정이 시작되었습니다.

514챌린지는 매월 1일부터 14일까지 새벽 5시에 일어나 강의를 듣고 자기 계발을 실천하는 프로그램입니다. 저는 이 루틴을 1년간 꾸준히 실천하며 디지털 세상을 조금씩 알아갔습니다. 낮에는 부동산 업무에 집중하고, 밤에는 디지털 학습에 몰두하느라 수면 부족에 시달리기도 했지만, 디지털 기술을 통해 업무 효율을 높일 수 있다는 기대감이 저를 움직이게 했습니다. 특히 챌린지 참가자들과의 단체 대화방은 소통과 정보 교환의 창구였고, 이곳에서 새로운 디지털 문화를 경험하며 빠르게 환경에 적응할 수 있었습니다.

디지털 역량 강화와 새로운 도전

저는 인스타그램과 제페토를 탐색하며 다양한 디지털 플랫폼을 체험했습니다. 그 과정에서 방치되었던 부동산 블로그와 유튜브를 돌아보며 제가 이미 디지털과 밀접하게 연결되어 있었음을 깨달았습니다. 하지만 바쁘다는 이유로 그 가능성을 간과했던 점을 후회하며, 디지털 기술의 활용도를 높이는 데 주력하기 시작했습니다. 2022년에는 디지털 튜터 2급 자격증을, 2023년에는 1급 자격증을 취득했습니다. MKYU에서 수익형 블로그, 메타버스, 파워포인트, 생성형 AI 등 다양한 과정을 수강하며 디지털 역량을 체계적으로 쌓았습니다.

가족인 동생과 올케도 함께 디지털 튜터 자격증 과정을 공부하며 서로를 응원하고 피드백을 주고받았습니다. 세 명 모두 자격증을 취득한 순간의 뿌듯함은 지금도 큰 힘이 됩니다. 이후에도 숏폼 영상 제작, 미리캔버스와 캔바, AI 활용 강의를 수강하며 지속적으로 역량을 강화했습니다. 디지털 세상의 재미와 편리함은 제게 더 큰 동기를 부여했습니다. 메타버스와 제페토 과정을 통해 아바타를 만들고 가상 세계를 탐험하며, 단순한 실수도 웃음으로 바꿀 수 있는 경험을 했습니다. 디지털은 저에게 즐거움이자 성장의 기회가 되었습니다.

디지털 튜터로서의 첫 발걸음

디지털 튜터 1급 자격증 취득 후, 저는 부산 홈플러스 문화센터에서 "트로트보다 재미있는 스마트폰 교실"이라는 강의를 시작했습니다. 이 강의를 통해 기술의 편리함을 더 많은 사람들에게 알리고, 그들의 삶에 긍정적인 변화를 일으키고자 했습니다. 제 강의는 단순한 기술 교육에 그치지 않았습니다. 디지털 세상을 처음 접하는 이들에게 자신감을 심어주고, 새로운 도전을 응원하며 함께 성장하는 기회가 되었습니다.

미래를 향한 도전과 목표

앞으로의 디지털 세상은 AI를 얼마나 잘 이해하고 활용하느냐에 따라 달라질 것입니다. 저는 디지털 문맹을 해소하고, 누구나 디지털 기술을 통해 성장할 수 있는 길을 열어주는 것을 목표로 삼고 있습니다. 스마트폰 활용, 유튜브 영상 제작, AI 기술 응용, 줌 강의 등 다양한 분야에서 전문성을 쌓아가며 쉽고 재미있는 교육을 제공하기 위해 노력하고 있습니다.

도전을 망설이고 있는 분들께 전하고 싶은 메시지가 있습니다. 다른 사람들보다 하루라도 빠른 선택만이 디지털 세상은 소비자가 아닌 생산자로서의 가능성을 열어줍니다. 저는 디지털 튜터로서 이 여정에 동참하고자 하는 모든 이들과 함께 성장하면서 꿈을 이루어 나가고 싶습니다. 디지털 세상에서 우리의 도전은 계속됩니다.

7. 김미진 _ 시니어를 위한 디지털 교육

2400mj@naver.com
대표경력: 광주광역시 광산구 더불어락 노인복지관 / 광산문화원 시니어 스마트폰 강사
다양한 연령과 경력을 가진 사람들에게 디지털 세계의 변화를 안내하고 그들이 성공적으로 나아갈 수 있도록 돕는 디지털튜터입니다. 특히 시니어 분들에게는 디지털 기술이 낯설 수 있기 때문에 친절하고 이해하기 쉽게 최선을 다하여 디지털 교육을 제공하고 있습니다.

용기 있는 변화가 삶을 풍요롭게 합니다
"무엇인가를 하고자 하는 사람은 방법을 찾아내고, 아무것도 하기 싫은 사람은 구실을 찾아낸다." 이 말은 우리에게 중요한 메시지를 줍니다. 변화와 도전이 필요한 순간, 그 차이는 우리의 선택에 달려 있습니다.

오늘날 우리의 일상에서 빼놓을 수 없는 교통수단 중 하나가 바로 택시입니다. IT 기술의 발전 덕분에 이제는 도로로 나가서 택시를 잡으려 애쓸 필요 없이, 스마트폰의 간단한 앱 하나로 손쉽게 택시를 호출할 수 있는 시대가 되었습니다. 하지만 안타깝게도, 많은 어르신들은 이러한 변화에 적응하지 못해 불편함을 겪고 계십니다.

어르신들이 겪는 불편함과 그 이유
우리 주변 어르신들 중 다수는 "택시를 잡을 수 없어 외출조차 어렵다"며 하소연하시곤 합니다. 스마트폰으로 동영상이나 카카오톡 같은 기능은 잘 사용하시면서도 택시 앱 설치나 사용은 주저하시는 경우가 많습니다. 이유를 여쭤보면 "앱 사용이 복잡해서 이해하기 어렵다"고 말씀하십니다.

몇 해 전, 같은 아파트에 사시는 80대 부부 어르신께서 병원에 가시려 도로에 나가 두 시간 동안 택시를 잡으려다 결국 포기하고 돌아오신 일이 있었습니다. 병원 예약 시간에 맞춰 가는 일이 점점 어려워지고, 자녀들에게 매번 도움을 요청하기도 미안하다는 말씀에 안타까움을 느꼈습니다.

작은 용기가 가져온 큰 변화

한 어르신께 직접 스마트폰에 택시 앱을 설치해드리고 사용법을 설명드린 적이 있습니다. 어르신은 몇 차례 실수를 하시면서도 차근차근 따라 하셨고, 처음으로 앱을 통해 택시를 호출하셨습니다. 성공적으로 택시를 이용하신 후 너무나 기뻐하시던 모습이 아직도 생생합니다. 지금은 자유롭게 택시 앱을 활용하시며 이전보다 훨씬 편안하게 외출을 즐기고 계십니다.

카카오T 사용, 어렵지 않아요!

카카오T 같은 택시 앱은 처음에는 생소하게 느껴질 수 있지만, 한 번 배우고 익히면 큰 변화를 가져올 수 있습니다. 앱 설치와 가입 방법, 출발지와 목적지 설정, 결제 수단 등록, 호출 및 취소 방법 등을 배우면 택시 이용이 훨씬 간편해집니다.

특히 카카오T는 호출 시 주변의 택시를 빠르게 연결해주며, 기사님의 연락처와 차량 번호도 확인할 수 있어 안심하고 이용할 수 있습니다. 혹시라도 중요한 물건을 두고 내렸을 때도 기사님과 바로 연락할 수 있어 분실 위험이 적습니다.

디지털 세대와 함께 가는 길

새로운 것을 배우는 데는 약간의 용기와 노력이 필요합니다. 하지만 그 과정을 통해 자신감을 얻고, 더 활기찬 생활을 할 수 있습니다. 우리 모두가 어르신들께 IT 문화를 소개하며 더 나은 삶을 함께 만들어가는 디지털 튜터가 될 수 있기를 기대합니다. 작은 시작은 큰 변화를 만듭니다

8. 김영미 _ 꾸준함과 작은 도전으로 이뤄낸 디지털튜터로서의 행복한 삶

k77ulaula1289@gmail.com
대표경력 : 디지털 교육 전문가 | 디지털 콘텐츠크리에이터
시니어대상 스마트폰 전문 교육 강사입니다. 스마트폰으로 캔바, 캡컷을 활용한 디지털 콘텐츠 제작 강의를 진행하고 있으며 AI기반 소상공인 1:1마케팅 코칭을 통해 실질적인 비즈니스 성장을 도우며 새로운 가치를 만들어가고 있습니다.

과거에는 상상도 못 했던 삶을 스스로 만들어가고 있습니다.시간적인 자유와, 경제적으로도 안정된 삶을 살고 있습니다. 저는 디지털 튜터입니다.

코로나 이후 물가는 계속 치솟았고, 남편의 월급은 제자리였습니다. 아이들 학원비와 생활비는 급격히 늘어났습니다. 돈 때문에 남편 눈치를 보고있는 것이 순간 너무 답답하게 느껴졌습니다. 내가 번 돈으로 눈치 보지 않고 마음껏 쓰고 싶었습니다.

MKYU 대학에 입학하면서 세상에는 배울 것이 정말 많다는 것을 깨달았습니다. 새로운 직업을 찾고 경제적 자유를 누리고 싶은 마음에 여러 강의를 결제하며 열심히 공부를 하기 시작했습니다. 시간이 지나면서 듣지 못한 강의가 쌓이고 경제적 부담도 늘어났습니다. "이번 강의가 마지막이야." 그렇게 다짐하던 중 '디지털 튜터'라는 새로운 직업을 알게 되었습니다. 강의를 들으며, "꼭 필요한 직업이 될 거야"라는 기대와 "내가 과연 강사가 될 수 있을까?"라는 두려움이 공존했습니다.

온라인 독서 모임에서 이름이 불리면 머릿속이 하얗게 변해 무슨 말을 해야 할지 몰랐던 내가 가능성을 찾기 위해 스스로에게 질문을 던지고 본격적으로 디지털 튜터 공부를 시작했습니다. 두려움을 극복하며 시험을 봤고, 강의 시연을 했습니다. 결과를 기다리던 중 디지털 튜터 협회에서 첫 기회를 얻었습니다. 홈플러스 스마트폰 교육 보조강사로 합격한 것입니다.

'우리 동네 단골시장' 소상공인 디지털 전환 프로젝트에 지원하면서 두 번째 기회를 얻었습니다. 소상공인들과 1대1로 코칭하는 것이 처음에는 두려웠지만, 점차 그분들의 성장을 돕는 과정에서 보람을 느꼈습니다.

2023년 말, 더 큰 도전을 향해 강단에 서기로 결심했습니다. 디지털 튜터 협회에서 모집한 봄 학기 홈플러스 스마트폰 교육 주 강사에 지원해 합격을 했습니다. 처음 강단에 선다는 부담은 떨림을 넘어 두려움으로 다가왔습니다.

강의 전까지 두려웠던 저에게 힘을 준 건 협회의 든든한 지원과 협회 안의 선배 튜터님들의 실질적인 조언 덕분이었습니다. 강의 시 적용하면 좋은 정보들을 아낌없이 공유해 주셨고, 강의 모습을 볼 수 있는 기회를 주신 덕분에 큰 두려움을 이겨낼 수 있었습니다.

한 달 동안 만든 50페이지 PPT 강의안이 삭제되는 난감한 상황에 처했지만, 다시 준비하며 자신감과 실력도 늘었습니다. 강의 전날, 자야하는 아이들을 앞혀 놓고 강의 시연을 하며 조언을 구하면서 연습했습니다.

첫 강단에 섰을 때, 목소리는 떨리고 심장은 튀어나올 듯 뛰던 기억이 아직도 생생합니다. 강의를 마치고 두려움이 희망과 용기로 바뀌었고, 자신감을 얻게 되었습니다. 도전하지 않았다면 계속 두려움에 떨고 있었을 겁니다. 그 이후 많은 기회가 찾아왔지만 머뭇거리며 여러 번의 기회를 놓쳤습니다. 두렵지만 도전했다면 조금 더 빨리 성장했을 것입니다 디지털 튜터로 활동한 지 2년. 저는 천천히 그러나 꾸준히 성장해 왔습니다. 강의 준비에 서툴렀던 내가 이제 다양한 프로젝트를 이끌며 스스로 가치를 증명하고 있습니다. 최근에는 디지털튜터 입문을 도와주신 존경하는 스승님께서 함께 하자는 제의를 주셨고, 용기를 내어 참여 하게 되었습니다. 더 이상 두려움에 밀려 기회를 놓치고 싶지 않았습니다. 지금 스승님들과 함께 어깨를 나란히 프로젝트를 진행하고 있는 것에 큰 자부심을 느끼고 있습니다.

두려움을 이겨내며 한 발씩 내딛던 과정을 거쳐 지금은, 원하는 시간에 일을 하면서 월 300만 원 이상의 수입을 만드는 경험을 하게 되었습니다. 매번 임무를 완수할 때마다 새로운 기회가 열렸고, 느리지만 꾸준한 노력으로 얻어낸 결과에 감사하고 있습니다. 앞으로 더 성장할 모습을 기대하며, 디지털튜터로서 가치 있고 행복한 삶을 살고 있습니다.

"디지털 시대는 준비된 자에게 무한한 기회를 제공합니다. 저도 했습니다. 여러분은 더 잘하실 수 있습니다. 할까 말까 고민 중이시라면 지금 바로 시작하세요."

9. 김영숙 _ 다양한 앱을 이용해서 해외여행 일정 계획 세우기

ygim42186@gmail.com
대표경력: 홈플러스 스마트폰 강의 경력2년
30여년 동안의 직장생활을 마치고 새롭게 디지털세상에 도전하게 되어 지금은 홈플러스에서 시니어분 대상으로 스마트폰 강사로 활동하고 있습니다. 시니어분들은 디지털 세상에 막연히 어렵다는 선입견을 갖고 계신데 디지털용어를 쉽게 알려드려서 즐겁게 배우실 수 있게 노력하는 강사입니다. 지금은 시니어분들이 국내 또는 해외여행을 스스로 계획을 세우셔서 패키지여행이 아닌 자유여행에 당당히 도전하실 수 있도록 도움을 드리려고 최선을 다 하고 있습니다

현대인들은 여행을 통해 힐링을 추구하는 시대에 살고 있습니다. 진정한 여행을 위해 패키지 투어에 의존하지 않고 스스로 계획하여 떠나는 여행을 꿈꾸지만, 실제로는 어떻게 계획해야 할지 몰라 망설이는 분들이 많습니다. 이 책은 바로 그런 분들을 위한 지침서입니다.

해외여행 계획 세우기
여행지, 여행 기간, 여행 일정은 AI 코파일럿 앱을 이용하여 계획합니다. 코파일럿 사용 방법: 플레이스토어에서 코파일럿 앱을 다운로드받습니다. '새 계정 만들기'를 클릭한 후, 전화번호 또는 구글 이메일 주소로 계정을 만듭니다. 구글 계정이 있는 경우 이를 이용해 로그인할 수 있습니다. 설치에 대한 자세한 설명은 유튜브 '행글라이터'를 참고하세요.

해외여행에 필요한 유튜브 정보 알아보기

해외여행을 준비하는 데 유튜브가 정말 유용할 수 있습니다. 다음은 추천 채널입니다:

- 트립 콤파니: 여행 팁, 여행 가이드, 여행 경험담
- 빠니보틀: 다양한 나라의 여행 정보와 경험 공유
- 게으른 완벽주의자: 여행 팁과 여행 준비에 필요한 정보 제공
- 바르셀로나 콤마: 여행 계획, 여행 팁, 여행 후기 제공
- 아재여행: 여행 경험담과 여행 팁 공유

이 채널들을 통해 다양한 여행 정보를 얻고, 여행 준비에 필요한 팁을 공유하세요.

항공권 검색 방법

스카이스캐너 앱을 이용합니다. 스카이스캐너 앱을 플레이스토어에서 다운로드 후 회원가입(이메일 주소와 비밀번호 입력)을 합니다. 홈페이지 상단 항공권 클릭 후 출발지와 도착지 입력합니다. 날짜와 인원 선택 후 클릭하면 비교할 수 있는 항공권이 뜹니다.

명소, 숙소, 식당, 카페 검색 방법 초보자를 위한 구글 검색 방법:

숙소, 음식점, 명소 찾는 방법: 구글맵 검색창에 가고자 하는 장소명 + 호텔(식당, 카페)를 입력합니다. 예: '이스탄불 호텔', '이스탄불 식당', '이스탄불 카페'. 이렇게 검색하면 해당 지역의 모든 호텔, 식당, 카페가 맵에 표시됩니다. 원하는 호텔(식당, 카페)를 클릭하면 왼쪽에 리뷰, 메뉴, 평점, 조회수를 확인할 수 있습니다.

장소명을 아는 경우 구글맵 검색 방법:

구글 검색창에 장소(호텔, 식당, 카페)를 입력하고, 위와 동일하게 검색합니다.

숙소 예약 방법

아고다, 부킹닷컴, 호텔스닷컴을 이용합니다. 해당 앱을 플레이스토어에서 다운로드 후 회원가입을 합니다. 구글맵 검색 후 아고다, 부킹닷컴, 호텔스닷컴 세 개 사이트를 비교하여 예약합니다. 각 사이트 상단 검색창에 호텔 이름과 인원수, 날짜를 입력 후 검색하면. 다양한 룸의 사진이 나오며, 그 중에서 마음에 드는 룸을 선택하여 예약합니다

식당 예약 방법

구글맵에서 식당 이름을 검색하면 좌측에 식당 정보와 함께 예약하기 옵션이 있습니다. 예약하기 클릭한 후 날짜, 인원수, 시간 입력 후 예약합니다.

캡컷으로 영상 편집 만들기

추억을 담은 예쁜 사진과 영상은 캡컷을 이용해 인생의 귀한 추억으로 만듭니다. 캡컷을 플레이스토어에서 다운로드합니다.

템플릿 이용하기: 하단 템플릿 클릭 후 마음에 드는 영상을 클릭. 영상 하단에 사진 개수만큼 갤러리에서 선택 후 추가를 누르면 영상이 만들어집니다.

새 프로젝트 기능 이용하기: 분할, 애니메이션, 텍스트, 오디오, 오버레이, 키프레임, 스티커 등을 이용해 원하는 영상을 만듭니다. 참고할 유튜브 채널로는 '디지털 거북이'가 있습니다.

체코 프라하 여행 계획 일정 공유하기 (5박 7일)

여행자 보험 가입 및 하나 트래블로그 카드 환전.

1일차: 인천국제공항 ~ 프라하 도착, 알폰스 부띠크 호텔 체크인.

2일차: 스트라호프 수도원 방문, 중식(수도원 양조장 레스토랑), 석식(프라하 포차), 카렐교, 올드타운 광장 야경, 호텔 귀가.

3일차: 불타바 강변, 나플라프카 파머스마켓, 중식(프라하 밥), 페트리진(우예즈트, 푸니쿨라), 카렐교, 구시가지 광장, 석식(Pork's, 꼴레뇨, 슈니첼, pizzeria Mikulka's 피자), 볼타바 강 유람선 야경(프라하 보트), 호텔 귀가.

4일차: 안델역 인근 나크니체치 버스 터미널, 체스키 크룸르프 도착, 중식(파파스 리빙 레스토랑, 피자리아 라트란: 피자, 파스타), 석식(프라하 맛집), 바츨라프광장 야경, 호텔 귀가.

5일차: 비셰흐라드 공원, 팔라디움 쇼핑, 중식(팔라디움 푸드코트: 화덕 피자), 알버트 쇼핑, 카페 프라하, 구시가지 광장, 석식(프라하 맛집), 올드타운 광장 카렐교 야경, 호텔 귀가.

6일차: 호텔 체크아웃, 프라하 공항 출발, 인천국제공항 도착.

"내 뜻대로, 내 맘대로 - 진정한 나만의 해외여행!" 이 책을 통해 여행을 계획하고 준비하는 데 필요한 모든 정보를 얻으시길 바랍니다. 즐거운 여행 되세요!

10. 김지은 _ 디지털 튜터로서 배운 5가지 교훈

"디지털로 긍정의 미래를 만드는 따뜻한 디지털 선도자"
다양한 연령대와 배경을 가진 학습자들에게 디지털 리터러시 교육을 제공하며, 특히 디지털 소외계층의 정보격차 해소에 큰 관심을 가지고 있습니다. '배움에는 나이가 없다'는 믿음으로 수강생 한 분 한 분의 눈높이에 맞춘 교육을 제공하며, 공감과 이해를 바탕으로 진행하려 노력합니다. 디지털 교육자로서의 진솔한 이야기와 실제 현장에서 얻은 귀중한 깨달음으로 후배양성에도 힘쓰고 있습니다.

디지털 튜터로 일하면서 많은 사람들을 만나고 귀한 경험과 기회를 얻었습니다. 컴퓨터와 스마트폰 활용이 너무 배우고 싶은데, 기초를 알려주는 곳은 드물어 배움을 갈망하신 많은 수강생분들의 배움의 열정과 웃으며 감동받았던 순간들이 떠오릅니다.

매번 신기해 하고, 재밌어 하시며 질문에 질문이 이어지고, 너무 많은 질문에 괜스레 미안해 하시는 모습을 보면서, 나도 배움을 놓지 않으리라 그리고 뜨겁게 살리라 다짐을 수 차례 했습니다. 그렇게 나 또한 배우는 시간들을 지나며, 특히 중요했던 5가지의 가치를 정리하여, 여러분에게 소개하고자 합니다.

첫째, 의심할 여지가 없는 자기개발의 필요성입니다. 디지털 기술은 눈부시게 빠르게 발전하고 있습니다. 새로운 도구를 찾아내고, 플랫폼을 파악하고, 최신 교육 동향을 따라잡기 위해서는 부단한 노력이 필요합니다. IT기술은 하루가 다르게 발전하기에, 학습을 멈추는 순간, 뒤처지게 됩니다.

둘째, 의사소통과 공감의 힘입니다. 디지털 강의는 온라인, 오프라인 수강생 둘 다 만날 수 있는 좋은 기회로 참 흥미로운 수업을 진행 할 수 있습니다. 대신, 온라인에서는 더 뛰어난 통신능력이 요구됩니다. 꼼꼼하고 자신감 있는 커뮤니케이션 능력이 필요하며, 수강생들의 반응을 살피고, 질문에 답하며, 그들의 입장에서 생각하는 능력과 존중이 필요합니다.

셋째, 좋은 콘텐츠 제작을 위해 노력해야 합니다. 디지털은 직접 참여하는 흥미있고 유익한 콘텐츠 제작이 무궁구진합니다. 강의 자료를 준비하고 수강생의 눈높이에 맞추어, 쉽게 이해할 수 있도록 강의 자료, 설명 등 끊임없는 연구와 발전을 필요로 합니다.

넷째, 협력과 네트워킹의 가치입니다. 디지털 튜터는 방대한 IT분야의 모든 것을 다 섭렵하기에는 무리가 있습니다. 각 분야의 전문가들과 협력하고, 동료 튜터들과 정보를 공유하며 함께 성장해야 합니다. 다양한 사람들과의 새로운 아이디어를 통해 서로의 장점을 배울 수 있습니다

다섯째, 자기 관리와 에너지 충전입니다. 디지털 튜터의 열정과 에너지가 컨텐츠의 질로 직결되기에, 자신을 잘 관리하는 것이 무엇보다 중요합니다. 자신이 곧 콘텐츠라고 할 수 있습니다. 규칙적인 생활 습관, 건강 관리, 스트레스 관리 등, 자기관리가 무엇보다 중요합니다. 리듬를 유지해야 좋은 강의를 할 수 있습니다.

디지털 튜터로서 이 5가지 교훈은 디지털 튜터로 성장하는 데 필요한 자산이 되기 위한 것입니다. 위 내용을 마음에 새기며, 디지털 교육을 선도하는 튜터로 최선을 다해 노력할 것입니다. 최신 기술을 활용하여 더 많은 가치를 지닌 교육을 제공하고, 디지털의 힘으로 세상에 긍정적인 영향을 미치고, 더 많은 사람들에게 도움이 되기를 진심으로 바랍니다.

11. 박경순 _ 챗GPT 기반 AI 강사와 디지털 튜터의 미래 전망

happing333@naver.com
대표경력: 경기디지털배움터 연계 한국장애인고용공단 경기발달장애인훈련센터 24회 출강
성남시 수정도서관 "2024 AI 디지털교육 페스티벌" 6회 출강 외 다수
챗GPT와 생성 AI 교육전문가로 현재 디지털튜터협회 정회원으로 활동중에 있다. 경기도 디지털배움터, 성남시 수정도서관, 한국장애인고용공단 경기발달장애인훈련센터에서 챗GPT 생성 AI 강사로 활동하며 다양한 AI 교육을 진행했다. 주요 강의로는 챗GPT를 활용한 업무 효율화, 데이터 분석, AI 아트 영상제작, 캡컷을 활용한 영상 편집 등 실생활과 업무에 바로 적용할 수 있는 실무적인 강의를 하고 있다.

최근 몇 년간 인공지능 기술은 급속도로 발전하며 교육 분야에도 큰 변화를 가져오고 있습니다. 특히 챗GPT와 같은 대화형 AI는 개인 맞춤형 학습 경험을 제공할 수 있는 가능성을 열어주고 있습니다.
이러한 변화는 앞으로의 교육 방식에 혁신적인 영향을 미칠 것으로 예상됩니다.

1. 개인화된 학습 경험

AI 강사는 학생 개개인의 학습 스타일과 진도를 분석하여 맞춤형 학습 자료를 제공할 수 있습니다. 예를 들어, 특정 과목에서 어려움을 겪고 있는 학생에게는 추가적인 연습 문제나 설명을 제공하고, 잘하는 과목에 대해서는 심화 학습을 제안할 수 있습니다. 이는 학생들이 자신의 속도에 맞춰 학습할 수 있도록 도와줍니다.

2. 접근성과 유연성

디지털 튜터는 언제 어디서나 접근할 수 있어, 학생들이 시간과 장소에 구애받지 않고 학습할 수 있는 환경을 제공합니다. 이는 특히 바쁜 일정을 가진 학생들에게 큰 장점이 됩니다. 또한, 다양한 언어와 문화적 배경을 가진 학생들에게도 동일한 교육 기회를 제공할 수 있습니다.

3. 지속적인 피드백과 평가

AI 기반 튜터는 실시간으로 학생의 이해도를 평가하고, 필요한 경우 즉각적인 피드백을 제공할 수 있습니다. 이러한 피드백은 학습 효과를 극대화하는 데 중요한 역할을 하며, 학생들이 자신의 발전 상황을 명확하게 파악할 수 있도록 돕습니다.

4. 교사의 역할 변화

AI 강사의 발전으로 인해 교사의 역할도 변화할 것입니다. 교사는 AI와 협력하여 학생들에게 더 깊이 있는 학습 경험을 제공하고, 감정적 지원이나 사회적 상호작용을 중심으로 한 교육에 집중할 수 있게 됩니다. AI

가 반복적이고 기계적인 과제를 처리함으로써 교사는 창의적이고 비판적인 사고를 촉진하는 활동에 더 많은 시간을 할애할 수 있습니다.

5. 윤리적 고려사항

AI 교육의 발전과 함께 윤리적 문제도 함께 고려해야 합니다. 데이터 프라이버시, 공정성, 그리고 AI의 편향성을 최소화하는 노력은 필수적입니다. 이러한 문제를 해결하기 위한 연구와 정책이 필요하며, 기술이 발전함에 따라 지속적인 논의가 필요할 것입니다.

결론

ChatGPT 기반 AI 강사와 디지털 튜터는 개인화된 학습 경험, 향상된 접근성, 실시간 피드백등을 제공함으로써 교육의 미래를 변화시킬 많은 잠재력을 가지고 있습니다. 이러한 기술은 학생들이 보다 효과적으로 학습하고, 더 다양한 학습자를 위한 포용적인 환경을 조성하는 데 도움이 될 수 있습니다. 그러나 이러한 발전이 긍정적인 변화를 주도하려면 데이터 개인 정보 보호, 공정성, 편견 최소화와 같은 윤리적 고려 사항을 해결하는 것이 중요합니다. 지속적인 연구, 정책 개발, AI와 기존 교육자 간의 협력을 통해 교육의 미래는 더욱 영향력이 커져 학생들에게 더 다양한 내용의 학습 경험을 제공할 것으로 기대됩니다.

12. 박기화 _ 디지털 튜터에서 챗gpt 강사로 성장하기

> 20년간 학생들을 가르친 경험을 바탕으로, 스마트폰 사용이 어려운 시니어를 돕기 위해 디지털 튜터로 활동을 시작했습니다. 챗GPT 발표 후, 호기심으로 시작한 학습이 불타는 열정으로 이어져 현재는 생성형 AI 챗GPT 전문 강사로 활발히 활동 중입니다. 현재 디지털 튜터 정회원, 디지털 융합교육원 지도교수 및 강원지회장, 한국강사사교육진흥원 연구위원 으로 활동하며 공공기관, 기업체, 학교 등에서 AI 챗GPT를 실습 중심으로 강의하고 있습니다. 하루 한 시간 이상 AI 공부와 독서를 이어가며, 개인 성장과 더불어 주변에도 희망과 변화를 전하고 있습니다.

"청춘이란 인생의 어떤 한 시기가 아니라 마음가짐을 뜻한다." 사무엘 울만, 청춘-멈춤과 시작: 삶의 진화

삶은 끊임없이 변화하며, 저는 강의실에서부터 골프장, 디지털 세계에 이르기까지 스스로를 다시 정의하며 새 길을 개척해 왔습니다. 이 과정은 성장뿐 아니라 삶의 목적과 의미를 재발견하는 여정이기도 했습니다. 이러한 변화 속에서 저는 단순히 성공적인 경력을 쌓는 데 그치지 않고, 더 깊은 내적 성장을 이루는 데 초점을 맞췄습니다.

저는 변화의 여정을 통해 얻은 교훈을 바탕으로, 어떻게 일상의 선택들이 더 큰 변화를 이끌 수 있는지에 대해 깊이 고민해 왔습니다. 이러한 고민은 제가 단순히 관찰자로 머무르지 않고, 스스로 행동하는 사람으로 변화하도록 이끌었습니다.

교육자로서의 첫걸음

15년 동안 공부방을 운영하며 수많은 아이들의 꿈을 키우는 데 힘썼습니다. 그 아이들은 제 삶의 원동력이자, 제가 교육자로서의 역할에 헌신하도록 만든 이유였습니다. 그들이 작은 목표를 이루고, 자신의 가능성을 발견해 나가는 모습을 보며 보람을 느꼈습니다.

하지만 어느 순간, 저는 스스로에게 질문했습니다. "나는 정말 내가 원하는 삶을 살고 있는가?" 이 질문은 단순한 고민이 아니었습니다. 이는 제 삶의 방향을 재설정하게 만드는 중요한 계기가 되었고, 나아가 제 자신을 다시 탐구하는 여정을 시작하도록 이끌었습니다. 이 여정을 통해, 저는 교육이 단순히 지식을 전달하는 것에 그치지 않고, 사람들에게 새로운 가능성을 열어주는 과정임을 깨달았습니다. 이러한 깨달음은 저를 더욱 성장하도록 이끌었습니다.

변화를 향한 용기

안정 속에서도 "더 나아가야 한다"는 작은 목소리가 계속해서 저를 일깨웠습니다. 이 목소리는 저의 내면에서 나오는 진솔한 바람이었으며, 더 큰 도전과 성장을 선택하도록 이끌었습니다. 이 깨달음은 제가 스스로를 뛰어넘는 용기를 가지게 했습니다. 변화는 항상 쉬운 것이 아니었습니다. 때로는 두려움이 저를 압도하기도 했습니다. 하지만 제가 가진 작은 목소리는 저를 앞으로 나아가게 하는 원동력이 되었습니다. 이는 단순히 새로운 기술을 배우는 것 이상의 도전이었으며, 삶의 목적을 재발견하는 과정이었습니다.

디지털 세상과의 만남

남편과 아들의 따뜻한 지지를 받으며, 저는 디지털 교육과 인공지능(AI)이라는 새로운 분야에 도전했습니다. 챗GPT는 단순히 기술 이상의 의미를 지녔습니다. 이는 저에게 새로운 가능성을 열어 주었고, 이를 통해 강사로서의 가능성을 더욱 확장할 수 있었습니다. 디지털 교육은 단순히 학습 도구를 익히는 것이 아니라, 사람들에게 미래의 기회를 열어주는 강력한 수단임을 깨달았습니다. 이를 통해 저는 학교와 도서관, 기업체에서 배운 것을 나누며 사람들에게 영감을 주는 일을 하고 있습니다. 저의 강의는 지식을 전달하는 자리일 뿐만 아니라, 삶을 변화시키는 계기를 제공합니다.

"Let's Lee": 배우고, 즐기고, 버는 삶

제가 추구하는 삶은 "배우고, 즐기고, 버는 인생"입니다. 이 모토는 저를 더 나은 방향으로 이끄는 중요한 원동력이 되었습니다. 챗gpt 강사, 인공지능AI 투닝공인강사, 디지털 융합교육원 강원 지회장, 지역아동센터 운영위원, 디지털 융합 교육원 지도교수로서의 활동은 저에게 큰 의미를 주었으며, 이러한 역할을 통해 사람들과의 연결을 더욱 강화할 수 있었습니다. 특히 챗GPT와 같은 AI 기술을 활용한 강의는 저와 참가자 모두에게 새로운 가능성을 열어주었습니다. 강의는 단순히 정보 전달의 장을 넘어서, 사람들이 스스로 성장할 수 있는 기회를 제공하는 시간이기도 합니다. 이를 통해 저는 스스로 더 깊이 성장할 수 있었습니다.

사무엘 울만의 "청춘"
제가 가장 좋아하는 시 "청춘"은 나이가 아닌 열정과 도전이 진정한 청춘의 본질임을 일깨워줍니다. 이 시는 제가 삶을 바라보는 방식을 완전히 바꾸어 놓았습니다. 청춘은 단순히 젊은 시절이 아니라, 마음속 깊은 곳에서 느껴지는 열정의 상태임을 알게 되었습니다.

저는 이 시를 통해 새로운 기술을 배우고, 강연을 통해 사람들과 소통하며, 제 이야기를 나눌 수 있다는 사실에 감사하고 있습니다. 이러한 과정은 저에게 단순히 성취감 이상의 의미를 주었으며, 삶의 본질에 대해 깊이 생각할 수 있는 기회를 제공했습니다.

강사로서의 소명
삶에서 늦은 출발이란 없습니다. 새로운 시작은 언제나 가능하며, 자신의 가능성을 믿고 도전하도록 돕는 것이 제 목표입니다. 저의 강연은 희망과 깨달음을 전하는 자리이며, 제가 경험한 변화와 성장의 이야기를 공유하는 기회이기도 합니다.

저는 강연을 통해 사람들이 자신의 가능성을 발견하고, 스스로를 뛰어넘을 수 있도록 돕고자 합니다. 이러한 과정은 저에게도 배움의 기회를 제공하며, 강연 참가자들과 함께 성장할 수 있는 소중한 시간이 됩니다.

당신의 청춘을 다시 쓰십시오
저는 과거의 저를 미워했던 어린 소녀에서, 지금은 사랑하는 나 자신으로 성장했습니다. 챗GPT와 디지털 교육이라는 도전을 통해 새로운 활력을 찾았습니다. 이러한 변화는 단순히 저 자신에게만 국한되지 않고, 주변 사람들에게도 긍정적인 영향을 미치고 있습니다.

삶은 우리가 선택하는 방향으로 변화합니다. 저는 Let's Lee라는 모토 아래, "배움과 즐거움, 그리고 성취"를 향한 여정을 계속하고자 합니다. 이 여정은 단순히 저를 위한 것이 아니라, 함께 성장할 수 있는 사람들에게도 영향을 미치기를 바랍니다.

지금 이 순간, 새로운 시작을 준비하세요. 청춘은 여전히 우리의 것입니다.

13. 박수영 _ 디지털튜터의 하루: 소통과 나눔의 여정

> 6971sky@hanmail.net
> 대표경력 : 복지관 디지털문해 강의 / 평생학습관, 주민센터 스마트폰 활용 강의 다수
> 주민센터, 복지관, 평생학습관, 야학, 홈플러스 문화센터 등 다양한 교육 기관에서 성인 대상으로 디지털 문해 및 스마트폰 활용 수업을 활발히 진행하고 있습니다. 풍부한 경험을 바탕으로, 세심한 배려와 친절함을 잃지 않는 열정적인 강의로 많은 수강생들에게 큰 호응을 얻고 있습니다.

디지털 시대에 디지털 튜터는 모든 세대가 기술에 쉽게 접근할 수 있도록 돕는 중요한 역할을 합니다. MKYU 디지털 튜터 자격증을 취득한 후, 홈플러스, 복지관, 주민센터 등에서 시니어를 대상으로 수업을 진행하며 바쁜 나날을 보내고 있습니다. 디지털 튜터로서의 하루는 준비, 실행, 그리고 성찰로 가득 차 있습니다.

아침: 준비의 시작

하루는 강의를 준비하며 시작됩니다. 각 강의마다 준비해야 할 내용이 조금씩 다르기 때문에, 오늘 다룰 주제를 확인하고 학습자들의 필요와 수준을 고려한 맞춤형 강의 자료를 만듭니다. 강의 내용은 주로 디지털 기기 사용법, 일상생활에 유용한 앱 활용법, 안전한 인터넷 사용법 등 실생활에 적용 가능한 것들로 구성됩니다. 특히 시니어들이 쉽게 이해할 수 있도록 직관적이고 간단한 설명과 시각 자료를 준비합니다.

오전: 강의와 소통

학생들이 강의 장소에 도착하면 밝은 분위기로 인사를 나누며 수업을 시작합니다. 시니어들은 처음에는 디지털 기기에 대해 막연한 두려움과 거리감을 느끼지만, 수업이 진행될수록 질문과 웃음이 늘어납니다. "어제 처음으로 택시를 불러서 집에 갔어요!"와 같은 작은 성취를 자랑하거나, 간단한 활동인 "사진 찍기"를 성공하며 환하게 웃는 모습을 볼 때, 디지털 튜터로서의 보람을 깊이 느낍니다. 수업은 실습 중심으로 진행되며, 학습자들이 직접 경험을 통해 배울 수 있도록 돕습니다.

오후: 개별 상담과 심화 학습

점심 식사 후에는 학습자들의 개별 디지털 고민을 해결하는 시간이 이어집니다. 스마트폰 비밀번호를 잊어버리거나 앱 다운로드에 어려움을 겪는 등의 다양한 문제에 대해 상담하고 해결책을 제공합니다. 어떤 분은 가족과 더 자주 소통하고 싶어 메시지 앱 사용법을 배우고 싶어 하시고, 또 어떤 분은 사진을 정리해 가족과 공유하는 것을 목표로 삼으십니다. 개개인의 필요를 충족시키는 맞춤형 지원은 강의만큼이나 중요합니다.

저녁: 하루의 마무리와 성찰

강의를 마치고 집에 돌아오면, 하루 동안 진행한 강의 내용을 돌아봅니다. 효과적이었던 점과 부족했던 점을 평가하며 이를 기록으로 남깁니다. 또한, 다음 날 강의를 준비하는 시간도 가집니다. 디지털 튜터로서의 하루는 단순히 기술을 가르치는 것을 넘어, 세대 간 소통의 다리를 놓는 과정입니다.

디지털 튜터는 단순히 새로운 기술을 전하는 사람이 아니라, 삶을 풍요롭게 만드는 방법을 함께 발견하는 동반자입니다. 시니어들이 디지털 세계와 연결되며 새로운 가능성을 발견하고 삶에 활력을 되찾는 모습을 볼 때마다 디지털 튜터로서의 역할을 더 깊이 느끼게 됩니다. 오늘도 이러한 작은 변화를 만들어가는 여정에 감사하며, 내일을 준비합니다. 디지털 튜터의 하루는 디지털 기술이 사람들을 더 가깝게 연결하는 도구가 될 수 있음을 보여줍니다. 이 책이 디지털 튜터의 가치를 널리 알리고, 더 많은 이들에게 영감을 주길 바랍니다.

14. 박재연 _ 늦은 시작은 없다, 디지털 튜터로 사는 오늘

jypark0310@naver.com
디지털 교육 전문가이자 세대 간 디지털 소통을 이어가는 교육자입니다. 20년간 은행원 경력과 시각장애인 낭독봉사 경험을 바탕으로 디지털 교육을 제공합니다. 한국디지털강사협회 정회원으로, '천천히, 함께하는 디지털 동행'이라는 슬로건으로 어르신 디지털 교육을 실천합니다.

20년 동안의 은행 생활을 뒤로 하고 새로운 삶을 시작했습니다. 육아와 교육에 전념하며 평범한 엄마로 지내다가, 어느덧 아이들이 자라고 인생 후반을 준비하면서 새로운 도전을 꿈꾸게 됐어요. 시각장애인 도서관에서 시작한 도서 녹음 봉사가 그 첫걸음이었습니다. 4년간의 낭독 봉사는 제게 특별한 의미가 되었어요. 다양한 연령대의 사람들을 만나며 깨달았습니다. 소통의 방식은 달라도, 진심은 통한다는 것을요.

코로나19가 우리 모두의 삶을 바꿔놓았습니다. PC와 스마트폰으로 모든 것을 해결해야 하는 비대면 시대를 맞아 온라인 교육에 관심을 갖게 됐고, 그러다 '디지털튜터'라는 새로운 직업을 알게 됐어요. 두 번째 서른을 맞이한 예순의 나이에 시작한 디지털튜터는 제게 새로운 인생의 전환점이 되었습니다. 처음에는 저도 배우는 입장이었어요. 유튜브로 새로운 기능을 익히고, 온라인 강의를 들으며 한 걸음씩 나아갔습니다. 때로는 실수도 하고 좌절도 했지만, 배움의 과정 자체가 새로운 즐거움이 됐어요.

우연히 들른 경로당에서 만난 어르신들의 이야기가 새로운 확신을 주었습니다. "손주들도 귀찮아하는데 우리가 어떻게 배워?"라는 한 할머니의 말씀이 제 마음에 와닿았어요. 은행에서의 고객 상담 경험과 낭독봉사에서 배운 소통 방식이 큰 자산이 되리라 믿었습니다. 저도 처음엔 카톡 프로필 바꾸기조차 어려웠던 사람이었기에, 그분들의 걱정이 더 깊이 공감되었어요.

시니어 디지털 교육에서 가장 중요한 것은 '공감'과 '인내'입니다. '천천히, 함께하는 디지털 동행'이라는 슬로건으로 수업을 준비해요. 수업 전에는 반드시 예상 질문을 정리하고, 실수하기 쉬운 부분들을 체크합니다. 스마트폰 설정이나 인터넷 뱅킹처럼 생소한 기능은 단계별로 나누어 설명하고, 반복 학습을 통해 자신감을 키워드리는 것이 핵심이에요. 각자의 속도와 눈높이에 맞추다 보니, 어르신들의 표정이 밝아지는 게 느껴졌습니다.

작은 성공의 순간들이 하나둘 쌓여갔습니다. 카카오톡으로 자녀들과 대화하고, 네이버로 맛집을 검색하고, 유튜브로 좋아하는 드라마를 보시는 모습까지. 특히 손주와의 영상통화에 감격하시던 할머니, 온라인 뱅킹으로 처음 공과금을 납부하고 뿌듯해하시던 어르신의 모습에서 디지털 교육의 진정한 가치를 발견했어요.

더불어 성장하는 기쁨도 컸습니다. 매주 새로운 교육 자료를 준비하며 저도 끊임없이 공부했어요. AI 챗봇부터 간편결제까지, 시대의 변화에 뒤처지지 않으려 노력했습니다. 낭독봉사를 통해 익힌 차분한 목소리와 꼼꼼한 설명은 교육 현장에서 큰 강점이 되었어요.

2025년 지금, 저의 도전은 현재진행형입니다. 한국디지털강사협회에서 만난 동료들과 경험을 나누며 함께 성장하고 있습니다. 전업주부에서 낭독봉사자로, 그리고 이제는 디지털튜터로. 나이는 단순한 숫자일 뿐, 새로운 시작에는 때가 없다는 걸 매일 깨닫습니다. 디지털 기술이 세대를 잇는 따뜻한 다리가 되길 바라며, 오늘도 배움과 나눔의 기쁨을 전하고 있습니다

15. 박찬희 _ 어르신 문해학당에서 디지털튜터의 꽃을 피우다

pinse@naver.com
대표경력: 푸르미행복나눔센터 디지털 문해 교사 / 안양시 지속가능발전협의회 SDG's 홍보 강사
디지털 튜터라는 직업이 아직은 생소하지만, 꼭 필요한 세대인 어르신을 대상으로, 문해학당에서 디지털 교육을 실시하고 있습니다. 아직 한글도 서투신 어르신들에게 스마트폰 교육을 하면서 힘든 점도 많지만, 가족처럼 때로는 친구처럼 천천히 걸어가고 있습니다. 부담 없이 문을 두드릴 수 있는 준비된 강사 박찬희입니다

디지털 시대에 적응하기 힘들어하시는 어르신들을 위해 헌신적인 노력을 기울이고 있는 디지털 튜터입니다. 어르신들이 한글을 읽고 쓰는 능력을 향상시키고, 일상생활에서 필요한 기초적인 문해력을 높이는 것을 목표로 한글 문해학당에서 교육을 하고 있습니다. 어르신 문해학당은 주로 고령자들을 대상으로 하여 한글을 읽고 쓰는 능력을 향상시키기 위해 운영됩니다. 어르신들이 일상생활에서 필요한 기초적인 문장과 글을 이해하고 활용할 수 있도록 돕는 것을 목표로 합니다.

이러한 학당에서는 친구들과의 사회적 상호작용을 통해 배움의 즐거움을 느낄 수 있도록 다양한 수업이 제공되며, 특히 디지털 문해교육이 주목받고 있습니다. 디지털 문해교육에서는 스마트폰의 기본 사용법부터 시작하여, 와이파이 연결, 문자 설정, 기본 설정, 앱 설치 및 삭제 방법, 자주 사용하는 앱 소개, 전화와 메시지, 카메라, 인터넷 사용법 등을 다룹니다. 어르신들이 스마트폰을 쉽게 사용하고 디지털 세상에 더 잘 적응할 수 있도록 돕기 위해 개인정보 보호 및 온라인 안전 교육도 진행됩니다.

이러한 교육을 통해 어르신들은 더 많은 정보에 접근하고, 본인들의 생각과 감정을 표현할 수 있는 기회를 가지게 됩니다. 프로그램의 실습 중심 교육은 어르신들이 직접 스마트폰을 사용해보는 기회를 제공하고, 일상적인 상황에 맞춘 시나리오를 통해 연습할 수 있도록 돕습니다. 또한, 질문과 답변 시간을 충분히 가지어 궁금증을 해소하며, 개인적인 문제 해결을 위한 상담 시간도 제공합니다.

녹록하지 않았던 어린 시절에도 불구하고 교사의 꿈을 포기하지 않았고, 이제는 어르신 문해학당의 디지털 튜터로서 활약하고 있습니다. 디지털 튜터를 꿈꾸는 여러분! 사회복지에 관심이 많고 어르신들과 잘 지낼 수 있는 유쾌하고 밝은 성격을 가지고 계신다면 꼭 도전해보시라고 권장합니다.

16. 송선정 _ 100세시대 내 인생의 3번째 선택 디지털튜터

suny5443@naver.com
대표경력 : 스마트폰 활용, AI, 디지털 리터러시 기관강의 160건
누구나 행복한 디지털 세상을 경험할 수 있도록 돕는 교육 전문가. 홈플러스 문화센터 중계점을 시작으로 서울에서 디지털 교육 강사로 활동하고 있다. 정신건강사회복지사로 활동한 경험을 바탕으로 수강생들의 욕구와 어려움을 민감하게 파악하고 지원할 수 있으며, 스마트폰과 SNS 활용, 컴퓨터 기초, AI 웹툰 투닝 강의 등을 주요 강의 분야로 삼고 있다.

첫번째 선택. 나는 경영학 재무회계를 전공했다. 공부하는 동안 나름 재미도 있었고 그 시절 흔히들 했던 것처럼 그냥 성적과 사회적 필요에 맞춘 선택이었다. 그래서인지 졸업 후 잠시 관련 회사에서 근무한 경험이 있었지만 생각만큼 일의 성격이 나와 맞지 않았고, 이후 교육회사에 들어가 아이들을 가르치는 일을 하다가 결혼 후 큰아이를 출산하고 2005년 남편을 따라 북경으로 가게 되면서 자연스럽게 경단녀(경력단절여성)가 되었다.

타국에서 외로운 시간을 보내는 동안 아이들을 케어 하는데 집중하고 7-8년 후 귀국하게 되면 다시 일 할 수 있도록 틈틈이 공부를 해야겠다고 마음먹었다. 이후 지인의 권유로 사이버대학 3학년에 편입하여 사회복지학을 이수했고 졸업 후 자격증을 취득했다. 드디어 2011년 귀국 후 정신재활시설에서 사회복지사로서 일 할 수 있었다.

이윤추구와 효율성을 최고로 여기는 경영학에서 인간존엄성과 사회정의를 우선시하는 사회복지로의 전향은 내게 삶의 관점을 바꿔주는 큰 변화였고 충격이었다. 지역사회 사회복지사로서 근무한 8년3개월이란 시간은 클라이언트가 겪고 있는 어려움과 욕구를 민감하게 파악하고 건강하게 사회에 잘 적응할 수 있도록 지원할 수 있었던 소중한 경험이었다.

2020년 무렵 근무하던 기관이 문을 닫게 되면서 퇴직을 하게 되었고, 코로나19로 아이들이 학교에 등원하지 못하고 가정에서 온라인수업을 하게 되었다. 또한 둘째 아이는 운동 중 부상으로 6년간의 운동선수로서의 생활을 정리하게 되는 등 많은 일들이 한꺼번에 몰려왔다. 그동안 경주마처럼 앞만 바라보며 달려온 시간들을 잠시 멈추고 칩거하며 나를 돌아보는 시간을 가져야했다.

코로나와 번아웃으로 인해 모든 것이 멈췄던 시간! 칩거한지 1년쯤 지났을까? 어느 날 문득 시간이 아깝다! 라는 생각이 스쳤다. 우연히 유튜브에서 MKYU 광고를 보며 공부나 해볼까 라는 생각에 접속했던 사이트에서 딱김따라는 프로그램을 따라 나를 들여다보며 내가 잘할 수 있거나 좋아할 수 있는 일이 무엇일지 탐색하게 되었다. 나는 프로그램 기획과 진행을 했던 경험이 있고, 이렇게 디지털환경이 급변하는 시대에 어려움을 겪고 있는 분들께 도움이 될 수 있는 일이라면 나도 잘 할 수 있지 않을까? 라는 생각을 했다.

디지털활용능력은 이 시대에 꼭 필요한 능력이라는 생각이 들었다. 세종대왕이 백성들이 문맹으로 인해 겪고 있는 부조리한 상황을 바꾸고자 한글을 창제해 세상을 변화시켰던 것처럼 이 시대에는 디지털 문맹으로 인해 차별받을 수 있는 사회적 약자들이 발생할 수 있고 내가 조금이라도 기여할 수 있다면 좋겠다 라는 생각을 하게 되었다. "그래. 디지털튜터가 되어보자!" 그날 이후 나는 디지털튜터 자격과정을 공부하며 동료들과 스터디도 하고 필요한 역량을 차곡차곡 쌓아 나갔다.

그러던 중 디지털튜터 자격시험에 합격 후 처음으로 홈플러스 문화센터에 보조강사로 출강하게 되었다. 주강사가 아닌 보조강사를 선택했던 이유는 막상 두려움이 앞섰다. 디지털이란 비전공분야를 강의해야 한다는 부담감과 그동안의 공백으로 인해 위축된 마음이 컸다.

그러나 막상 현장에 가서 보조강사로서 경험을 쌓고 보니 나도 잘 할 수 있겠구나 라는 용기가 생겼다. 그 다음학기부터 주강사로 강의를 시작했고 이후 당근사장님학교, 디지털 배움터, 인공지능 웹툰 투닝 등을 지원하여 활동하며 계속해서 내게 주어진 상황과 속도에 맞춰 성장해 나가고 있다.

디지털튜터가 된 이후 지금까지 2년간 지속해서 강의를 수강하고 있는 시니어분이 있다. 처음에는 TV홈쇼핑을 이용해 물건을 구입할 때 모바일(온라인) 쇼핑을 이용하지 못하니 20% 할인율을 적용 받지 못해 화가 난다고 이야기를 하셨던 분이었다.

2년 남짓 꾸준히 강의를 수강하고 복습한 덕분인지 현재는 쿠팡을 능숙하게 이용하는 쇼핑 마니아가 되었고 해외 직구는 물론 모바일을 이용해 해외여행 여행사 예약부터 공항 티켓팅, 현지에서 필요한 지도, 환전앱 사용법 등을 능숙하게 다루는 엄청난 성장과 변화가 있었다. "선생님을 만나고서 삶이 엄청나게 변화되었어요." 라고 말씀하시며 환하게 웃으시는 수강생의 모습을 볼 때면 나는 디지털튜터로서 보람을 느낀다.

17. 신귀숙 _ 스터디 그룹 운영하기. 같이 배우고 가치로운 디지털튜터

gs.gsshin@gmail.com
대표경력 : 디지털튜터로서 모바일 교육부터 시니어 디지털 지원 / 디지털배움터 강의 / AI웹툰 수업까지 폭넓은 교육 경험을 쌓았습니다. 2024년에는 한국창의재단의 스마트교과서 사업을 위해 중학교에서 근무하며 전문성을 더했습니다. 다양한 연령층을 대상으로 한 디지털 교육 경험을 통해 문제해결능력을 입증했으며, 수업 현장의 여러 변수에도 안정적으로 대처할 수 있는 전문 디지털 교육자로 거듭나고 있습니다.

디지털 세상을 피할 수 없다면 즐기자는 마음가짐으로 디지털 공부를 시작했습니다. 처음엔 이 어려운 공부를 얼마나 더 해야 할지 걱정스러웠지만, 다행히 뜻을 같이하는 그룹원들을 만나 함께 성장하며 이제는 디지털 튜터로 강의까지 하고 있습니다.

때로는 학생들이 수업을 무시하고 제 앞에서 게임을 하며 "선생님, 이게 더 재미있어요!"라고 말할 때면 무력감을 느끼기도 했습니다. 하지만 관점을 바꿔 '배움과 수입, 경력 개발'이라는 일석삼조의 기회를 잡고 있다고 생각하니 마음이 달라졌습니다. 이 모든 것이 가능했던 이유는 스터디그룹에서 함께 성장했기 때문입니다.

학습은 인생에서 가장 풍요로운 경험 중 하나이며, 나이의 제한이 없습니다. 어떤 교실에 들어가도 다양한 연령대의 학습자들을 만날 수 있습니다. 지적 호기심에 가득찬 긍정의 눈빛을 보여준 십대들, 중년층의 새로운 기술 추구의 이글거리는 열정, 그리고 시니어들의 식지 않는 깊은 탐구 의지가 공존합니다.

디지털 공부를 본격적으로 시작하면 대부분 큰 도전에 직면합니다. 생소한 용어와 복잡한 이론은 큰 장벽이 됩니다. 배운 내용을 쉽게 잊어버리고, 다른 사람들과 비교하며 열등감을 느끼기도 합니다. 이런 순간, 우리는 좌절하거나 건강을 해치기도 합니다. 새로운 기술을 따라잡기 위해 상상을 초월하는 노력을 기울이며, 때로는 자신을 책망하고 실망하기도 합니다. 그럼에도 포기하지 않는 이유는 함께하는 그룹원들 덕분입니다.

제 개인적인 경험을 나누자면, 다양한 경력과 국제적 경험 속에서 때로는 홀로 있다고 느끼기도 했습니다. 하지만 스터디그룹을 통해 국경과 세대를 넘어선 학습의 기회를 얻었습니다. 여러나라 국적과 문화적 배경의 사람들과 함께 언어나 기술을 학습하며 어려움을 극복해왔습니다.

디지털의 세계에 첫발을 내딛었을 때, 엑셀 수식은 저에게 외계어 같았습니다. 결혼 초기부터 나에게 딱 필요한 가계부를 만들고 싶었지만, 마땅한 양식을 찾지 못해 고민하던 중 배우고 있던 엑셀 기술을 활용해 직접 만들어보기로 했습니다.

그렇게 시작한 나만의 가계부. 처음엔 허접했지만, 해마다 조금씩 업그레이드를 거듭해 10년 넘게 사용하고 있습니다. 최근 스터디그룹에서 다시 엑셀을 공부하면서, 그동안 혼자 힘으로 고군분투했던 시간들을 새삼 돌아보게 되었습니다. 함께 배우는 과정에서 실력이 빠르게 향상되는 것을 보니, 과거의 힘들었던 노력들이 오히려 값진 밑거름이 되었음을 깨달았습니다.

새로운 기술을 익히는 핵심은 반복 학습, 일상에서의 적용, 그리고 같은 목표를 가진 사람들과의 연결입니다. 혼자 가면 빨리 갈 수 있지만, 함께 가면 멀리 갈 수 있습니다. 디지털 학습도 마찬가지입니다.

18. 신미영 _ 인생 리셋:디지털튜터와 함께하는 새로운 도전

dudaltls22@hanmail.net
대표경력 : 2021-2023년 홈플러스 문화센터 초/중급 스마트폰 활용 / 생성형 AI콘텐츠 활용지도사/ 캔바 디지털 에듀테이너
　디지털 미로 속 길잡이로, 최신 트랜드 AI 콘텐츠의 무한 가능성을 탐험하며 SNS 마케팅과 1인 미디어의 연구를 끊임없이 도전하는 융합 콘텐츠 디지털튜터 허브샘입니다. 스마트폰 하나로 시작된 여정은 이제 손안의 작은 스튜디오를 넘어 초현실적인 매직 스튜디오로 발전 최첨단 교육 프로젝트에 여정은 앞으로도 계속 될 것입니다.

1. 인생의 터닝 포인트

몇 번의 변곡점을 거친 후 가치관, 목표, 방향성에 전환이 필요할 때 쯤 시니어 디지털 교육의 가교, 디지털 인생 리셋 동반자로 거듭나기 위한 만남이 세계적인 사건 코로나로 인해 주어진 운명처럼 다가왔습니다. 운동을 가르치는 트레이너, 체육관을 운영하는 관장, 매장을 관리하는 1인 대표, 부동산 중개업의 실장을 뒤로하고 사회복지사, 요양보호사 등 치매예방 교육강사와 여러 부문에 시니어 교육 프로그램을 진행해 오면서 시니어 디지털 교육의 가교 역할로 중요성이 새삼 나의 목표로 대두 되었습니다.

그후 시니어들의 디지털 신세계 가이드로 스마트폰, 컴퓨터, 인터넷 등 디지털 기기 사용법을 가르쳐 온라인 세상으로 연결 될 수 있도록 하였습니다. 다양한 시니어 프로젝트와 콘텐츠를 최대한 활용하여 자신감을 가지고 디지털 세상의 주인공들이 될 수 있도록 하였습니다. 단순히 기술을 배우는 것에 그치지 않고 정보 공유의 소통의 장이 열릴 수 있도록 하였습니다.

2. 설레임의 시작: 맨땅에 헤딩

MKYU 수석장학생, MKYU 파트너스의 인연으로 시작된 20 AGAIN. 인생 2막, 제 2의 도전으로 제일 열악하고 취약한 디지털 분야에 입문하고 홈플러스에서 강의를 드디어 시작했습니다. 우당탕 쿵탕, 좌충우돌 처음엔 모든 것이 어리버리 혼란스럽고 막막했습니다. 스마트폰으로 영상을 찍는 것조차 어색했던 제가 어떻게 디지털 세상의 선생님이 될 수 있었을까요? 그 용기있는 첫 걸음은 인생의 터닝 포인트가 되어 저에게 값진 선물을 선사했습니다.

디지털튜터의 첫걸음: 홈플러스 문화센터에서의 첫 강의

수강생 모집을 위한 쉽지 않았던 전단지 작업을 시작으로 첫 걸음을 뗀 후 스마트폰 하나로 시작된 변화는 무궁무진한 신세계를 경험하게 했지만 실수투성이 첫 영상 제작 과정, 좌충우돌 온라인 강의 플랫폼 도전기는 지금 생각만 해도 배시시 웃음이 나오고 곤혹을 치르며 흘렸던 식은 땀은 구슬이 되어 또 하나의 부캐를 만들어 꿰어 놓게 되었습니다.

터지지 않는 와이파이, 천차만별 핸드폰 기종, 고르지 못한 수강생들의 능력치 등 때때로 찾아오는 강의 시간의 위기는 바로 기회가 되어 나를 성장시켰고 실시간 강의 중 벌어진 해프닝은 켜켜이 쌓아가는 나의 브랜딩을 촉진하는 기억의 창고가 되었습니다. 수강생들과 함께 커뮤니티를 형성해 새로운 정보와 예습, 복습을 티칭하며 SNS에서 새로운 가능성도 찾게 되었습니다.

"처음 강의를 시작했을 때, 갑자기 와이파이가 끊겼어요. 당황스러웠지만, 가벼운 율동과 신나는 노래를 부른 후 핫스팟을 이용하여 다시 수업을 진행하니 수강생들이 오히려 즐겁고 재미있었다고 하며 응원해주셨죠. 그때 깨달았어요. 디지털튜터는 가르치는 사람이 아니고, 함께 배우고 성장하는 동반자라는 것을…"

3.내 손안의 작은 스튜디오

손으로 뚝딱! 차별화된 콘텐츠 전략과 스마트폰으로 만드는 프로급 영상 제작은 퀄리티가 높아 마법을 부리는 것 같았고 홈 오피스를 꾸며 나만의 아지트를 만드는 쏠쏠한 재미도 느껴 실시간 소통으로 핵인싸까지 될 수 있는 강점이 되었습니다. 덕분에 텐션도 올리고 최첨단 장비에 풀세팅하고 내 개성 듬뿍 담은 나만의 방송국을 갖은 느낌이었고 끊임없는 도전은 마치 레벨 업 게임하는 듯하여 성취감도 얻을수 있었습니다. 강의, 프로젝트 등 온라인 커뮤니티의 즐거움을 느끼며 새롭고 트랜드한 정보의 도전이 계속 되어졌습니다. AI의 다양한 활용법과 튜닝, 코딩까지 끊임없는 자기계발로 평생 열정 교육의 여정이 계속 되었던겁니다.

"이제는 스마트폰 하나로 세상과 소통하는 것이 자연스러워졌습니다. 매일 새로운 것을 배우고, 공유하면서 느끼는 설렘과 보람이 제 삶을 더욱 풍요롭게 만들어주고 있었고 디지털튜터로서의 여정 제 인생의 새로운 챕터를 열어주었던 소중한 시간이였습니다"

에필로그: 디지털튜터의 길은 새로운 기술을 배우고, 변화에 적응하는 능력이 직업적 성공의 중요한 요소가 될 것 입니다. 끝없는 도전의 연속이지만, 그만큼 성장의 기회로 가득합니다. 여러분도 저와 함께 이 새로운 여정을 시작해보시지 않겠습니까?

19. 오영진 _ 디지털 바보가 디지털 튜터로, 함께 가는 디지털 세상

jini508@hanmail.net
대표 경력: 디지털배움터 매탄2동 행정복지센터 강의
경력 단절을 딛고 디지털 강사로 제2의 삶을 시작한 작가는 10년간의 대민 업무 경험과 시니어의 니즈를 빠르게 이해하는 세심함을 강점으로, 디지털 격차 해소에 힘쓰고 있습니다. 다정하고 친절한 태도로 초보 학습자들에게 용기와 자신감을 전하며, 배우고 나누는 기쁨으로 변화와 성장을 돕는 데 최선을 다하고 있습니다.

경력단절로 집안일과 아이들 학업을 돌보며 지내던 어느 날, 디지털 기술이 점점 일상 속으로 스며드는 것을 보며 스스로 시대에 뒤처지는 듯한 불안감이 밀려왔다. 단순히 컴퓨터와 스마트폰을 사용하는 것만으로는 부족하다는 걸 느끼며, 변화가 필요하다는 결심을 했다. "안되겠다, 일단 해보자!"라는 마음으로 용기를 내어 디지털 배움의 첫걸음을 내디뎠다. 첫 도전은 모바일 디지털 튜터 2급 자격증 취득이었다. 어디서부터 시작해야 할지 막막했지만, 하나씩 배우며 새로운 세상에 발을 들였다.

배움의 속도는 느렸지만, 과정 속에서 설렘과 자신감을 얻었다. 마중물처럼 자격증을 따고나니 디지털 기기와 인터넷을 활용한 교육을 해볼 수 있다는 작은 확신이 생겼고, 더 깊이 있는 배움으로 나아가보자 결심했다. 이후 모바일 디지털 튜터 1급 자격증에 도전하며 강사로서 필요한 실질적인 이론과 실기를 익혔다. 이어 캔바 1급 강사 자격증 과정에서는 디자인 툴의 마법 같은 가능성에 매료되었다. 간단한 템플릿과 도구를 활용해 누구나 손쉽게 디자인을 완성할 수 있다는 점을 발견했고, 이를 통해 더 많은 사람들에게 실질적인 도움을 줄 수 있다는 확신을 가지게 되었다.

배움이 쌓일수록 새로운 도전도 이어졌다. SNS 마케팅 전문가 자격증과 ITQ 한글 자격증을 취득하며, 디지털 세상에서 자신을 알리고 배움을 나누는 새로운 도구들을 배웠다. 마음이 급해서 하루가 바빴다. 시간을 쪼개서 학습 과정에서는 인터넷 강의와 자료를 반복해서 보며 체크리스트를 작성해 하나씩 목표를 이루는 성취감을 느꼈다. 디지털 튜터 협회 활동과 자원봉사에 참여하며, 배운 지식을 나누는 일의 기쁨을 알게 되었다. 디지털 기기를 어렵게만 느끼던 사람들을 돕는 일에서 큰 보람을 느꼈다. 특히 시니어 교육생들과 함께하며 일상이 변화하는 모습을 직접 경험했다.

카카오톡 수업 중, 한 교육생이 "선물하기" 기능을 배워 자녀에게 초콜릿 선물을 보내고 아들에게 감동의 전화를 받았다는 이야기를 들었을 때, 디지털이 단순히 기술을 넘어서 가족 간의 소통과 사랑을 전하는 도구가 될 수 있음을 느꼈다. 또 다른 교육생은 여름에 택시를 부르지 못해 땀을 흘리며 기다리던 날을 떠올리며, "카카오 택시" 앱을 배운 덕분에 이제는 편하게 택시를 부를 수 있게 되었다며 고마움을 전했다. "한낮의 무더위 속에서 그늘도 없는 길가에 서 있던 일이 언제였나 싶어요!"라는 말에 뿌듯함이 차올랐다.

키오스크 사용법을 배우지 못해 커피 한 잔 주문하기도 어려웠던 교육생이 친구들에게 키오스크로 커피를 주문해 "내가 한턱 쏜다!"며 자신감을 보였다는 이야기는 나에게 큰 감동을 줬다. 단순히 버튼을 누르는 기술을 배운 것이 아니라, 배운 기술을 통해 일상이 바뀌고 즐거움을 찾은 순간이었다.

지금은 시니어들의 디지털 격차를 줄이는 데 앞장서고 있다. 어렵게 느껴졌던 문제를 해결한 교육생들이 보여주는 감사와 성취감에서 큰 보람을 느낀다. 단순히 가르치는 것을 넘어 함께 성장하는 기쁨도 경험하고 있다. 무턱대고 시작했던 여정은 결코 쉽지 않았지만, 그만큼 의미 있었다. 사회인이 된 자녀가 "엄마 덕분에 우리 또래보다 디지털 기술을 더 잘 이해하게 됐다"는 말을 해줬을 때, 내가 한 노력이 가족에게도 긍정적인 영향을 미쳤다는 사실을 깨달았다.

디지털 바보에서 디지털 튜터로 거듭난 지금, 함께 가는 디지털 세상을 만들어가는 데 작은 힘을 보태고 있다. 배우고 나누는 기쁨은 내 삶을 더욱 풍요롭게 만들어줬고, 앞으로도 계속 새로운 도전에 나설 용기를 주고 있다.

20. 오정숙 _ 시니어를 위한 디지털 튜터링의 첫걸음

egi04@naver.com
대표 경력: 카카오 단골시장 디지털튜터 / 부산지역 행정복지센터 강의
AI 콘텐츠와 시니어 스마트폰 강사로, 한국디지털튜터협회 회원인 저자는 최신 기술을 활용해 시니어 학습자들에게 실질적 가치를 전달합니다. 소상공인 마케팅 경력을 바탕으로 다양한 배경의 사람들과 소통하며, 끊임없는 호기심으로 1인 미디어 분야의 혁신적 교육을 제공합니다. 복잡한 디지털 시대에 유연하게 대응하는 따뜻한 멘토로, 학습자들에게 통합적 시각과 실용적 기술을 전수하며 성장을 돕고 있습니다.

디지털 시대의 물결이 교육 현장을 빠르게 변화시키고 있습니다. 이제 우리 4050 세대도 이 변화에 적극적으로 참여해야 할 때입니다. 코로나19 이후 비대면 교육이 일상이 되면서, 디지털 기술을 활용한 교육은 선택이 아닌 필수가 되었습니다. 이런 흐름 속에서 저는 '디지털 튜터'로서 첫걸음을 내디뎠습니다.

디지털 튜터로서의 첫걸음

처음 시작할 때는 두려움과 걱정이 가득했습니다. "내가 잘할 수 있을까?", "디지털 네이티브 세대와 경쟁할 수 있을까?" 하는 불안이 제 머리를 떠나지 않았습니다. 하지만, 그 과정에서 우리 4050 세대만의 강점인 풍부한 경험과 공감 능력을 활용할 수 있다는 것을 깨달았습니다.

부산 홈플러스에서 스마트폰 기초반 수업을 진행하며, 복잡한 디지털 개념을 쉽게 설명하기 위해 시니어들의 눈높이에 맞춘 비유와 예시를 사용했습니다. 그 결과, 수강생들이 디지털 세계에 대한 두려움을 극복하고 자신감을 얻는 모습을 보며 큰 보람을 느꼈습니다.

성장과 도전의 발걸음

정부 일자리 사업의 일환으로 디지털 배움터 서포터즈 활동을 시작했습니다. 20명 이상의 시니어들의 궁금증을 해소하며, 스마트폰이 친구가 되도록 돕는 과정에서 반복되는 질문들을 공감과 이해로 해결했습니다. "디지털 환경에 얼마나 노출되었느냐가 중요하다"는 메시지를 전달하며, 시니어분들에게도 가능성이 가득하다는 긍정적인 에너지를 나눴습니다.

부산 지역 행정복지센터에서 강의를 하며, 디지털 정보 격차 해소를 위한 지역 사회의 열정을 직접 체험했습니다. 시니어분들의 뜨거운 열정에 보답하기 위해, 제가 손수 제작한 강의 자료와 SNS 소통을 통해 제 역량을 최대한 발휘했습니다. 이 과정에서 "디지털 튜터가 되길 잘했다"는 생각을 다시 한 번 하게 되었습니다.

디지털 튜터로서의 경험은 저에게 큰 자신감을 심어주었습니다. 단순히 스마트폰 사용법을 가르치는 것 이상으로, 시니어들이 디지털 세상에서 즐겁고 의미 있는 삶을 살 수 있도록 돕고 싶습니다. 앞으로는 온라인 커뮤니티 활동, 디지털 창업, 1인 미디어 제작 등 새로운 도전을 응원하고 지원하는 것이 제 목표입니다.

우리 4050 세대가 가진 경험과 지혜는 디지털 시대에서도 큰 자산이 됩니다. 두려워하지 마세요. 작은 첫걸음이 큰 변화를 이끌어낼 수 있습니다. 함께 배우고 성장하며, 디지털 시대의 주인공이 되어 봅시다.

21. 용선영 _ 부업으로 시작하는 디지털튜터

ysyvision@naver.com
대표경력 : 서울 디지털 재단 위촉 소상공인 교육 2년 / 생성형 AI 활용 브랜딩 교육 100건 이상
AI 브랜딩 및 디지털 플랫폼 교육 전문가로, 한국 디지털튜터 협회 공인 강사입니다. 서울시 디지털 재단 디지털 강사와 카카오 우리동네 단골시장 디지털 튜터로서 소상공인을 대상으로 디지털 도구와 브랜딩 및 AI 역량 강화를 위한 맞춤형 교육을 제공하며, 투닝 AI 진로 교육 지도자로 어린이와 청소년에게 진로 및 직업 교육을 합니다. 주요 자격으로는 AI 프롬프트 활용능력 2급 등, 소상공인 AI 활용부문에서 2023년을 빛낸 강사상을 수상했습니다.

디지털 기술과 생성형 AI 기술의 발전에 따라 인간의 삶은 더 편리해질 수 있지만 직업의 변화도 가져옵니다. 과거 산업 혁명 이후 마차가 자동차로 대체되며 사라지는 직업 그리고 새로 생겨나는 직업을 하나의 예로 설명할 수 있는데요, 현재 AI 기술은 고강도 단순 반복 작업과 같은 직업을 대체하고 있고, 반면 AI 기술을 잘 활용하거나 관련 전문 기술을 발전시키고 연구하는 직업은 미래 유망한 직업으로 자리 잡을 거예요! 그렇다면 앞으로 사라질 직업이 아닌 새로운 기회가 될 직업 중 하나가 바로 '디지털 튜터'가 아닐까요?

디지털 튜터를 간단히 정의하면,
스마트폰, 태블릿 같은 디지털 기기의 기본적인 사용법부터 SNS 활용, AI 활용, 디지털 콘텐츠 제작 등 다양한 기술을 가르치는 사람입니다.

디지털 튜터로 성장하기 위해서는,
바로 직업으로 전환하기보다는 "부업으로 시작하여 자신의 실력과 이력을 충분히 쌓아가면서 도전하라" 말씀드리고 싶어요. 저 역시 부업으로 디지털 튜터를 시작해서, 디지털 기술을 교육하는 디지털 튜터 그리고 AI 브랜딩을 교육하는 전문 강사로 성장할 수 있었습니다.

코로나19 이후 직장을 그만두고 새로운 직업을 찾고자 하던 저의 마음은 복잡했습니다! 두 아이를 키우는 엄마로서 가장 잘할 수 있는 것이 아이들을 가르치는 공부방이었고, 공부방을 운영하고자 많은 공부를 했던 것 같아요. 그 중에 하나가 디지털 플랫폼 및 디지털 도구를 활용하는 것이었죠! 온라인에서 검색되는 공부방으로 만들고자 맨땅에 헤딩하듯 디지털 도구에 맞닥뜨리며 홈페이지를 만들고, 스마트 플레이스 등록 및 스마트 스토어까지 운영하게 되었습니다. 이렇게 저는 디지털 경험이 쌓이면서 자연스럽게 디지털과 친해지게 되었어요!

공부방 사업을 통해 만난 디지털 경험은 디지털 튜터 양성 과정에 도전하는 계기가 되었고, 미래 유망직업이 되겠다는 가능성을 발견하여 한 번 더 디지털 튜터 자격증에 도전할 수 있었습니다. 이를 통해 디지털 튜터 협회라는 커뮤니티까지 이어지며 부업을 할 수 있는 기회들을 만나게 되었습니다.

디지털 튜터로 시작하려면,
먼저 관련 자격증을 취득하는 것이 좋습니다. 디지털 튜터 양성 과정 또는 스마트폰과 관련된 교육을 받고 자격증을 취득할 수 있어요. 또한, 다양한 온라인 강좌와 커뮤니티 가입을 통해 필요한 기술과 지식을 습득할 수 있습니다. 물론 자격증이 있다고 모두 일할 수 있는 건 아니에요! 각 시도 교육 일자리 포털이나 강사은행 또는 각 지역 복지관 및 주민센터, 기업체 등 수립한 교육 계획을 바탕으로 강의 제안서와 프로필을 작성하여 보내고 알려서 강의 제안이 들어올 수 있도록 도전해야 합니다.

커뮤니티에 가입되어 있는 경우는 구인 정보나 교육 정보를 공유 받거나 커뮤니티 안에서 부업으로 할 수 있는 일거리들을 만날 수 있어요. 때에 따라 메인 강사가 아닌 메인 강사를 보조하는 보조강사로도 먼저 시작할 수 있습니다. 첫 시작이라면 먼저 무료 수업을 오픈하여 알리고 수강생들을 관리하며 다음 수업으로 이끌어 가는 것도 좋은 방법입니다. 이러한 과정은 디지털 튜터로서의 경험과 이력, 기초를 다지는 데 큰 도움이 됩니다.

디지털 튜터로서의 활동은,
첫째, 지역 복지관, 주민센터, 문화센터 등에서 시니어나 디지털 초보자들에게 스마트폰 기본 설정 및 앱 활용, 점차 많아지고 있는 키오스크 사용법 등을 교육합니다.
둘째, 소상공인 지원 센터 또는 기업체와 협업하여 SNS 마케팅, 특히 인스타그램, 블로그와 같은 플랫폼을 활용한 홍보 및 미리캔버스, Canva, 동영상 편집 도구를 활용한 디지털 콘텐츠 제작 등 소상공인과 자영업자들에게 교육할 수 있고, 강의 형태가 아닌 1:1 개인 튜터링의 형태로도 가르칠 수 있어 부담감이 덜 합니다.
셋째, AI 활용 교육은 Chat GPT와 같은 생성형 AI를 활용해 상황에 맞는 글쓰기, 콘텐츠 제작, 업무 효율 향상 등 특히 소상공인이나 학생들에게 AI 기술이 실질적인 도움이 될 수 있도록 교육합니다. 저는 투닝 AI

지도사 자격을 갖추고 학교에서 투닝 AI를 활용해 진로와 직업을 교육하는 기회를 가졌습니다.

넷째, 관련 협회에 가입하여 여러 정보 교류와 운영 지원에 적극 도움을 주다 보면 기회가 찾아옵니다. 예를 들어 저는 협회 운영진으로 지원하여 협회원을 위한 교육 기획 및 주관 그리고 공인 강사로서 협회 내 온라인 강의를 진행할 수 있었습니다.

이러한 활동은 원하는 교육 시간으로 제안하거나 수강생들과 수업 시간을 조율할 수 있어서 시간 관리가 유연해 본업이 있더라도 부업으로 할 수 있다는 것이 장점입니다. 오프라인 수업이 아닌 온라인 수업으로도 진행할 수 있어요. 디지털 배움터의 경우 온라인 줌으로 진행하는 시간제 강사로도 지원할 수 있고 여러 커뮤니티 사이트에서 직접 온라인 수업을 오픈하거나 제안할 수 있습니다.

만약 본업으로 시작한다면 자리를 잡기까지 일정한 수익을 창출하기에는 어려울 수 있고, 실제 다른 직업으로 이직하는 분들을 보기도 했어요! 튜터나 강사는 사람을 만나는 일이므로 적극적으로 나를 알리고 나의 교육에 대해 홍보 해야 합니다. 실제로 SNS를 통해 꾸준히 홍보하는 강사분들은 많은 곳에서 강의 제안을 받고 있습니다.

디지털 튜터로 활동하며 가장 큰 보람은,
소상공인 사장님들에게 성과가 나타나는 모습을 바라볼 때였어요. 그리고 협회 활동을 통해 홈플러스 문화센터 및 여러 기업체와의 협업으로 소상공인 지원 사업에서 다양한 기회를 얻을 수 있었고, 많은 사람들과 소통하며 배울 수 있었던 것입니다.

디지털 튜터는 배움의 열정만 있다면,
누구나 시작할 수 있으며 부업으로 시작하지만, 본업이 될 수 있는 가능성이 무궁무진합니다. 가르치고자 하는 열정과 끊임없이 배우려는 의지를 가지고 도전한다면, 디지털 튜터로서의 첫걸음을 내디딜 수 있습니다. 2025년부터 시행될 디지털 교과서 보급과 계속 발전하는 디지털, AI 기술이 있는 한 많은 디지털 튜터가 필요할 것입니다. 새로운 도전을 꿈꾸고 있다면, 용기 내어 디지털 튜터로서의 첫걸음을 내디뎌 보세요. 여러분의 도전을 응원합니다. "도전하면, 성장합니다!"

[본문 참조 설명]
- 추천 온라인 강좌 (무료 또는 유료 웹 페이지)

디지털 배움터, 서울, 각 시도 평생학습 포털, 서울시 50플러스센터, 서울교육 일자리 포털, 서울시 디지털재단 에듀테크 캠퍼스, 네이버 비즈니스 스쿨, 카카오비즈니스 세미나, 배달의 민족 아카데미, 소상공인 지식 배움터, 서울시 소상공인 아카데미, 서울 여성 직업능력 개발원 등

- 기업체 협업 사업

전 지역 홈플러스 문화센터, 카카오 단골 시장, 단골 점포, 카카오 쇼핑 더하는 가치, 배달의 민족 아카데미, 당근 비즈니스 등

22. 유미영 _ 23년 중견기업 직장인에서 디지털튜터로 전환기

my2027@naver.com
대표경력 : 함께성장하는나무 대표 / 서정대학교 강사
초.중.고, 성인까지 디지털 시대의 변화에 대응하기 어려워하는 분들에게 디지털 리터러시, 스마트스토어 운영, 창업, 메타 버스 및 AI 활용 강의를 통해 진로, 직업 교육을 진행하며 새로운 도전과 성장을 돕고 있다. 서울시 디지털 튜터, 온라인 창업 및 컨설팅, 작가로도 활동 중이다.

세대 간 소통을 원활히 하고 함께 도전과 성장하는 강사 유미영입니다. 저는 23년간 직장 생활을 하며 안정된 삶과 직장 내 성장을 위해 노력해 왔습니다. 그러던 중, 2022년 새벽 기상 챌린지에 참가하면서 시대의 흐름에 맞춰 배우는 시간을 가졌고, "제2의 인생을 준비해야겠다"라는 막연한 생각을 품게 되었습니다. 그러던 중 코로나 시기를 계기로 제 인생에서 중요한 결정을 내리게 되었습니다.

코로나 이후 키오스크 장비가 일상적으로 도입되었는데, 70대 후반인 어머니께서 키오스크 사용법을 몰라 식사를 못 하시고 돌아오시는 모습을 보고 큰 충격을 받았습니다. "어떻게 하면 어머니께 이런 기술을 쉽게 알려드릴 수 있을까?"라는 고민에서 시작해 디지털 튜터 자격증 과정을 알게 되었고, 이를 통해 제2의 인생을 시작하게 되었습니다.

어머니를 돕겠다는 단순한 생각으로 시작한 공부는 디지털 튜터 과정과 동료들과의 협업을 통해 강사라는 직업에 도전하고 싶은 마음으로 확장되었습니다. 저는 누군가에게 도움을 주는 사람이 되고 싶다는 목표를 가지게 되었고, 프리랜서 강사로 활동하기 위한 준비를 시작했습니다.

가장 먼저 안정적인 고정수입이 사라질 상황을 대비해 퇴직금과 남편의 수익으로 생활을 유지할 수 있는 기간을 산정했습니다. 이후 수익화까지의 기간을 시뮬레이션하고, 강사 활동을 위한 학습 스케줄을 정리하면서 퇴직 전 마음을 다잡았습니다. 하지만 퇴직 후 '유미영'이라는 이름으로 강사로 활동하는 일은 생각보다 훨씬 어려웠습니다.

직장에서는 한 번도 고민해 보지 않았던 명함 제작조차 난관이었습니다. 단순히 이름만 적힌 명함에 "무엇을 채워 넣어야 할까?" 고민하던 중, 직장이란 온실 안에서 생활했던 제 모습을 되돌아보게 되었습니다.

또한, 자격증 취득 후 협회 가입만으로 강의 기회가 주어질 거라는 어리석은 기대에 좌절하기도 했습니다. 이후 다시 회사에 들어가 컨설팅 업무를 진행하면서 강사가 되기 위한 공부를 이어갔습니다. 월급이라는 고정수입 덕분에 경제적 불안을 줄일 수 있었지만, 여전히 "나의 도전은 무엇을 위한 것이었나?"라는 찜찜함이 남아 있었습니다.

그러던 중 새벽 강의에서 "자신의 가치를 적어보라"라는 이야기를 듣고 한 줄씩 적어 내려가면서 스스로의 목표를 명확히 할 수 있었습니다. 저는 자격증만 취득하고 기회를 기다리며 스스로를 과소평가하던 모습에서 벗어나, 현실적이고 실천 가능한 목표를 설정하게 되었습니다. 그 후 주말 보조 강의와 무료 강의 등 다양한 현장 경험을 쌓으며 강의의 흐름과 시연 방법을 익혔습니다. 스스로 강사 모집 공고를 찾아 지원하기 시작했고, 점차 기회가 생기며 디지털 튜터로서 활동이 안정화되었습니다.

지금 저는 디지털 튜터로 활동하며 강의를 통해 제 목표를 실현하고 있습니다. 또한, 도움이 필요한 분들과 함께하기 위해 회사를 설립하고, 스마트 스토어를 운영하며 소상공인과 함께 활동하고 있습니다. 많은 시행착오를 겪었지만, 개인이 가진 가치와 목표는 꿈을 이루는 원동력이 된다는 것을 깨달았습니다. 저와 같이 직장인에서 디지털 튜터로 전환을 꿈꾸는 분들께 이 말씀을 드리고 싶습니다.

"마음을 열고 함께 도전하고 성장한다면, 못 이룰 일도 없고 못 꿀 꿈도 없습니다. 늦지 않았으니 함께 한다면 반드시 할 수 있습니다."

가장 중요한 것은 함께하는 사람들과 마음을 열고 다가가는 것입니다. 여러분의 꿈을 향한 도전을 응원하며, 함께 성장해 나가기를 희망합니다.

23. 윤성녀 _ 인생 리부트, 디지털 튜터와 함께

9918348@naver.com
대표경력: 서울디지털재단 에디나지원단 강사(2023, 2024) / 홈플러스문화센터 강사(2023)
디지털 튜터로서 제2의 인생을 시작한 시니어 열정 강사입니다. 시니어 디지털 튜터로서 스마트폰 활용, 컴퓨터 기초 활용 교육, 디지털 금융 등 실용적인 디지털 기술교육을 하고 있으며, 개인별 맞춤형 학습 접근법으로 1:1디지털 교육도 제공하고 있습니다. 끊임없는 학습과 열정으로 어르신들과 디지털세계를 탐험하고 디지털 접근에 어려운 곳에 봉사활동을 하며 디지털 격차 해소를 위해 노력하고 있습니다.

은퇴라는 새로운 전환점에 서면 많은 사람들이 여유로운 시간이 있다는 기대감과 동시에 불안함을 느낍니다. 모든게 원점인 거 같고 어디서부터 다시 시작해야 할지 방황을 하게 됩니다. 그동안 쌓아온 경험과 지식을 활용할 것인지 아니면 전혀 다른 길을 선택할 것인지 고민하게 됩니다. 저 역시 그러한 과정을 겪었습니다. 하지만 제가 선택한 길은 전공과는 전혀 다른 디지털튜터라는 새로운 직업이었습니다. 제가 은퇴한 시점에는 코로나로 인해 비대면이 익숙해 있고 일상생활이 빠르게 디지털화 되고 있었습니다.

이러한 변화 속에 디지털 기술에 대한 공부를 하지 않으면 일상생활에 적응하기도 힘들겠구나 하는 생각이 들었습니다. 내가 접근할 수 있는 미래의 유망직종에 대해 검색을 하다가 디지털 튜터라는 직업을 알게 되었고 이제 막 시작이라는 것도 알게 되었습니다. 곧 바로 디지털 튜터 자격증 공부를 하게 되었고 하면 할 수록 빠져들게 되고 공부해야할 것이 무궁무진하다는 것을 깨닫게 되었습니다. 이제는 디지털 사용이 필수구나 하는 것을 느끼는 시간들이었습니다.

디지털튜터로서의 첫걸음은 홈플러스 스마트폰 활용 강의부터 시작되었습니다. 전공이 아닌 새로운 분야를 강의한다는 것은 그리 간단하지 않았습니다. 강의 자료를 준비하는 과정에서 많은 어려움이 있었습니다. 처음에는 어떻게 시작해야 할지, 어떤 콘텐츠를 만들어야 할지 막막했지만 여러 번의 시도와 실패를 거치며 점차 강의안 작성에 자신감을 얻었습니다. 그리고 강의의 특성상 시니어분이 많이 오셨는데 기억나는 것은 모바일 뱅킹 수업을 진행할 때였습니다. 손자에게 직접 용돈을 이체하시면서 " 나도 이런 걸 할 수 있다"며 너무 뿌듯해 하셨습니다. 이러한 반응과 수업에서 오는 피드백은 저에게 큰 힘이 되었고, 더 나은 강의를 위해 노력하는 원동력이 되었습니다. 어디나지원단 강사로서 활동하면서도 더 많은 시니어분을 만나게 되었고 감동적인 순간도 많아, 디지털튜터로 활동하길 참 잘했구나 하는 생각이 들었습니다.

디지털튜터로서의 여정은 단순히 지식 전달에 그치지 않았습니다. 수강생들과의 소통을 통해 서로의 경험을 나누고, 함께 성장하는 과정이었습니다. 특히 시니어분들과의 수업은 그들의 다양한 배경과 이야기를 들으며 저 역시 다양한 시각으로 세상을 바라보게 되었습니다. 교육은 일방적 전달이 아니라 상호작용을 통해 이루어지는 것임을 깨달았습니다.

디지털튜터로서의 삶은 도전적이지만, 그만큼 보람도 큽니다. 나이가 들수록 새로운 것에 도전하는 것이 두려워지기 마련입니다. 그러나 디지털 세상은 그러한 두려움을 넘어서게 하는 기회를 제공합니다. 저처럼 은퇴 후 새로운 도전을 꿈꾸는 분들에게 이 길이 얼마나 의미 있는지를 전하고 싶습니다.

디지털 세상에서의 가능성은 무궁무진합니다. 여러분의 두려움을 도전으로 바꾸고, 새로운 기회를 찾아보세요. 디지털튜터로서의 길은 여러분이 생각하는 것보다 훨씬 더 매력적이고 보람 있는 경험이 될 것입니다.

24. 이경란 _ 디지털 세계로 한 발짝: 튜터의 시작과 성장

> dalssaem777@gmail.com
> 대표경력 : 캔바 1급 2급 자격증 클래스 및 캔바 유·무료 강의 230건 이상 / AI 투닝 강의로 전국의 초·중·고 수업 진행중
>
> 디지털 기술의 발전 속에서 새로운 길을 개척한 디지털 튜터입니다. 유튜브, 블로그, 웨비나를 통해 독학하며 기술을 익혔고, 이를 다른 사람들과 나누며 성장해왔습니다. 완벽하지 않아도 괜찮다는 철학으로 학습자들의 자기주도적 성장을 돕고 있으며, AI와 디지털 기술을 활용해 더 나은 교육 환경을 만들어가고 있습니다. "배우고자 하는 마음가짐"을 중요시하며 함께 성장하는 튜터가 되고자 합니다.

디지털 시대는 우리의 삶과 일상 전반에 걸쳐 깊은 변화를 가져왔습니다. 스마트폰과 인터넷은 단순한 도구를 넘어 필수적인 생존 도구로 자리 잡았고, 이러한 흐름 속에서 '디지털 튜터'라는 새로운 역할이 주목받고 있습니다. 디지털 튜터는 단순히 기술을 가르치는 것을 넘어, 디지털 기술을 활용해 사람들에게 더 나은 삶을 제시하는 안내자입니다.

저 역시 처음 디지털 튜터라는 길에 들어섰을 때, 두려움과 설렘이 교차했습니다. 디지털이라는 영역은 무궁무진한 가능성을 품고 있는 동시에 초보자에게는 마치 끝없는 미로처럼 느껴질 때도 있습니다. 하지만 첫 발을 내딛는 순간부터 저를 기다리고 있었던 건 단순히 기술을 배우는 과정이 아니라, 새로운 성장의 가능성을 발견하는 경험이었습니다.

디지털 튜터로서 첫걸음 내딛기

처음에는 어디서부터 시작해야 할지 막막했고, 내가 필요해서 설치한 앱들은 쉽게 사용할 수 있었지만, 가르친다는 것은 전혀 다른 문제처럼 느껴졌습니다. 두려움이 앞섰지만 디지털 세계의 장점을 믿고 한 발짝 내디뎠습니다. 디지털 세계에는 이미 수많은 학습 자료와 커뮤니티가 존재하고 있었습니다. 유튜브 강의, 블로그 글, 온라인 웨비나를 통해 디지털 기술과 효과적으로 전달하는 방법을 하나씩 익혀 나갔습니다.

중요한 것은 완벽함을 목표로 하지 않고, 작은 성공 경험을 쌓아가는 과정이었습니다. 강의를 처음 준비하던 때의 두려움은 지금도 생생합니다. "내가 과연 사람들에게 가르칠 수 있을까?"라는 질문이 머릿속을 떠나지 않았습니다. 그러나 디지털 튜터의 역할은 모든 것을 완벽히 알고 전달하는 것이 아니라, 상대방이 스스로 탐구하고 성장할 수 있는 환경을 만들어 주는 것이라는 점을 깨닫게 되었습니다.

배우며 가르치는 과정에서의 성장

디지털 튜터로 활동하며, 배우는 것과 가르치는 것이 별개의 과정이 아니라는 사실을 깨달았습니다.

수강생들과의 대화를 통해 얻은 인사이트는 저를 더 나은 튜터로 성장시켰습니다. 예를 들어, 한 시니어 수강생이 스마트폰으로 사진을 정리하는 방법을 배우고 "우리 손자 사진을 앨범으로 만들 수 있게 됐다"고 말씀하셨던 순간은 제게 큰 보람을 안겨주었습니다. 이처럼 배우는 사람들의 삶에 긍정적인 영향을 미친다는 사실은 디지털 튜터로서의 사명감을 더 깊게 만들어 주었습니다.

디지털 세계의 가능성을 열다

디지털 튜터는 기술을 가르치는 사람 이상의 역할을 합니다. 사람들의 삶에 실질적인 변화를 이끌어내는 가교 역할을 하기 때문입니다. 예를 들어, 간단한 앱 활용법을 배우고 일상 속 문제를 해결하는 법을 익힌 수강생들은 자신감과 자부심을 얻습니다. 그 결과, 디지털 기술은 더 이상 낯선 영역이 아니라 스스로 활용할 수 있는 유용한 도구로 자리 잡습니다. 이러한 변화는 제 자신에게도 동일하게 적용되었습니다. 디지털 기술은 단순히 삶을 편리하게 만드는 것을 넘어, 새로운 기회를 열어주는 열쇠가 되었습니다. 특히, AI와 같은 기술을 강의에 활용하면서 단순 반복 작업을 줄이고 창의적인 작업에 더 많은 시간을 할애할 수 있었습니다.

디지털 튜터로 나아가는 길

디지털 튜터라는 길을 걷는 데 있어 가장 중요한 점은 배우고자 하는 마음가짐입니다. 기술은 빠르게 변하고 발전하기 때문에 끝없는 학습이 필요합니다. 하지만 이러한 학습 과정에서 느끼는 성취감과 보람은 이루 말할 수 없을 정도로 큽니다. 디지털 기술에 대한 두려움을 떨치고 한 걸음씩 나아갈 때, 그 끝에는 단순히 기술 숙련도를 넘어 더 나은 삶을 향한 새로운 길이 열립니다. 지금 이 순간에도 많은 사람들이 디지털 기술에 대한 두려움으로 인해 한 발짝도 내딛지 못하고 있을지 모릅니다. 하지만 작은 성공 경험이 쌓이다 보면, 누구나 디지털 세계 속에서 자신만의 위치를 찾을 수 있습니다. 저 역시 이러한 경험을 바탕으로 디지털 튜터로서 사람들에게 자신감을 심어주고, 새로운 기회를 열어주는 동반자가 되고자 노력하고 있습니다.

디지털 튜터는 단순히 직업이 아니라, 디지털 세상과 사람들을 연결하는 다리입니다. 이 여정은 끝이 없고, 그 과정 속에서 저는 더 나은 나로 성장하고 있습니다. 앞으로도 이 길을 걸으며 더 많은 사람들과 함께 성장하고 싶습니다. 디지털 튜터로의 첫걸음을 내딛는 것, 그것이 새로운 시작의 열쇠가 될 것입니다.

25. 이봉숙 _ 디지털문맹에서 디지털튜터가 되기까지

lbs167m@naver.com
해남의 작은 낚시점에서 시작된 디지털 도전기의 주인공입니다. 60대에 처음 마주한 디지털 세상에서, 두려움 대신 호기심을 선택했고, MKYU 유튜브 대학에서 배움의 즐거움을 발견했습니다. 낯설었던 노트북 키보드에서 시작해 ITQ 자격증과 디지털 튜터로 성장하기까지, 끊임없는 도전으로 변화를 만들어갔습니다. 이제는 어르신들에게 스마트폰 사용법을 알려주며 디지털 소통의 다리를 놓고 있습니다. "나이는 숫자일 뿐, 도전에는 끝이 없다"는 믿음으로 새로운 꿈을 키워가는 현역 디지털 튜터입니다.

60대인 저는 컴퓨터와는 거리가 먼 사람이었습니다. 어린 시절부터 농사와 일만 해왔던 제가, 컴퓨터를 배운다는 것은 상상도 하지 못했던 일이었습니다. 해남 땅끝에서 조그마한 낚시점을 운영하며 디지털이란 말의 뜻도 모르고 살아온 체인지22 이봉숙입니다. 닉네임이 뭔 줄도 모르던 제가 우연히 MKYU 유튜브대학을 알게 되어 어렵게 어렵게 가입하면서 디지털의 문을 두드리게 되었습니다.

아이들이 가나다를 배우듯, 저는 50가지 챕터를 하나하나 익히며 디지털 튜터 2급과 1급 자격증을 취득했습니다. 처음에는 무리한 도전이라고 느껴 후회도 했지만, 끝내 새로운 길을 열었습니다.

딸이 노트북을 바꾸며 주고 간 오래된 노트북을 처음 사용할 때, 카카오톡 앱을 다운받아 설치하는 법조차 몰랐습니다. 당시에는 낯설고 막막해서 몇 번이나 포기하고 싶었지만, 설치를 성공한 후의 뿌듯함은 이루 말할 수 없었습니다. ZOOM을 다운받아 참여하는 과정에서도 난관의 연속이었습니다. 설치 과정에서 몇 번이나 에러 메시지가 뜨고, 인터넷 연결 상태가 불안정해 강의를 놓치는 일도 있었습니다.

특히, 설정 중 비밀번호를 입력하는 방법을 몰라 한참을 헤매며 답답했던 기억이 납니다. 가슴 졸이며 디지털 튜터 자격증 스터디방에 참여해 기초부터 배우기 시작했습니다. 새벽 5시부터 6시 30분까지 강의에 참여하고, 떨리는 목소리로 강의 시연하면서도 매일 도전했습니다. 그렇게 디지털 튜터 2급 시험을 보던 날, 저는 가게 문을 닫고 43년 만에 시험이라는 것을 치렀습니다. 떨어지면 다시 도전하겠다는 각오로 시험을 마친 후 마음이 후련했습니다.

합격 소식을 확인한 순간, 세상에서 가장 기쁜 마음으로 제일 먼저 딸에게 자랑했습니다. "엄마도 아직 뭔가를 도전할 수 있어!"라고요. 1급 시험은 더 어려웠지만, 저는 무조건 스터디 그룹에 참여하며 연습을 거듭했습니다. 여전히 발표 때마다 목소리가 떨렸지만, 꾸준히 노력한 끝에 1급 시험에도 합격했습니다. 스터디 동료들이 제게 합격은 어려울 거라 했던 말을 뒤집고, 디지털 튜터 협회에 가입해 각종 특강에 참여하며 디지털 AI전문가가 되기 위해 끊임없이 노력했습니다. 이 과정에서 또 다른 도전을 이어갔습니다. 국가공인 ITQ 정보기술 자격시험에 도전해 한글, 엑셀, 파워포인트를 배우고 당당히 합격했습니다. 디지털 문맹에서 벗어나 한 걸음 더 나아갔다고 자부할 수 있습니다.

새벽에 가게를 열고, 손님들에게 스마트폰 사용법을 알려주며 앱을 설치해 드리는 일도 마다하지 않았습니다. 특히 시골 어르신들은 스마트폰을 사용하는 것이 쉽지만은 않아 한 번은 한 할아버지께서 카카오톡 설치를 도와달라고 하셨는데, 설치 후 손자와 메시지를 주고받으며 기뻐하시는 모습을 보고 큰 보람을 느꼈습니다. 문제점 해결을 도와드리면서 제 지식이 사람들에게 유익하게 쓰이는 것을 보며 큰 보람을 느꼈습니다.

밤 8시부터는 제 공부 시간이 시작됩니다. 이 시간은 저만의 천국 같은 시간입니다. 디지털을 배우며 나눌 수 있는 선한 영향력의 기쁨을 알게 되었고, 앞으로도 끊임없이 도전하며 성장할 것입니다. 지금 이 글을 읽고 계신 당신도 디지털 세계에 도전할 수 있습니다. 예를 들어, 먼저 스마트폰에서 자주 사용하는 앱 하나를 설치하고 사용하는 방법을 배워보세요. 작은 실천이 큰 변화를 만듭니다.

나이가 중요한 것이 아니라, 새로운 것을 배우려는 용기와 한 걸음 내딛는 작은 시작이 중요합니다. 우리 모두의 가능성은 생각보다 훨씬 큽니다. 당신도 해낼 수 있습니다.

26. 이세연 _ 만학의 열정으로 제2의 직업 디지털튜터가 되다!

copykula@gmail.com
대표경력 : 블로그 인스타그램 SNS 마케팅 기관강의 / 유튜브크리에이터 기관강의 등 1000명 이상 수강생 배출
디지털 교육 전문가로서, 공공기관과 사회복지기관에서 디지털리터러시, SNS 마케팅, 디지털 콘텐츠 개발 교육 과정을 쉽고 재미있게 전달하며 디지털 격차 해소와 실생활에 유용한 디지털 기술 보급에 앞장서고 있습니다. 특히, 교육을 통해 다양한 수강생들에게 자신감을 심어주고 실행할 수 있도록 돕는 동기부여와 소통을 통해 함께 성장하는 강의를 만들어가고 있습니다.

당신의 경험이 누군가의 성장입니다 - 함께 배우고, 진심으로 가르치세요! 초보 디지털 교육 강사들에게 보내는 진솔한 이야기 이 글을 통해 전하고 싶은 메시지는 새로운 시작을 꿈꾸는 초보 강사분들께 제 경험과 진심을 담아 용기를 드리는 것입니다.

저는 오랜 시간 마케팅 기획 업무를 해왔습니다. 안정적인 직장과 익숙한 일상이 주는 편안함 속에서도 늘 마음 한편에는 "이 길이 내가 진정으로 원하는 길일까?"라는 의문이 있었습니다. 퇴사를 결심했을 때, 두려움과 설렘이 공존했습니다. 새로운 도전을 위해 무언가를 배우고, 내가 잘할 수 있는 일을 찾아야 했습니다.

그때 제가 선택한 길은 나만의 평생 교육을 설계하는 것이었습니다. 처음에는 변화하는 디지털 환경에서 새로운 기술을 배우고 싶다는 단순한 생각으로 시작했습니다. 하지만 온.오프라인을 통해 다양한 디지털 교육 콘텐츠와 커뮤니티를 접하면서 평생 교육에 대한 열망과 함께 '강사'라는 새로운 꿈이 제 안에서 싹트기 시작했습니다.

배운 내용을 바탕으로 콘텐츠를 만들어 보고, 이를 다른 사람들에게 가르치는 일에서 큰 보람과 즐거움을 느꼈습니다. 그리고 가르치는 일이 곧 나 자신을 성장시키는 일이라는 확신을 가지게 되었습니다.

강사가 되기까지의 과정
처음에는 강사가 되는 일이 막막하게 느껴졌습니다. "내가 잘할 수 있을까? 사람들이 내 이야기를 들어줄까?"라는 의구심이 계속 저를 괴롭혔습니다. 하지만 이 과정을 통해 몇 가지 중요한 점을 깨달았습니다.

1. 완벽하지 않아도 괜찮다
누구나 처음부터 완벽할 수는 없습니다. 저 역시 첫 강의를 할 때 실수도 하고, 준비가 부족해 당황한 적도 많았습니다. 중요한 것은 완벽함이 아니라 진심으로 사람들에게 도움을 주고 싶다는 마음입니다. 여러분이 가진 작은 경험이라도 누군가에게는 큰 도움이 될 수 있다는 것을 잊지 마세요.

2. 꾸준히 배우고 성장하기
저는 디지털 콘텐츠, 블로그, SNS 마케팅 등 다양한 분야를 꾸준히 배우고 있습니다. 배운 내용을 실무에 적용하고 경험을 쌓으면서 자신감을 키웠습니다. 강사라는 직업은 항상 배움을 멈추지 않는 자세가 필요합니다. 여러분도 학습을 통해 자신만의 강점을 만들어 가세요.

3. 내 이야기를 진솔하게 전달하기
강의하면서 느낀 또 하나의 중요한 점은 강사로서 자신만의 이야기를 가지고 있어야 한다는 것입니다. 학생들은 정보뿐 아니라 강사의 진솔한 경험과 진정성에 감동합니다. 저는 커리어 전환에 대한 제 이야기를 강의에 녹여내며 더 많은 공감을 얻을 수 있었습니다.

초보 강사님들께 드리고 싶은 조언
강사로서 첫걸음을 시작한 여러분께 꼭 드리고 싶은 말이 있습니다.
첫째, 도전에 대한 두려움을 떨쳐 버리세요. 처음이 가장 어렵지만, 그 이후로는 생각보다 많은 가능성이 열려 있습니다.
둘째, 소통을 두려워하지 마세요. 강의는 단방향의 지식 전달이 아니라 사람들과의 교감입니다. 학생들의 반응과 피드백을 통해 함께 성장하는 과정을 즐기세요.
셋째, 자신만의 스타일을 찾으세요. 다른 강사들을 모방하기보다는 여러분만의 특별한 강점을 찾아내고, 그것을 통해 자신감을 가지세요.

저 역시 아직 부족하지만, 한 가지 분명한 점은 이 길을 통해 계속 성장하고 있다는 확신을 가지게 되었다는 것입니다. 여러분도 언젠가 자신만의 자리를 찾아 당당히 서 있는 자신을 발견할 수 있을 거라 믿습니다.
끝으로, 강의는 단순히 지식을 전달하는 것을 넘어 사람들의 삶에 긍정적인 변화를 가져다줄 수 있는 멋진 직업이라는 사실을 기억해주세요. 여러분의 여정을 진심으로 응원합니다!

27. 이순영 _ 카센터 아줌마에서 디지털튜터로 성장하기

soon2882@naver.com
대표경력: SNS브랜딩강사. 라이브커머스 강사
디지털 혁신과 소셜 미디어 브랜딩 전문가입니다. 카카오임팩트 '단골시장' 프로젝트에서 소상공인에게 디지털 역량을 전수하며 지역 경제 발전에 기여했습니다. 네이버 쇼핑라이브 진행 경험과 SNS 운영 실무를 통해 디지털 세대의 성장을 지원하고 있습니다.

1.학창 시절의 꿈, 그리고 현실

학창 시절 장래 희망란에 1순위로 적었던 게 있습니다. [현모양처] 그 뜻을 알고 적었는지 모르지만 지금 생각해 보면 참 우습기만 합니다. 많고 많은 꿈 중에 왜 하필 현모양처였는지요. 어린 저는 동화책에서 보았던 백마 탄 왕자님이 내 남편일 거라는 착각 속에 안정적인 가정에서 남편 뒷바라지와 아이들 양육에 진심이 되고 싶은 게 나의 꿈이었습니다.

학교 졸업과 동시에 취업했고 운명인지 탁월한 선택인지는 모르지만, 직장생활 7년 차가 되었을 때 그 안에서 백마 탄 왕자님을 만났습니다. 세상이 무너져도 나를 지켜줄 것 같은 사람, 가정을 위해 헌신할 것이라 믿음이 가는 그 사람이 남편입니다. 지금 27년을 같이 살아보니 내가 보는 눈이 틀리지는 않았습니다. 우리 부부는 부러움의 대상이 되기도 하고 참 가정의 본보기가 된다는 이야기를 듣고 있습니다.

2. 함께한 27년, 그리고 변화를 갈망하다.

남편과 함께한 27년 동안 우리는 직장동료에서 시작해 캠퍼스 연인으로, 결혼 후에는 카센터를 함께 운영하며 안정적인 삶을 살아왔습니다. 결혼 전 남편과 함께 다닌 자동차 관련 회사에서 나는 사무직, 남편은 자동차 정비직을 해 왔기에 카센터 오픈은 생소한 일이 아니었습니다. 직장생활과는 달리 가게 운영은 더 큰 노력을 요구했지만 믿음과 실력으로 고객들의 신뢰를 쌓으며 안정적인 기반을 만들어 갔습니다. 남편과 저의 닮은 점이 있다면 배움에 게을리하지 않는다는 것입니다. 남편은 하는 일과 관련하여 새로운 교육이나 기술 연마를 위한 교육이 있다면 꼭 이수했고 나 역시 역량 강화를 위해 다양한 것들을 찾고 도전하곤 했습니다.

하지만 무언가 열심히는 하는 것 같은데 학창 시절의 꿈인 [현모양처]라는 틀에 갇힌 듯한 느낌이 들었습니다. 어느날 우연히 접하게 된 김미경 강사의 [꿈이 있는 아내는 늙지 않는다] 제목에서부터 이끌림이 시작되었던 것 같습니다. 내가 꿈이라고 생각했던 현모양처 그곳에는 내가 없었다는 걸 알게 되었고 그때부터 김미경 강사가 나의 롤모델이 되었습니다.

3. MKYU입학, 그리고 디지털 세상으로의 첫걸음

우연히 유튜브를 보다가 MKYU유튜브 대학을 알게 되었고 주저없이 입학했습니다. 제가 접한 강의들은 단순한 지식 전달이 아니라 내 삶을 변화시키는 계기가 되었습니다. 그 변화는 과제를 인스타그램으로 올려야 한다는 것에서 시작이 되었습니다. 그때까지 저는 스마트폰으로 문자와 통화, 간단한 은행 업무를 보는 것 외에는 할 줄 아는 게 없었습니다. 과제를 위해 배워야 했고, 그렇게 인스타그램 강의를 통해 새로운 세상에 눈을 뜨게 되었습니다. SNS는 단순한 도구가 아니라 사람들과 연결되고 소통하며, 나의 이야기를 나눌 수 있는 공간이라는 것을 알게 되었습니다. 인스타그램을 통해 배움에 중독되었고, 그것이 새로운 길을 제시해 주었습니다.

4. 코로나 팬데믹과 디지털 전환

배움에 정신없이 빠져들 때쯤 코로나펜데믹이 세상의 삶을 바꿔놓기 시작했습니다. 모든 오프라인 활동에 제한이 생기면서 나에게 주어진 시간은 많아졌고 온라인 세상에 빠져들게 만드는 역할을 해 주었습니다.

코로나펜데믹으로 오프라인 매장에서는 문을 닫아야 할 만큼 소상공인에게는 타격이 컸습니다. 이미 나는 다양한 SNS 활동을 해 왔고 라이브 방송 경험이 많았기에 네이버 쇼핑라이브를 통해 소상공인의 제품 판매와 홍보를 돕는 활동까지 확장하게 되었습니다.

코로나 팬데믹으로 인해 이미 세상은 급변하고 있는데 디지털 문명에 따라가지 못하는 세대는 일상적인 생활조차 못 하는 시대가 되었다고 했습니다. 디지털문맹에서 탈출하기 위해 디지털튜터라는 직업이 필요한곳이 많이 생겨날 것을 대비해야 한다는 이야기를 듣고 생소하긴 했지만 정말 꼭 필요한 자격증이라 생각이 되었습니다. 망서림 없이 바로 수강 신청을 했고 자격증에 도전했습니다. 디지털튜터 2급 자격증 취득하며 디지털 배움터 강사로 활동할 수 있는 기반이 되었습니다. 복지관에서 어르신들에게 스마트폰 활용법을 가르치며 디지털 격차를 줄이는데 기여한 경험은 내게 큰 보람을 주었습니다.

가장 기억에 남는 것은 수업중에 배운 것을 테스트하는 각 복지관 대항 미션게임이 있었습니다. 어떤 미션이 주어질지는 미리 알 수 없었지만 내 나름대로 예상 문제를 만들어서 여러번 반복으로 연습했습니다. 게임이 시작되었고 팀별로 각기 다른 미션이 주어졌습니다. 우리 팀은 내가 예상했던 대로 길 찾기, 모바일 카드로 물건 구매하기, 주민센터에 들러서 민원 발급기에서 서류 발급받기, 카카오 택시로 목적지까지 갔다가 대중교통 모바일로 노선 확인하고 버스로 돌아오기였습니다.

먼저 돌아온 팀 순서로 순위가 정해지는데 우리 팀은 아쉽게도 순위안에 들어가지는 못했습니다. 하지만 배운 대로 누구의 도움 없이 어르신들이 임무를 수행했고 목적지로 돌아왔다는 것에 큰 박수를 보냈습니다. 돌아오는 모습에 눈물이 날 것 같은 감격스러운 기억이 생생합니다. 수료식 때는 어르신들이 자녀 도움 없이 할 수 있다는 것이 제일 기쁘다고 하셨습니다.

5. 새로운 도전, 그리고 성장

이후 저는 카카오와 함께하는 다양한 프로젝트에서 강사와 교육 매니저 활동을 하며 지역 상권 활성화에 이바지했습니다. 제주시의 주요시장을 담당하며 임무를 완성했지만 처음에는 시장 특성상 여러 가지 난관에 부딪히는 일이 많았습니다. 새로운 프로젝트를 만날때마다 튜터님들과 서로 의논해 가며 임무 수행을 했고 많은 분께 시장을 알리기 위해 홍보에도 발 벗고 나섰습니다. 단순히 카카오톡 채널 개설만을 해 드리는 게 아니라 같은 소상공인으로써 공감이 가는 이야기도 나누고 필요한 물건이 있으면 그 시장 안에서 구매하면서 점차 상인분들과 친해져 갔습니다.

이런 노하우는 가게를 오래 운영해 왔고 SNS를 먼저 접하면서 익혔던 것들이 도움이 되었던 것 같습니다. 한분씩 성장해 가는 모습을 보면서 보람도 느꼈고 즐기면서 일을 수행할 수 있었습니다. 카카오와 함께하는 프로젝트를 마무리하고 수료식 참여를 위해 MKYU를 방문했습니다.

6. 디지털 시대, 끝없는 배움과 도전

수료식에서 수상한 튜터님들을 보면서 나이는 숫자에 불과하다는 것과 녹녹지 않은 환경에서도 꿋꿋이 이겨내며 성장한 모습들을 보면서 진한 감동과 자극을 받는 계기가 되었습니다. 스크린을 통해 활동했던 사진속에 내 모습이 비춰지는 순간 전율이 느껴졌습니다. 이런 프로젝트에 함께 했다는 것만으로도 너무 뿌듯한 순간이었습니다.

디지털튜터라는 직업으로 제2의 인생을 살게 된 줄은 생각지도 못한 삶이었는데 나를 변화 시켜준 계기가 되었습니다. 현재 디지털튜터로, 라이브커머스 전문진행자로 그리고 행사 진행 MC로 다양한 활동을 통해 여전히 성장 중입니다. 새로운 프로젝트가 있을 때마다 용기를 내어 도전하고 그 과정에서 얻은 경험과 성장은 제 삶을 더욱 풍요롭게 만듭니다. 배움은 나이를 가리지 않습니다. 지금, 이 순간 주저하지 말고 도전해 보세요.

작은 한 걸음이 인생의 새로운 문을 열어 줄 것입니다. 그 작은 한 걸음을 디지털튜터로 내디뎠고, 카센터 아줌마에서 디지털튜터로 성장했습니다.

28. 이은영 _ 디지털튜터가 되기까지의 여정

> 대표경력: 자영업 15년 / 디지털튜터 소상공인 채널홍보 프로젝트 6회 참여 및 디지털튜터 협회 사무국 간사
> 15년간 자영업을 하며 다양한 경험을 쌓았습니다. 우연히 참석한 수업에서 강사님의 모습에 강사가 되고 싶다는 꿈을 갖게 되었고, 디지털튜터의 길로 들어서게 되었습니다. 디지털튜터로서 활동하며 디지털튜터 사무국 간사로서 4년간 활동하게 되었고 많은 성장과 발전을 이루었습니다. 현재 진행가 강사로서 꿈을 이루기 위해 꾸준히 노력하고 있으며, 디지털 세상에서 성장하고 싶은 사람들에게 따뜻하고 전문적인 도움을 제공하기 위해 최선을 다하고 있습니다.

저는 일하는 엄마였습니다. 늘 바쁘게 움직이다 보니 아이들과 오붓한 시간도 보내지 못하는 바쁜 엄마였습니다. 내 매장을 운영하는 나름 사장님 소리도 듣는 제 모습에 만족하며 살고 있다는 착각을 하며 생활했습니다. 그런 저에겐 유니폼이 있었습니다. 제 유니폼은 무릎이 해진 운동복, 늘어진 티셔츠, 맨발의 슬리퍼, 그리고 질끈 묶은 머리였습니다. 화장은 사치로 여기던 일상, 늘 이리저리 매장을 뛰어다니며 일하는 저에게 두 번 생각도 안 하는 당연한 복장이고 일상이었습니다. 그런 일상 속에서 변화의 계기가 찾아왔습니다.

아이들이 초등학교에 입학하며 참여한 학부모 교육에서 내 삶의 거울을 마주했습니다. 그곳에서 만난 강사들은 제게 새로운 세계를 보여주었습니다. 정장을 입고 강단에 선 또래 여성 강사들의 당당함은 제 자신과 대비되어 보였습니다. 비록 제가 자영업자로 나름의 성과를 이뤘지만, 그들 앞에서 저는 초라하고 무능력하다고 느껴졌습니다.

그러던 중 한 강사의 이야기가 제 마음에 불씨를 지폈습니다. 당시 그분은 강사가 되기로 결심한 계기가 동기생이 사내 강사가 된 모습을 보고 자극을 받아 공부하고 노력해서 지금의 모습을 이루었다고 이야기해 주셨습니다. 강사님의 말씀을 들으며 지금의 제 모습이 충분히 잘하고 있다고 스스로 자기최면을 하고 있는 제 마음을 들여다보게 하는 계기가 되었습니다.

그날을 계기로 오랜 시간 강단에서 자신의 이야기를 하시던 강사님의 모습이 떠나지 않았습니다. 잊을 만하면 떠오르는 그 모습에 나도 저곳에 설 수 있을까란 의구심과 서고 싶다는 욕심이 생겼습니다. 강사로서의 여정은 저에게 새로운 꿈을 꾸게 했습니다. 그리고 그 꿈은 디지털튜터라는 새로운 길로 저를 이끌었습니다. 처음은 두려웠습니다. 무엇을 어떻게 해야 할지, 내 선택이 옳은지 끊임없이 의심했습니다. 늘 뒤처지고 따라가기에 바쁜 저였기에 가장 처음 디지털튜터라는 길을 개척하는 일은 설레임과 두려움이 공존했고 매일매일이 도전이었습니다.

하지만 제 가슴을 뛰게 했던 그 강사님의 모습을 떠올리며 포기하지 않고 공부하고 준비했습니다. 첫 강의는 설레임보다 두려움이 더 컸으며 강단을 벗어나면 완벽하지 못했던 제 모습에 좌절하고 낙심하며 다음 시간엔 더 좋은 모습, 완벽한 모습이 되기 위해 노력했습니다. 길을 잡고 준비하고 공부하다 보니 또 다른 도전 과제들이 생겼습니다. 그 도전이 바로 한국디지털튜터협회 임원진 활동이었습니다. 협회 일은 또 다른 전환점이었습니다. 현장의 강사들을 가까이서 보며 그들의 성장을 함께 지켜보는 일은 제게 또 다른 성장의 기회였습니다.

앞으로 나아가는 그들을 보며 제 자신을 더 채찍질하고 그들 또한 저를 보며 자극받기를 원했습니다. 3년간의 시간 동안 저는 제 자신과 함께 성장하는 강사들을 보며 더욱 성장할 수 있었습니다. 이제는 제 경험을 바탕으로 새롭게 도전하는 강사들에게 조언하고 그들의 성장을 돕는 일에서 진정한 보람을 느낍니다.

29. 이은정 _ 디지털 왕초보에서 디지털고수로 포지셔닝하기

worak2020@naver.com
대표경력 : 진로학습코칭센터 내일맑음 대표 / 카카오 단골시장, 카카오 단골거리 디지털튜터
저는 10년간 사회복지 현장에서 심리상담 전문가로 활동하며 많은 이들의 성장을 도왔습니다. 현재는 학습코칭과 진로코칭 전문가로 변화와 혁신을 이끄는 여정을 이어가고 있습니다. 또한 MKYU 디지털튜터이자 AI강사로 디지털 시대에 맞는 새로운 배움과 성장을 지원하며 활발히 활동 중입니다. 학생, 청년, 중장년층 등을 대상으로 1:1 코칭, 강의, 워크숍 등을 통해 협업과 컨설팅을 진행하며, 멘토와 코치로서 함께 동반성장하는 삶을 살아가고 있습니다.

코로나 팬데믹이 시작되면서 줌(Zoom) 화상회의로 하루 업무를 시작했던 날이 지금도 생생합니다. 줌 화상회의가 낯설었던 건 저 혼자만이 아니었습니다. 대부분의 직원들도 비슷한 상황이었기에, 실질적인 회의보다는 줌이라는 새로운 기술에 적응하느라 한동안 정신없는 시간을 보냈던 기억이 있습니다.

평소 저는 '아날로그 감성'이 저를 가장 잘 설명하는 키워드라고 할 정도로 전자책보다는 종이책을 선호했고, 핸드폰이나 노트북에 글을 정리하기보다는 다이어리나 노트에 메모하기를 즐겼습니다. 아날로그의 매력이야말로 인생의 낭만을 즐기는 것이라고 농담하던 제가, 코로나 팬데믹 속에서 디지털 문맹으로 겪었던 방황은 처절한 변화를 가져온 시간이었습니다. 운명처럼 MKYU를 만났고, 그곳에서 만난 공부 친구들과 서로를 응원하며 노력한 덕분에 디지털에 대해 아무것도 몰랐던 제가 지금은 디지털 교육이 필요한 다양한 연령대의 사람들에게 맞춤형 교육을 제공하며 새로운 미래를 만들어가는 디지털 교육 전문가로 자리매김할 수 있었습니다.

배우는 것을 좋아하고, 배운 것을 나누며 누군가의 성장을 돕는 것을 즐기는 제가, 낯설고 잘 알지 못했던 디지털 교육이라는 분야 앞에서 언제까지 머뭇거릴 것인지 스스로에게 물었습니다. 고민의 시간은 길지 않았습니다. 디지털튜터 자격증 시험공부를 시작하며 새로운 정보를 하나하나 배워가는 시간이 즐겁다고 느꼈습니다. 함께 공부하던 도반들과 디지털튜터 1급 과정 시험까지 서로 응원하며 무사히 마쳤을 때의 기쁨은 이루 말할 수 없었습니다.

그럼에도 불구하고 실전에 뛰어드는 것을 망설이던 저에게 지인의 한마디가 용기와 자신감을 불어넣어 주었습니다. "완벽하게 준비되는 때는 없어. 지금 이 순간에도 세상은 변화하고 있으니까! 지금 네가 준비된 만큼 그 자리에서 시작해봐. 부족한 부분은 채워나가다 보면 너만의 완성형 시나리오를 만들 수 있을 거야." 이 말은 지금의 저를 있게 한 큰 원동력이 되었습니다.

처음 오프라인 강의를 시작한 것은 5명의 작은 소모임 강의였습니다. 지인의 소개로 만난 50대~60대 여성들에게 핸드폰 활용 기초강의를 했던 날, 두근거리는 마음으로 시작한 강의는 참가자들의 끊임없는 질문으로 예정된 시간을 훌쩍 넘겨서야 끝났습니다. 이 작은 성공이 저에게 새로운 도전을 이어갈 에너지를 주었습니다.

2023년과 2024년에는 카카오임팩트와 MKYU와 함께 단골시장 사업과 단골거리 사업의 교육매니저 및 디지털튜터로 활동하며, 소상공인들이 오프라인 매장뿐 아니라 온라인 매장으로 영역을 확장하고, 새로운 고객을 유치하며 단골을 확보할 수 있도록 도왔습니다. 저는 전문 교육강사로서 디지털 교육, 맞춤형 콘텐츠 제작, 다양한 마케팅 교육을 제공하며 소상공인들이 빠르게 변화하는 디지털 시대에 발맞춰 사업을 운영할 수 있도록 지원했습니다.

점포별 특성에 맞는 상품 홍보, 가게 대표 이미지 제작, 가게 홍보 전단 및 명함 제작 등 소상공인들에게 실질적으로 필요한 교육 내용을 함께 논의하며 맞춤형 커리큘럼을 진행했습니다. 교육 후에는 많은 분들이 만족한다는 평가를 남겨주셨고, 더운 날씨 속에서도 이 시간이 끝난 후 연락을 주고받으며 좋은 인연으로 이어졌습니다.

혹시 지금도 "아직 준비가 부족해. 조금만 더 완벽하게 준비되면 시작해야지"라고 망설이고 계신가요? 그렇다면 지금 당장 이렇게 자기 주문을 걸어보세요!
1. 오늘 내가 알고 있는 디지털 지식 하나를 아는 사람 한 명에게 알려준다.
2. 새롭게 배운 디지털 지식을 SNS에 기록하고 강의 노트를 쌓아간다.
3. 자신 있는 분야의 교육 커리큘럼을 제작하고 강의 제안서를 작성한다.
4. 작성한 강의 제안서를 관공서, 학교, 지역 아동센터 등 내가 접근할 수 있는 기관에 제안한다.
5. 연습이 더 필요하다면 무료 강의로 시작한다.

박웅현 작가의 인생을 대하는 우리의 자세 여덟 단어에는 이런 말이 나옵니다. "자기가 가진 것을 무시하지 않는 것, 이게 바로 인생입니다." 인생에는 정석 같은 교과서가 없습니다. 열심히 살다 보면 인생의 여러 점들이 뿌려질 것이고, 의미 없어 보이던 그 점들이 어느 순간 연결돼 별이 될 것입니다. 정해진 빛을 따르려고 하지 마세요. 우리에게는 각자의 점과 별이 있을 뿐입니다. 여러분 각자의 점과 별을 연결하세요. 지금 바로 시작하세요!

30. 이은주 _ 퍼스널 브랜딩의 첫걸음, 포트폴리오 만들기

happymorning@kakao.com
대표경력 : 디지털 리터러시 강사, SNS활용교육강사
끊임없는 열정과 섬세한 시선으로 디지털 세상의 이야기를 전하는 이은주입니다. 디지털 교육 현장에서 수많은 분들과 함께하며, 복잡한 디지털 환경을 누구나 쉽게 이해할 수 있도록 안내하고 있습니다. 여러분의 눈높이에 맞춘 맞춤형 강의로 새로운 디지털 세상에서의 가능성을 함께 발견하고 실현해 나가겠습니다.

■ 실패에서 배운 교훈

누구나 새로운 시작 앞에서는 설렘과 두려움이 교차합니다. 디지털 튜터로서 첫걸음을 내딛던 그때도 그랬습니다. '자격증만 있으면 충분하지 않을까?' 하는 순진한 기대를 안고, 자격증 한 줄이 적힌 평범한 이력서를 들고 여러 교육기관의 문을 두드렸습니다. 하지만 현실의 벽은 생각보다 높았고, "관련 강의 경험이 없으시네요"라는 말을 수차례 들어야 했습니다.

■ 전환점: 멘토의 조언

인생의 전환점은 예상치 못한 순간에 찾아왔습니다. 우연히 참석한 강사 양성과정에서 만난 멘토 강사님이 해주신 말씀이 제 생각을 완전히 바꿔놓았습니다.

"강사의 포트폴리오는 선택이 아닌 필수입니다. 그것은 단순한 경력 증명을 넘어, 여러분의 전문성을 보여주는 얼굴이에요. 반드시 시간을 들여 준비하시고, 그 안에 여러분만의 색깔과 이야기를 담아보세요."

■ 성공적인 포트폴리오의 시작

멘토님의 조언을 따라 한 달간 오롯이 포트폴리오 제작에 집중했습니다. 그리고 이 결정은 제 경력의 터닝포인트가 되었죠. 체계적으로 준비한 포트폴리오로 다시 강의를 제안하자 놀라운 변화가 찾아왔습니다.

처음에는 한두 곳, 그리고 점차 여러 교육기관에서 강의 요청이 이어졌고, 마침내 제가 꿈꾸던 디지털 튜터로서의 여정이 본격적으로 시작되었습니다.

이제 그동안의 시행착오를 거치며 얻은 소중한 경험들을 나누고자 합니다. 특히 포트폴리오 제작에 대한 실질적인 노하우들은 디지털 튜터를 꿈꾸는 여러분에게 분명 든든한 길잡이가 되어줄 것입니다. 저의 경험이 새로운 도전을 시작하시는 분들에게 작은 도움이 되길 진심으로 바랍니다.

먼저 반드시 기억해야 할 것이 있습니다.
포트폴리오는 완성품이 아닌 '진행형'이라는 점을 꼭 기억하세요. 너무 완벽을 추구하다 보면 시작조차 어려워집니다. 가장 흔한 실수는 '더 많은 경력을 쌓은 후에 시작하자'는 생각입니다. 지금 가진 것으로 시작하세요. 저도 처음에는 두 개의 강의 경력과 몇 장의 강의사진으로 시작했습니다.

■ 포트폴리오 작성을 위한 준비
포트폴리오를 작성하기 전, 먼저 차근차근 준비 단계를 거쳐야 합니다.
우선 자신의 모든 이력을 꼼꼼히 정리해보세요. 학력, 경력, 수료한 교육과정은 물론, 저서나 칼럼까지 시간 순서대로 정리합니다. 이 과정에서 잊고 있었던 의미 있는 경험이나 성과들을 새롭게 발견하게 될 것입니다.

다음은 이렇게 정리한 정보들을 어떻게 효과적으로 보여줄지 구성을 기획합니다. 전문성과 친근함이 조화된 프로필 사진을 고르고, 강의 가능 분야는 실제로 자신 있게 진행할 수 있는 범위 내에서 구체적으로 적어보세요. 모든 요소들이 일관된 톤으로 여러분의 개성과 전문성을 잘 드러낼 수 있도록 구성하는 것이 중요합니다.

■ 포트폴리오의 4가지 핵심 요소
좋은 포트폴리오를 만들기 위한 핵심 요소 네 가지를 소개해 드리겠습니다.

먼저, 진정성 있는 자기소개가 필요합니다. 단순한 이력 나열이 아닌, 디지털 교육을 선택하게 된 계기와 여러분만의 교육 철학을 담아보세요. 진솔한 이야기는 읽는 이의 마음을 움직입니다.

두 번째는 강의 이력을 시각적으로 보여주는 것입니다. 딱딱한 텍스트 대신 각 교육기관의 로고를 활용한 인포그래픽으로 구성하면 한눈에 들어오면서도 전문적인 인상을 줄 수 있죠.

세 번째로 필요한 것은 생생한 현장 사진입니다. 수강생들과 소통하는 모습, 실제 강의하는 모습은 여러분의 강의 스타일과 분위기를 가장 잘 보여주는 증거가 됩니다.

마지막으로, 실제 교육 콘텐츠를 포함하세요. 강의 계획서나 교안의 일부, 강의 영상 하이라이트 등은 여러분의 전문성을 직접적으로 보여줄 수 있는 가장 확실한 자료입니다.

포트폴리오 디자인, 생각보다 어렵지 않습니다.
요즘은 캔바나 미리캔버스, 망고보드 같은 도구들이 있어서 전문가가 아니어도 충분히 멋진 포트폴리오를 만들 수 있습니다. 디자인할 때는 일관성이 핵심입니다. 처음부터 끝까지 같은 컬러와 폰트를 사용해 전문적인 느낌을 주세요. 각 섹션은 핵심만 담아 2페이지를 넘지 않게 하고, 특히 강의 실적이나 성과는 차트나 그래프로 보여주면 한눈에 들어옵니다.

포트폴리오는 살아있는 문서입니다. 3개월마다 새로운 강의 실적과 사진을 추가하고, 6개월마다 전체적인 디자인도 새롭게 해보세요. 온라인 버전은 수시로, 오프라인 버전은 분기별로 업데이트하면 좋습니다.

그리고 잊지 마세요. 화려한 디자인보다 중요한 건 진정성입니다. 여러분만의 진솔한 이야기로 채워나간 포트폴리오야말로 가장 빛나는 포트폴리오가 될 거예요. 한 걸음씩 나아가다 보면, 여러분도 분명 훌륭한 디지털 튜터로 성장하실 수 있을 겁니다. 새로운 도전을 응원합니다!

31. 이은화 _ 디튜로 빠르게 성장하는 방법

bettyeun@gmail.com
대표경력: SNS 마케팅 전문 강사 / 서울디지털재단 우수강사 수상
디지털 교육 5년 차 전문가로, 소상공인을 위한 SNS 마케팅과 스마트폰 활용법을 가르치며 디지털 시대에 필요한 실질적 역량을 전합니다. 최신 트렌드를 반영한 교육 콘텐츠로 수강생과 소통하며, 디지털 세상으로의 다리 역할을 수행합니다.

안녕하세요! 베티은 스마트폰 교실 강사 이은화입니다. 디지털 전환의 시대가 열렸습니다. 교육 현장은 더 이상 아날로그 중심이 아닌, 디지털 기술을 중심으로 빠르게 변화하고 있습니다. 특히 코로나19 이후 비대면 교육이 일상이 되면서, 디지털 기술을 활용한 교육은 선택이 아닌 필수로 자리 잡았습니다.

이 격변의 흐름 속에서 새로운 교육 패러다임을 선도하는 사람들이 있습니다. 바로 디지털튜터입니다.

디지털튜터는 스마트폰과 디지털 도구를 활용해 지식과 정보를 전하는 디지털 교육의 중심에 선 사람들입니다. 이들은 단순히 기술을 가르치는 데 그치지 않고, 기술을 통해 세상과 소통하는 법, 디지털 세상에서 자유로워지는 법을 알려줍니다. 특히 디지털 리터러시와 큐레이션 역량을 기반으로 사람들에게 디지털 세상을 더 잘 이해하고 활용할 수 있는 능력을 선사합니다. 그렇다면 디지털튜터로 성장하기 위해 어떤 역량과 노력이 필요할까요? 아래에서 디지털튜터로서의 길을 빠르게 성장하기 위한 방법을 단계별로 살펴보겠습니다.

1. 디지털 리터러시를 넘어 큐레이션 역량을 갖춰라
 디지털 세상에서 정보를 단순히 습득하는 것만으로는 부족합니다. 넘쳐나는 정보를 필터링하고, 가치 있는 지식으로 가공하여 전달하는 큐레이터의 역할이 필요합니다.
 큐레이션 역량 키우기: 남의 지식을 가공하고 디지털 콘텐츠로 재구성해보세요. 이를 위해 SNS 플랫폼에서 자신의 전문성을 꾸준히 발휘하며 콘텐츠를 만들어 보세요.
 SNS 활용: 자신의 지식을 공유하고 다른 전문가들과 교류하며, 디지털 세계에서 존재감을 키우는 것이 중요합니다. 캔바(Canva)와 캡컷(CapCut) 같은 도구는 이미지와 영상 콘텐츠 제작의 효율성을 높여 줄 것입니다.

2. 스마트폰 활용 역량을 강화하라
 스마트폰은 디지털 세상으로 향하는 열쇠와 같습니다. 강의 자료 제작, 영상 편집, 사진 편집 등 모든 활동의 기반이 됩니다.
 이미지 제작과 전단지 작성: 교육 현장에서 수강생과 소통하기 위해 매력적인 전단지나 간단한 홍보 이미지를 제작하는 능력을 먼저 갖추세요. 캔바는 언제 어디서든 스마트폰을 활용해 간단하게 작업할 수 있어 강력한 도구가 됩니다.
 동영상 편집 익히기: 강의 내용을 짧은 영상으로 만들어 SNS에 올리는 연습을 꾸준히 하세요. 이는 홍보 효과뿐만 아니라 자신의 실력을 빠르게 키울 수 있는 방법입니다.

3. 작은 기회를 만들어 경험을 쌓아라
 작은 무대라도 놓치지 말고, 작은 강의라도 꾸준히 만들어 보세요. 무료 강의부터 시작해 강의 경험을 쌓고, 콘텐츠 구성을 단계적으로 정립해 보세요.
 강의를 체계적으로 구성하기 위해 운동처럼 준비, 본 강의, 정리 단계로 나눠보세요.
 실제 수업에서 얻은 피드백을 바탕으로 강의의 완성도를 높이고, 반복적인 실습을 통해 자신만의 스타일을 완성하세요.

4. 동료와 연결되고, 배우며 성장하라

디지털튜터는 혼자 성장하기 어렵습니다. 동료 강사들과 연결되고, 그들의 노하우와 경험을 배우는 과정에서 더욱 빠르게 성장할 수 있습니다.

강사 네트워크 구축: SNS에서 활동하는 다른 디지털튜터들과 교류하세요. 협업과 교류를 통해 새로운 아이디어를 얻고, 자극을 받을 수 있습니다.

배움을 멈추지 마라: 디지털튜터는 계속해서 변화하는 기술과 트렌드를 따라가야 합니다. 새로운 도구나 플랫폼이 등장할 때마다 적극적으로 배우고 활용해 보세요.

5. 꾸준히 콘텐츠를 업로드하고 기록하라

강의를 통해 배운 내용을 정리하고, 콘텐츠로 만들어 꾸준히 업로드하세요. 글, 이미지, 영상 등 다양한 형태로 자신의 전문성을 보여주세요. 블로그, 유튜브, 인스타그램과 같은 플랫폼에 지속적으로 기록을 남기는 습관을 가지세요. 콘텐츠를 업로드하며 얻는 피드백은 더 나은 강의와 콘텐츠 제작으로 이어질 것입니다. 디지털튜터는 시대를 선도하는 직업입니다

디지털튜터는 단순히 기술을 가르치는 사람이 아닙니다. 사람들에게 디지털 세상을 이해하고 자유롭게 사용할 수 있도록 돕는 가이드이자 큐레이터입니다. 디지털튜터가 되고자 하는 여러분의 도전을 응원합니다. 작은 기회라도 놓치지 않고, 실력을 꾸준히 키우세요. 여러분의 성장이 곧 더 나은 디지털 세상을 만드는 데 큰 힘이 될 것입니다. 디지털 교육의 중심에서 빛나는 여러분이 되기를 바랍니다

32. 이정희 _ 어쩌다 디지털, 어차피 디지털! 디지털 전사로 변신 중

yesucanfc@gmail.com
대표경력 : 어쩌다디지털 동아리 매월 2회 강의 / 가평군 배드민턴협회 스마트폰 활용 출강
디지털 기술에 대한 도전을 다른 사람들에게 힘을 실어주는 사명으로 전환시킨 디지털 강사이자 커뮤니티 리더이다. 가평 지역에 기반을 둔 커뮤니티 중심 동아리 "어쩌다 디지털"을 결성하였다. 디지털 소외계층의 디지털 격차를 해소하고 세대 간 이해를 촉진하는 데 도움을 주고 있다. 스마트폰 활용법, 캔바, 챗지피티, 미드저니, 스노등과 같은 최첨단 AI 도구 활용법 등을 강의하고 있다.

나이가 들어가며 미래에 대한 막연한 불안감이 커졌습니다. 세상이 너무 빠르게 변하면서 나 자신이 뒤쳐지지 않고 어떻게 살아가야 할지 고민이 많았습니다. 그런데 코로나19 팬데믹이 닥치면서, 이런 고민은 현실적인 문제가 되었습니다. 기본적인 일상생활조차도 익숙하지 않은 디지털 기술 없이는 유지하기 어려운 세상이 된 것입니다.

그 시기, 저는 단순하고 소박한 꿈을 품고 있었습니다. 가평의 시골에서 작은 카페를 운영하며 여생을 보내고 싶었죠. 하지만 갑작스러운 코로나 펜데믹에 의한 디지털 세계로의 강제 전환은 저를 혼란과 두려움 속으로 몰아넣었습니다. 이 두려움이 오히려 저를 깨우는 계기가 되었습니다. 무언가 해야한다는 절박함으로 이것저것 여기저기 알아보고 있었습니다. 당시 유행하던 새벽기상도 하고 책도 읽고 말이죠. 그렇게 좌충우돌 하던 중, MKYU 온라인 대학을 알게 되었습니다.

그것은 마치 한 줄기 빛과도 같았습니다. 당시, 컴퓨터 키보드도 제대로 다루지 못했던 저. "독수리 타법"으로 뚝딱 거리며 시작했지만, 절박함이 저를 움직였습니다. 결국, 몇 달간의 힘겨운 공부 끝에 2023년 9월, 디지털 튜터 1급 자격증을 취득했습니다. 이것은 단순히 자격증을 딴 게 아니라 나이 들어도 무언가를 할 수 있고, 해냈다는 자신감과 저 자신에 대한 자존감이 뿜뿜 올라오는 사건이었습니다. 이후 그것만으로 부족하여 스마트폰 활용강사2급, Canva 2급과 1급 강사 자격증을 차례로 취득하고, ChatGPT, Midjourney, SUNO 같은 AI 도구까지 익히며 점차 전문성을 확장해 나갔습니다.

제 기술이 발전하면서, 저와 같은 사람들에게 보탬이 되고 싶다는 생각을 하게되었습니다. 그러던중 온라인에서 같은 뜻을 가진 분들과 만나게 되었고, '지역사회에 보탬이 되어보자'는 취지로 '어쩌다 디지털'이라는 지역 동아리 모임을 만들어 함께 공부하게 되었습니다. 코로나 팬데믹은 디지털 기술이 단순히 젊은 세대의 문화에서 벗어나, 생존을 위한 필수 요소로 만들었습니다. 디지털 준비가 부족했던 이들에게는 단순히 불편함을 넘어 자존감과 생존의 문제로 다가왔습니다. 특히 가평처럼 고령 인구가 많은 지역에서는 간단한 배달 앱 사용법이나 키오스크 활용법조차 생존의 문제로 이어질 수 있습니다. 이런 현실을 깨달은 우리는 '초보가 왕초보에게'라는 슬로건을 내걸고 배움을 나누고자 하였습니다.

지역의 디지털 취약계층, 특히 노년층을 대상으로 무료강의를 제공하는 것으로 저의 첫 강의를 시작했습니다. 떨리던 제 인생 첫 강의가 아직도 기억에 생생합니다. 긴장하여 어버버 대던 저에게 노년층 학습자들이 "괜찮아요, 천천히 하세요, 선생님"이라며 저를 격려해 주시고, 같이한 동아리 멤버들의 일대일 맞춤 교육시간은 큰 도움이 되었고, 어르신들의 배움에 대한 갈증과 열정은 '노인들은 배움에 관심이 없다'는 제 고정관념을 깨뜨렸습니다. 디지털 세상에서도 세대 간 이해의 폭을 넓히고 화합할 수 있음을 알게 된 계기가 되었습니다.

저는 스마트폰 기본 사용법, 사진 및 동영상 편집, 카카오톡 같은 필수 앱 사용법, 배달 및 예약 시스템 사용법 등 실용적인 프로그램 사용을 넘어 Mid Journey와 Cap Cut, ChatGPT 같은 AI 도구를 활용한 디지털 드로잉, 음악 작곡, 영상 디자인 등 창의적인 분야로 점차 확장하고 있습니다. 이는 지역의 경로당, 주민센터 등의 노년층에 국한하지 않고 다양한 장소, 다양한 사람들에게 맞춤형 교육을 할 수 있도록 하기 위함입니다.

저와 멤버들은 각자가 공부해온 내용을 서로 공유하며 서로를 발전시키고 있습니다. 우리의 목표는 누구도 소외되지 않도록 하는 것입니다. 디지털 세상 속에서 자신감을 가지고 더 풍요로운 삶을 살 수 있도록 돕는 일은 단순한 기술 교육을 넘어, 사람들에게 자존감을 심어주는 일입니다. 누군가가 이전에 두려워했던 기술을 익혀가는 모습을 보는 일은 정말 보람 있습니다.

그것은 우리 모두가 가진 잠재력과 회복력을 보여줍니다. 단순히 디지털 사회에 적응하는 것이 아니라, 배움을 나누며 함께 성장하고 있습니다. 이 일로 저의 노년은 뒷방 늙은이의 삶이 아닌 배움을 나누는 기버로서의 삶을 즐겁고 행복하게 살게될 듯합니다. '어쩌다 디지털, 어차피 디지털'의 시대에 저는 계속 배우고, 가르치고, 함께 성장하기 위해 노력할 것입니다. 우리는 함께 배우고 실천하며 성장하는 디지털 전사로 거듭나고 있습니다.

33. 이주현 _ 디지털과 소명의 만남

> 디지털 기술을 통해 삶의 소명을 발견하고, 이를 모든 세대와 나누고자 합니다. 휴대폰 매장 운영 경험을 통해 IT 소외계층에 관심을 가지게 되었고, 디지털 강사로서의 길을 선택했습니다. 선택 아닌 필수가 되어버린 디지털 AI 시대인 만큼 시니어에게는 기술의 장벽을 허물고, 어린이에게는 창의적 가능성을 열어주는 도구를 전하고 싶습니다. 디지털은 사람과 사람을 연결하는 따뜻한 매개체가 될 수 있기에, 모두가 디지털 소명을 발견하고 그로 인해 삶이 한층 더 풍요로워질 수 있도록 돕는 것이 제 바람입니다. 사람과 기술의 조화를 이루는 영감 있는 강사가 되고자 합니다.

가족을 돌보며 평범한 일상을 살아가던 중, 문득 스스로를 위한 무언가를 해보고 싶다는 생각이 샘솟았습니다. 그 생각은 제 삶의 새로운 전환점이 되었습니다. 나를 바꾼 두 개의 자격증 중 하나는 사회복지사 2급 자격증, 또 하나는 디지털 튜터 자격증이었습니다. 이 두 자격증은 저의 꿈을 새롭게 열어준 소중한 열쇠가 되었습니다.

사회복지사 2급 자격증은 제게 새로운 도전이자, 나눔을 향한 첫걸음이었습니다. 온라인 강의를 듣고, 과제와 테스트를 수행하며, 실습까지 해내야 하는 과정은 결코 쉬운 길이 아니었습니다. 육아와 집안일로 분주한 일상 속에서 시간을 쪼개어 강의를 듣고, 실습일지를 작성하며 스스로에게 끊임없이 질문하곤 했습니다. "내가 왜 이 길을 선택했을까?" 그 답은 분명했습니다. 도움이 필요한 사람들에게 다가가고 싶다는 순수한 마음 때문이었습니다.

자격증 준비 과정을 통해 저는 사회적 약자를 바라보는 시야가 넓어졌고, 실습 중 경험한 다양한 상황은 제 내면에 깊은 울림을 남겼습니다. 특히, 사회복지사 실습 중 만난 실습생들을 통해서 저는 디지털 격차에 대해 처음으로 고민하게 했습니다. 컴퓨터와 휴대폰 활용이 누군가에게는 얼마나 어려운 일인지 깨달게 되었고, 그들을 돕고자 하는 열정이 제 안에 점점 커져 갔습니다.

자격증 취득 후, 저의 변화는 주변에서도 느낄 수 있었습니다. 아이들은 "엄마 정말 대단해요!"라며 기뻐했고, 남편은 "언제 이런 걸 다 준비한 거야?"라며 감탄했습니다. 이 응원은 저에게 큰 힘이 되었고, 고민만 하다가 끝난게 아닌 이건 내가 꼭 해야겠다는 다짐과 큰 확신이 들었습니다.

저는 또 다른 가능성을 떠올렸습니다. 디지털 기술을 통해 사람들에게 도움을 줄 수 있지 않을까? 그러던 중 휴대폰 판매점을 15년 이상 운영하는 남편이 생각났습니다. 디지털 기기에 익숙하지 않은 고객님들에게 열심을 다해 도와드렸던 그 장면들이 떠올랐습니다. 그때 저는 디지털 교육에 대한 관심이 더 커졌습니다. 그 관심은 디지털 튜터 자격증을 향한 열정으로 이어졌습니다. 배우는 과정은 새로운 도전의 연속이었지만, 그만큼 성장하는 기쁨이 더 컸습니다.

디지털 튜터 자격증 취득 후, 저는 디지털 기술을 활용해 사람들에게 실질적인 도움을 줄 수 있다는 자신감을 얻었고, 사회복지와 디지털 교육을 결합하여 더 큰 가치를 전달할 수 있겠다는 꿈을 꾸기 시작했습니다. 디지털 튜터 자격증 취득 전에도 가족과 지인들로부터 컴퓨터 기초, 영상 편집 등의 질문을 자주 받았고, 현재에도 남편이 부탁하는 디지털에 관련 업무를 자주 도와줍니다. 예전보다 더 체계적으로 자신 있게 문제 해결을 하고 있는 제 자신을 발견하게 됩니다.

디지털 튜터 협회 활동을 통해 저와 비슷한 꿈을 가진 사람들과 연결되며 새로운 목표를 세울 수 있었습니다. 이 협회 커뮤니티는 서로를 지지하고 성장시키는 힘이 있었습니다. 남편이 "왜 처음부터 너를 돕고 싶어 하지? 이상한 거 아니야?"라며 의심할 정도로, 모두가 서로에게 진정한 응원과 격려를 보내주는 분위기였습니다. 그 안에서 저는 더욱 단단해졌습니다.

사회복지사와 디지털 튜터라는 두 자격증은 취득 그 이상의 의미를 지닙니다. 준비하는 과정에서 저는 제 내면의 가능성을 발견했습니다. 전업주부에서 멈추지 않고 또는 기관 내 행정사무를 맡고 있는 사회복지사가 아닌, 생각지 못한 목표를 가진 디지털 강사로서의 꿈으로 넓혔기 때문입니다.

이제 저는 제가 배운 것과 앞으로 배워나갈 것들을 통해 다른 사람들에게도 용기를 주고 싶습니다. 디지털 격차를 줄이고 사람들이 AI디지털 시대에서 더 풍요로워질 수 있도록 돕는 것이 저의 소명입니다. 저의 이야기가 누군가에게 작은 영감이 되길 바랍니다. 한 발자국씩 내디뎠던 지난날이 지금의 저를 만들었듯, 앞으로도 한 걸음씩 나아가며 성장하고자 합니다.

34. 이화선 _ 사회복지사에서 디지털 튜터로의 새로운 도전

> avante61@naver.com
> 대표경력 : 여수시 평생학습관, 홈플러스문화센터, 여수시장애인복지관외 다수
> 디지털 시대의 가교 역할을 하는 IT 강사로 관공서와 지역사회에서 스마트폰과 인공지능 활용법을 강의하고 있습니다. 모든 연령층이 디지털 기술을 쉽게 이해하고 활용할 수 있도록 돕고 있습니다. 특히 디지털 격차 해소에 주력하며, 변화하는 기술 환경 속에서 실용적이고 효과적인 교육을 제공하기 위해 끊임없이 노력하고 있습니다.

"매일 똑같은 하루가 지루하게 느껴지시나요?" 5년 전 저도 그랬어요. 사회복지사로 일하며 안정적인 삶을 살고 있었지만, 마음 한편에선 늘 새로운 도전을 갈망하고 있었죠. 그러던 중 온라인 교육 플랫폼 MKYU를 만났고, 이것이 제 인생의 터닝포인트가 되었답니다. 처음 MKYU에서 공부를 시작했을 때만 해도 이렇게 제 삶이 바뀔 줄은 몰랐어요. 세상이 아날로그에서 디지털로 빠르게 변화하는 걸 보며, 문득 '디지털 교육'에 관심이 생기더군요. 특히 교육 콘텐츠를 기획하고 제작하는 과정에서 새로운 가능성을 발견했죠. 디지털 기술이 단순한 도구가 아닌, 무한한 교육의 기회를 제공한다는 걸 깨달은 순간이었어요.

설렘 반 두려움 반으로 시작한 디지털 튜터로의 전환! 처음 강의 자료를 만들 때는 정말 막막하더군요. 사회복지 현장에서의 경험과는 전혀 다른 영역이었으니까요. 하지만 '배움은 도전에서 시작된다'는 마음으로 하나씩 도전해나갔답니다. 디지털의 원리부터 시작해 영상 편집, 프레젠테이션 제작, 온라인 플랫폼 활용법까지... 매일 밤 새로운 것을 배우는 재미에 푹 빠져들었죠.

실수와 시행착오도 많았어요. 첫 영상 촬영 때는 음향이 엉망이라 처음부터 다시 찍었던 기억이 나네요. 지금은 웃으며 추억할 수 있지만, 당시엔 얼마나 좌절했던지! 하지만 그런 실패 덕분에 오히려 더 빨리 성장할 수 있었답니다.

가장 보람찬 순간은 수강생들의 변화를 지켜볼 때예요. 특히 시니어 수강생 한 분이 제 강의를 듣고 자신만의 요리 레시피를 SNS에 올리기 시작하셨는데, 그 분의 환한 미소를 잊을 수가 없네요. "선생님 덕분에 세상이 넓어졌어요!"라는 말씀을 들을 때마다 이 길을 선택하길 정말 잘했다는 생각이 듭니다.

디지털 튜터로 성장하면서 깨달은 건, 끊임없는 배움과 소통의 중요성이에요. 매주 새로운 디지털 도구를 하나씩 익히고, 수강생들의 피드백을 통해 강의를 발전시켜 나가고 있습니다. 현재는 쉽고 재밌게 강의

하는 인기 강사로 자리매김했답니다.

지금 이 글을 읽고 계신 여러분! 혹시 변화를 망설이고 계신가요? 저처럼 완전히 새로운 분야로의 전환을 꿈꾸고 계신다면, 망설이지 마세요. 디지털 시대는 우리에게 무한한 가능성을 열어주고 있으니까요. 여러분만의 특별한 경험과 지식을 디지털 콘텐츠로 만들어보세요. 그 시작이 어렵지 않답니다. 저도 그랬듯이, 여러분의 작은 도전이 인생의 큰 전환점이 될 수 있을 거예요!

새로운 길을 걷는 분들께
디지털튜터가 된다는 것은 도전의 연속이지만, 그 속엔 무한한 가능성과 보람이 있습니다. 제가 느낀 성장의 경험이 여러분께도 희망이 되길 바랍니다. 디지털 기술을 활용해 여러분만의 교육적 가치를 만들어가세요.

지금 여러분이 어떤 자리에서 어떤 꿈을 꾸고 있든, 디지털은 그 꿈을 현실로 만들어줄 강력한 도구가 될 것입니다. 저의 이야기가 작은 용기를 드릴 수 있다면, 그것만으로도 제 여정은 충분히 가치 있다고 생각합니다.

35. 정계근 _ 세번째 스무살을 준비하는 늦깎이 디지털튜터

gmw7116@gmail.com
대표경력: 평택시 장애인회관 정보화협회 스마트폰강사/카카오임팩트 전통시장사업 안중시장 매니저

농부의 아내에서 강사라는 신분으로 살아갈수있게 도움주신 많은 분들께 감사드립니다. 늦게 시작한 강사라는 직업에 매료되어 나날이 더 큰 꿈을 꿀수있어 행복합니다. 함께의 위대한 힘이 있었기에 가능한 일이어서 더욱 고맙습니다. 누군가 하였다면 나도 할수 있다는 신념으로 오늘보다 나은 내일을 위해 부단히 노력하겠습니다.

2021년 겨울, 내 인생의 터닝포인트가 되는 '디지털 튜터'라는 단어를 처음 만나게 되었다. 그 순간 가슴이 뛰었고, 바로 수강 신청해 온라인 학습을 시작하였다. 실행력이 빠른 덕분일까? 1년여 만에 디지털 튜터 1급 자격증을 취득하였고, 가까운 홈플러스 문화센터에서 스마트폰 보조 강사로 강의를 시작하였다.

몇 달 뒤 평택시 장애인 회관 정보화협회에서 스마트폰 강사 모집 공고를 보고 용기 내어 지원하였다. 합격 소식을 듣고 첫 강의를 하던 날 어이없는 실수를 하고 말았다. 빔프로젝터로 준비해 간 자료들을 보여드리며 수업을 진행해야 하는데, 당황한 나머지 전원을 켜지도 않은 채 화면이 안 보인다고 허둥대다가 두 시간짜리 수업을 어떻게 진행했는지도 모르게 지나갔다. 그렇게 3개월짜리 프로그램을 끝내고 아쉬운 마음에 봉사활동으로 꾸준히 스마트폰 강의 경력을 쌓았다.

홈플러스 문화센터에서는 초급반 강사에서 중급반 강의까지 하게 되었다. 장애인 회관에서도 6개월 프로그램 강의를 마치고 지속적으로 할 수 있는 기회가 되었지만, 다른 환경에서 강의를 해보고 싶은 욕심이 생겼다. 차로 30분 이상 가야 하는 다른 시의 홈플러스 문화센터에도 강의하러 다녔다. 주변 사람들이 기름값이나 나오냐며 말하기도 했었다. 그럴 때마다 속으로 다짐하곤 했다. '처음부터 잘하는 사람은 없어. 꾸준함이 나를 유능한 강사로 만들어줄 거야.'라고 되뇌이곤 하였다.

농부의 아내에서 디지털 튜터로

가난한 농부의 맏딸로 태어나 부모님께 효도하며 사는 게 꿈이었지만, 스무 살에 농촌으로 시집을 갔다. 홀시어머님과 아들, 딸 낳고 행복한 삶을 살았다. 30대 후반, 1000여 평의 시설하우스에서 키우던 벤자민이 폭설로 인해 모두 무너져내렸다. 가족의 생계가 한순간에 위태로운 상황에 직면하였다. 남편은 화병으로 술에 의지하는 날들이 많았고, 내가 가장 역할을 해야겠다고 마음먹고 직장생활을 시작하였다. 주방 일을 하면서 틈틈이 공부하여 방송대도 졸업하며 꿈을 조금씩 키워나갔다.

공부로 아들딸과 친구 되기

결혼을 일찍 한 덕에 아들딸과 함께 컴퓨터 자격증 공부를 하게 되었다. 필기시험은 내가 먼저 붙었는데, 실기에서 매번 떨어졌다. 농사일이 바빠 컴퓨터로 실기시험 준비를 할 수가 없었다. 중학교 때 워드 자격증을 손에 쥐고 온 딸이 부러워 두고 온 꿈 목록에 워드 자격증을 추가해 놓았다. 지금 컴퓨터활용능력 자격증에 도전하고 있는 첫 번째 이유이기도 하다. 디지털 튜터 1급 자격증을 취득하면서 아들딸도 함께 공부하여 남편을 제외한 세 명이 디지털 튜터 자격증을 보유하고 있다. 스마트폰 공부하면서 자녀들에게 귀찮을 정도로 물어보니, 어쩔 수 없이 공부하는 엄마를 돕다 보니 자격증은 덤으로 얻은 셈이다.

오늘보다 나은 내일을 위하여

새벽 4시 알람 소리와 함께 나의 하루가 시작된다. 남들보다 늦게 시작한 강사이기에 부족한 실력을 메꾸기 위해 새벽 시간을 활용하기로 했다. 새벽 기상 1073일째, 이른 시간에 책상에 앉아 공부하다 보면 졸음이 온다. 매일 새벽 공부 습관을 들이기 위해 영어 필사를 택한 이유이다. 중학교 때 두고 온 꿈을 지금 소환해왔다. 새벽 기상 루틴을 시작으로 감사일기 루틴까지 나를 성장시키는 고마운 도구가 되었다. 코로나 시기에는 온라인 학습의 중요성을 느끼고 무리하게 수강 신청을 하고 제대로 학습을 못 하기도 하였다. 지금은 나만의 속도로 학습하며 삶의 균형을 맞추고 살아가려 노력 중이다.

성장의 원동력이 되어 준 어느 수강생

홈플러스 문화센터에서 강의하던 중, 수강생이 둘밖에 없던 날 한 분이 나의 미숙한 강의에 실망하여 수업에 참여하지 않겠다는 이야기를 전해 듣고 큰 충격을 받았다. 강사를 그만두어야 할까? 한동안 고민도 하였다. 그만둔 그분을 위해서라도 더 열심히 준비하고 공부해야겠다고 다짐하고, 수업 준비를 더 철저히 하게 된 계기가 되었다. 내년이면 60세가 된다. 세 번째 스무 살부터는 내가 원하는 삶을 살겠다고 외쳐왔었기에 지금의 내 상황에 감사하며, 혼자서는 꿈도 못 꿀 일을 함께의 힘으로 여기까지 오게 되어 정말 감사하게 생각한다.

36. 정재영 _ 제자리 걸음이 아닌 다음을 향한 발돋움

jeonggilin@gmail.com
대표경력 : 카카오임팩트 우리동네 단골시장 디지털튜터로 활동 / 한국디지털튜터협회 정회원
온라인 커뮤니티, 교육 강사, 디지털 서비스 지원 등 다방면의 경험을 쌓았고, 이를 토대로 디지털 소외계층의 리터러시 향상에 힘써오고 있습니다. 한국디지털튜터협회의 정회원으로 최신 기술 과정을 이수하며 역량을 강화해오고 있으며, 그녀의 노력을 통해 누구나 디지털 세상에서 안전하고 자유롭게 참여할 수 있는 기회가 마련될 수 있길 기대합니다.

2022년 미라클모닝으로 자존감이 채워지고 있던 때에 모바일 페이 회사에 다녔습니다. 앱사용하는 방법을 높은 연령대 고객들에게 설명하는 일을 했었는데 참 쉽지않은 일이였습니다.

화면을 보며 설명드려도 이해하기 어려워하시는 분들이 많았는데, 전화를 통해 안내하는 일은 더욱 답답했습니다. 긴 시간을 투자해 안내했음에도 중도에 포기하거나, "자식이 오면 다시 해보겠다"라고 말씀하시는 분들이 많았습니다. 이런 상황이 반복되면서 동료들과 "디지털 격차가 생각보다 훨씬 크다"는 말을 자주 나누곤 했습니다. 기술이 발전할수록 격차는 더 심화될 것이라는 걱정도 들었습니다.

그러던 중 세상에 처음 소개된 '디지털 튜터'라는 직업을 알게 되었고, 평소 존경하던 김미경 강사의 선한 의지를 누구보다 잘 알고 있던 저는 한치의 망설임도 없이 회사를 그만두고 디지털 튜터의 길을 선택했습니다.

디지털 튜터로의 첫발: 설렘과 부담 사이

가벼운 마음으로 시작한 디지털 튜터라는 직업은 시간이 지날수록 쉽지 않았습니다. '선생님'이라는 단어에서 느껴지는 무게감과 책임감은 생각보다 컸고, 저는 늘 스스로를 의심했습니다. "평범한 내가 과연 선생님 역할을 할 수 있을까?"라는 생각은 확신 없는 마음과 결합해 저를 자주 위축시켰습니다. 도전하려는 용기가 부족한 제 모습은 스스로를 더 무기력하게 만들었습니다.

그러던 어느 날, 스스로에게 질문을 던지기 시작했습니다. "남들이 하면 나도 할 수 있지 않을까?", "내가 그들보다 못난 게 뭐지?" 생각을 바꾸고 긍정적인 말로 저를 독려하자, 기회가 찾아왔습니다. 저는 카카오임팩트의 '우리동네 단골시장 프로젝트'라는 큰 프로젝트에 참여할 수 있게 되었습니다.

그곳에서 열정적인 동료들과 함께하며 좋은 영향을 받았고, 상인분들을 대상으로 열심히 활동했습니다. 처음에는 디지털 튜터들을 경계하던 상인분들도 점차 마음을 열어주셨습니다. 특히 제가 교육했던 두 분의 상인분이 상을 받는 영광을 누렸을 때는 디지털 튜터로서의 자부심과 보람을 느꼈습니다.

좌절과 회의의 순간들

그러나 도전이 항상 순탄했던 것은 아닙니다. 저는 홈플러스 문화센터 강사 모집에 지원했지만, 수강생 부족으로 강의를 진행하지 못했습니다. 이 과정에서 강사로서의 활동은 강의 내용뿐만 아니라 강사의 적극성이 중요하다는 사실을 배웠습니다.

이후 새롭게 모집된 카카오임팩트 프로젝트에 지원했지만, 프로젝트의 방향성과 면접에서의 실수로 탈락했습니다. 기대에 미치지 못한 결과가 연이어 찾아오면서 의욕을 잃었고, 점점 더 도전에서 멀어졌습니다. 시간이 지나, 저는 안정적인 수입을 얻기 위해 이전에 일했던 직종으로 돌아가 평범한 직장 생활을 시작했습니다. 강사라는 직업이 수입보다 사명감이 우선되어야 한다는 점에서, 그 무게가 점점 더 무겁게 느껴졌기 때문입니다.

미련을 놓지 못한 배움의 끈

하지만 디지털 튜터라는 직업에 대한 미련은 제 마음속에 남아 있었습니다. 그래서 협회원으로 활동하며 협회에서 진행하는 아카데미 교육을 꾸준히 수강하고, 추천받은 KT AI 자격증과 인공지능 웹툰 교육을 이수했습니다.

현재 다니는 직장에서도 모바일 기기 사용에 어려움을 겪는 시니어분들을 도와드리며 디지털 튜터로서의 역할을 지속하려 노력하고 있습니다. 하지만 디지털 튜터로 보내는 시간보다 직장인으로서 보내는 시간이 더 많다 보니, 튜터로서 충분히 매진하지 못한다는 아쉬움은 늘 마음 한켠에 자리하고 있습니다.

다시 떠오른 초심과 열정

그런 제게 전환점이 되어준 사건이 있었습니다. 어느 날, 근무 중에 80대 중반으로 보이는 어르신이 셀프 계산대를 능숙하게 다루고, 모바일 페이로 결제를 마치는 모습을 보게 되었습니다. 그 모습은 저에게 큰 감동을 주었고, 다시 한 번 초심을 되찾게 해주었습니다. 모든 어르신이 이분처럼 디지털 기기를 자신감 있게 사용할 수 있도록 돕는 것이 디지털 튜터로서의 제 소명이라는 점을 다시금 깨달았습니다.

디지털의 커다란 벽을 낮추고, 한 발씩 나아갈 수 있도록 함께하는 일이야말로 제가 가장 큰 자부심을 느끼는 일임을 깊이 실감했습니다.

앞으로의 나아갈 길

현재 저는 디지털 튜터로서의 전문성을 쌓아가며, 언젠가 제 아이들에게도 좋은 본보기가 되고 싶다는 마음으로 꾸준히 노력하고 있습니다. 익숙하지 않은 분야에 도전하며 겪었던 두려움과 고민은 저를 성장하게 한 밑거름이 되었고, 콘텐츠를 만들어가는 과정 속에서 제 자신을 새롭게 발견할 수 있었습니다.

실패와 좌절 속에서도 포기하지 않고 계속 도전한다면, 결국 좋은 결과를 얻을 수 있다는 믿음을 확고히 가지게 되었습니다. 50여 년 동안 "못할 줄 알았다"는 말을 듣고 살아온 제가 이렇게 바뀌었으니, 지금 이 글을 읽고 있는 당신이라면 더 잘할 수 있을 것입니다.

생각의 볼륨을 줄이고, 그냥 한 걸음 내딛어 보세요. 그것이 변화를 시작하는 첫걸음입니다.

37. 조경숙 _ 디지털튜터, 나를 키우는 배움의 기술

train4194@naver.com
대표경력 : 디지털배움터 / 홈플러스문화센터 강사
디지털 세상에서 길을 잃은 시니어들의 든든한 길잡이, 디지털 튜터입니다. 쉽고 재미있는 강의로 스마트폰을 활용하여 가족과 소통하고, 다양한 정보를 얻으며 풍요로운 디지털 생활을 누릴 수 있도록 돕습니다. 디지털 관련 자격증을 활용해 실용적인 교육 콘텐츠를 제작하고 있으며, 한국디지털협회 정회원으로 활동하며 최신 디지털 트렌드를 반영한 교육을 제공합니다.

디지털 문맹에서 탈출이 절실했던 저에게는 '도전'이 키워드였습니다. 디지털 도구 활용을 배우고 편리함을 경험하기 시작하면서 내주변을 돌아보게 되었습니다. 디지털은 어렵고 복잡하다는 선입견 때문에 접근조차 시도하지 못하는 시니어 분들에게 쉽고 다양한 디지털 기능을 실생활에서 적용해볼수 있도록 돕는 길잡이가 필요하다고 생각했습니다. 디지털 튜터라는 생소한 분야에 진입하면서, 디지털 튜터가 갖추어야 할 전문적인 지식의 필요성을 느꼈습니다.

디지털 튜터는 단순히 지식을 전달하는 것을 넘어, 수많은 사람들의 학습 경험을 설계하고 이끌어가는 중요한 역할을 합니다. 따라서 디지털 튜터는 끊임없이 변화하는 디지털 환경에 발맞춰 자신을 발전시켜 나가야 합니다. 디지털 튜터로서 성장하기 위해서는 디지털 리터러시를 향상시켜야 합니다. 인공지능, 빅데이터 등 최신 기술 트렌드를 꾸준히 학습하고, 온라인 강의 플랫폼, 영상 편집 프로그램 등 다양한 디지털 도구를 능숙하게 활용할 수 있도록 노력해야 합니다. 또한, 교육학적 지식을 함양하여 수강생의 학습 효과를 극대화할 수 있는 방법을 찾아야 합니다. 학습 심리학, 교육학 등 관련 이론을 학습하고, 강의, 토론, 프로젝트 등 다양한 학습 방법을 연구하여 수강생의 참여도를 높이고, 학습 효과를 극대화해야 합니다.

효과적인 커뮤니케이션 능력 역시 디지털 튜터에게 필수적인 역량입니다. 명확하고 간결한 언어 사용, 비언어적 커뮤니케이션, 공감 능력을 갖춰 수강생과 원활하게 소통해야 합니다. 온라인 커뮤니티를 통해 수강생들과 소통하고, 피드백을 받아 강의를 개선해야 합니다. 또한, 텍스트, 이미지, 영상, 음성 등 다양한 커뮤니케이션 도구를 활용하여 효과적으로 메시지를 전달해야 합니다.

매력적인 콘텐츠 제작 능력 또한 중요합니다. 스토리텔링 기법을 활용하여 지루하지 않고 재미있는 강의를 만들고, 다양한 시각 자료를 활용하여 복잡한 내용을 쉽게 이해시켜야 합니다. 퀴즈, 설문조사 등 인터랙티브한 콘텐츠를 활용하여 수강생의 참여를 유도하는 것도 좋은 방법입니다.

끊임없는 자기 관리 또한 중요합니다. 규칙적인 운동과 충분한 휴식을 통해 건강을 유지하고, 효율적인 시간 관리를 통해 다양한 업무를 원활하게 수행해야 합니다. 스트레스 관리 기법을 습득하여 항상 긍정적인 마음을 가지면서, 자기 주도 학습을 통해 꾸준히 성장해야 합니다.

지속적인 학습 자세를 갖추는 것도 중요합니다. 스스로 학습 계획을 세우고, 꾸준히 학습하는 자세를 길러야 합니다. 다른 디지털 튜터들과 교류하며 함께 성장하고, 최신 트렌드에 대한 관심을 갖고 끊임없이 배우려는 자세를 가져야 합니다.

디지털 튜터로서 성장하기 위한 추가적인 노력으로는 멘토링, 컨퍼런스 참석, 온라인 강의 수강 등이 있습니다. 경험이 풍부한 디지털 튜터를 멘토로 삼아 조언을 구하고, 교육 관련 컨퍼런스에 참석하여 최신 트렌드를 파악하고, 자신이 부족하다고 생각하는 부분을 집중적으로 학습할 수 있도록 온라인 강의를 수강하는 것도 좋은 방법입니다. 핵심은 디지털 튜터는 단순한 지식 전달자가 아니라, 학습자의 성장을 돕는 멘토이자 동반자라는 것입니다. 끊임없는 학습과 자기 개발을 통해 수준 높은 교육 서비스를 제공해야 합니다.

결론적으로, 디지털 튜터는 끊임없이 변화하는 디지털 시대에서 가장 중요한 역할을 수행하는 직업입니다.

위에서 제시한 자기계발 전략을 통해 스스로 성장하면서 디지털 튜터로서의 역량을 강화하고, 수많은 사람들의 성장을 돕는 훌륭한 교육자가 될수 있습니다.

38. 최교녠 _ 디지털 세상에서 자기 개발

hong2da22@naver.com
대표경력 : 어린이경제신문 강의 50회 / 전 연령대 디지털 강의 진행중
21세기 디지털 혁명 속에서 평생교육의 새로운 문이 열렸습니다. 모든 연령을 위한 맞춤형 디지털 교육 서비스가 필요합니다. 여러분의 삶을 스스로 디자인할 수 있도록 실제로 필요한 기술을 습득하여 디지털 환경에서 자신감을 가지고 활동할 수 있도록 도와드립니다.

디지털 기술의 발전이 너무나도 급속히 변화하고 있습니다. 자고 일어나면 새로운 인공지능 기술, 로봇, 자율주행 자동차 등 매번 새로운 뉴스와 정보가 쏟아집니다. 옛말에 "가만히만 있어도 중간이라도 간다"고 했는데, 정말 이 말이 옛말이 되어버렸습니다. 이제는 가만히 있으면 중간이 아니라 저 끝에 도태되어 패스트푸드점에서는 주문을 할 수 없어 돌아서 나와야 하고, 휴대폰으로 택시를 못 불러 길에서 발을 동동 굴러야 하는 세상이 되었습니다.

말로는 그냥 살던 대로 살면 되지 하면서 내심 불안함은 더 커져가고, 누구보다 나의 가려운 곳을 긁어줄 수 있는 사람은 디지털 튜터라고 말할 수 있습니다. 이런 평범한 일상조차 디지털이 없이는 어려운 세상에서 자기 개발 또한 전통적인 방법에만 의존할 수 없습니다.

자기 개발이란 개인이 스스로 자신의 능력, 지식, 기술 등을 향상시키기 위해 노력하는 과정이라고 합니다. 많은 학자나 저자들이 이야기하는 슈퍼 개인의 시대가 도래했습니다. 핵 개인의 시대라고 하는 것은 개인이 가지는 디지털 역량, 지식, 경험에 따라 많은 것들이 가능한 시대입니다. 그렇다면 당장 어려운 기술부터 바로 배운다고 해서 습득되는 것이 아닐 겁니다.

저는 오랜 직장 생활로 PC 활용 능력이나 문서 능력, 업무 특성상 SNS 홍보 업무를 맡아서 진행해야 했기에 자연스럽게 습득된 것도 있지만, 경단녀로서 힘들게 배운 것들도 있습니다. 그리고 2022년 큰 커뮤니티 안에서 다양한 연령대의 사람들과 배움과 도움을 동시에 진행하며 많은 사람들이 자기 개발을 꾸준히 하고, 그 방법이 디지털로 이동해 간다는 것을 몸소 체험할 수 있었습니다.

4050의 중년부터 그 윗세대까지 배움의 열기가 뜨거워 매일 즐거운 비명을 지르는 배움의 현장이었고, 서로에게 디지털 튜터가 되어 성장할 수 있었습니다. 뜨거웠던 열정이 있었기에 가능했던 시간들이었고, 이제는 그 배움을 함께하고 싶어 디지털 튜터로서 자기 개발의 열정이 있는 사람에게 그 마음을 전하고 싶습니다.

디지털 문해력, 디지털 리터러시는 디지털 세상 속에서 살아가면서 그것을 읽고 이해하는 능력, 그리고 더 나아가 제대로 판단하고 활용하는 능력이라고 할 수 있습니다. 평생을 오른손잡이로 살다 왼손잡이로 살아가는 방식을 배우려면 당장은 힘들 수 있습니다. 오랜 시간 습관으로 자리 잡혀버린 것을 방법을 알려준다고 해도 바로 습득이 되는것이 아니기 때문입니다.

하지만 디지털 튜터가 여러분과 함께 하기에 디지털 세상에서 자기개발을 위한 많은 것들을 도와드릴 수 있습니다. 그리고 누구나 할 수 있습니다. 역사에서 보면 문자는 권력이고 그들만의 것이었지만 세종대왕님의 한글 창제로 많은 사람들이 글자를 깨우치고, 세상을 알아가고, 더 이상 특권층만의 것이 아니게 되었습니다. 디지털도 마찬가지입니다. 특정 누군가의 것, 전문가의 것이 아니라 전 국민이 사용할 수 있는 공평한 기회입니다.

이제는 디지털 기술을 통해 새로운 기회를 찾고, 자신의 역량을 키울 수 있는 다양한 방법을 모색해야 합니다. 다양한 플랫폼에서 전문 강의를 저렴한 비용으로 제공하고 있고, 직무 능력 강화 활동뿐 아니라 자신의 관심 분야의 취미 활동까지 다양한 주제로 온라인 학습 플랫폼에서 가능합니다. 그래서 오프라인으로 가능했던 것들이 디지털화 되면서 시간과 장소의 구애도 받지 않게 되었습니다.

학습으로만 끝나는 것이 아니라 디지털 커뮤니티 형성으로 온라인 포럼이나 소셜 미디어 가입으로 관심 주제에 대해 토론하고, 경험을 나누고 공유함으로써 나와 같은 생각과 취미를 가진 사람을 만날 수 있습니다. 디지털 세상에서 전 세계의 사람들과 소통하고 나누면서 함께 성장하고, 느슨한 연대 속에서 오프라인에서 만나기도 하고, 서로의 발전과 성장에 응원하면서 자기 개발의 지속 가능성에 많은 영향을 주기도 합니다.

또한 자기 관리를 위한 디지털 도구의 활용으로 개인의 목표 설정, 시간 관리, 건강 관리, 일정을 관리하고, 건강한 식습관을 유지할 수 있습니다. 이러한 도구들은 목표를 명확히 하고, 자신의 진행 상황을 체크하는 데 유용합니다.

심지어 이런 도구를 함께 사용하는 커뮤니티와 함께 한다면 지속적으로 서로를 체크하고, 끝까지 수행하는 챌린지를 하기도 합니다. 여기서 자기 개발을 혼자 하는 것이 아니라 함께 성장하는 모습을 볼 수 있습니다.

마지막으로, 디지털 콘텐츠 제작을 통해 자기 표현의 기회를 확대할 수 있습니다. 블로그나 유튜브 채널을 운영함으로써 자신의 생각과 경험을 공유하고, 이를 통해 다른 사람들과 소통할 수 있습니다. 이러한 과정은 단순히 정보를 전달하는 것이 아니라, 자신의 전문성을 높이고, 더 나아가 새로운 기회를 창출할 수 있는 계기가 됩니다.

디지털 세상은 자기 개발의 무한한 가능성을 제공합니다. 온라인 학습, 디지털 커뮤니티, 자기 관리 도구, 콘텐츠 제작 등 다양한 방법을 통해 지속적으로 배우고 성장하는 것이 중요합니다. 디지털 기술을 적극적으로 활용하여 자신의 역량을 극대화하고, 새로운 도전과 기회를 맞이해 보세요. 디지털 시대에 걸맞은 자기 개발은 더 나은 미래를 여는 열쇠가 될 것입니다.

당신의 도전에 가까운 동료가 되어줄 디지털 튜터가 있기에 디지털 세상을 겁내지 마시고 시작해보시길 바랍니다.

39. 최규연 _ 안전제일주의 쫄보 직장인에서 디지털튜터로: 도전과 성장의 여정

rbdus79@gmail.com
대표경력 : 소상공인 디지털 교육 전문 강사, 시니어 교육 전문 강사 / 2024년을 빛낸 강사상 '소상공인 교육' 부문 수상
 소상공인과 상인회가 오프라인에서 온라인으로 영역을 확장할 수 있도록 돕는 교육 전문가입니다. 소상공인시장진흥공단 등대시장 조성사업, 카카오 프로젝트등 다양한 사업을 매니저로서 이끌었으며 디지털 교육, 콘텐츠 제작, 온라인툴을 활용한 마케팅 등 다양한 분야의 교육을 제공하여 소상공인들이 변화하는 시장 환경에 적응하고 성장할 수 있도록 소통하며 함께 발전하고 있습니다.

오랜 시간 동안 한 직장에 다니던 저는 주어진 일만 열심히 처리하며 하루하루를 보내는 그저 평범한 직장인이었습니다. 주어진 일을 잘 처리하는 것 외에는 특별한 목표나 꿈이 없었습니다. 직장에서의 보람이나 의미를 찾지 못한 채 그저 연차만 쌓여가고 있었습니다. 그렇게 반복되는 일상이 딱히 힘든 줄 모르고 살아가던 제가 어떤 사건을 계기로 회사를 그만두고 싶은 마음이 생기기 시작했습니다. 그때부터 '이제 이 일은 그만하고 싶은데....' '새로운 직업을 찾아야 하는데...' 하는 고민들이 늘 머릿속에 있었지만 뾰족한 수 없이 하루하루가 지나갔습니다. 그러다가 못 견디게 회사를 그만두고 싶어 질 무렵 코로나가 터졌고 저는 회사를 그만두게 되었습니다.

그렇게 갑자기 제2의 직업을 찾아야 했던 저에게 디지털튜터라는 새로운 직업이 거짓말처럼 찾아와 줬습니다. 저는 원래 안전제일주의에 도전을 두려워하는 쫄보였지만, 디지털튜터로서 새로운 도전을 시작하면서, 삶이 크게 달라지기 시작했습니다. 주어진 일만 하던 예전과 달리, 이제는 직접 목표를 설정하고 그 목표를 향해 나아가야만 했습니다. 실패하더라도 그 속에서 배우는 것이 있다는 이야기를 몸소 체험하면서 더 이상 도전을 두려워하지 않게 되었습니다. 그리고 스스로 도전하는 과정에서 저는 많은 변화와 성장을 했고 그만큼 할 수 있는 것들이 늘어나고 경력들이 쌓여갔습니다.

처음 디지털튜터가 되고 싶었던 이유는 갑자기 스마트폰으로 많은 것들을 해야 하는 세상이 되었지만 사용 방법을 몰라서 힘들어하는 어르신들께 도움을 드리고 싶은 봉사에 가까운 마음이었습니다. 그때는 누군가에게 도움이 되는 보람 있고 가치 있는 일을 하는 사람이 되고 싶었습니다. 그렇게 첫 시작으로 홈플러스 문화센터에서 어르신들께 스마트폰 강의를 하게 되었습니다. 아직 미숙한 점이 많았지만 수업 때마다 감사 인사를 들었고 수강생들의 사랑을 듬뿍 받았습니다. '일을 하면서도 이렇게 보람과 뿌듯함을 느낄 수 있구나.' 하는 생각이 들어서 이 일을 선택하기를 정말 잘했다는 생각이 들었습니다. 그렇게 2년 동안 홈플러스 문화센터 수업을 하면서 또다시 새로운 일들에 도전하게 되었습니다.

그 후로 여러 가지 일들을 했지만 저의 경력에서 꽤나 많은 부분을 차지하는 것은 소상공인들과 직접 만나는 카카오 프로젝트였습니다. 첫 시작이었던 신영시장에서의 일들을 생각하면 여러 가지로 쉽지 않았던 도전이었습니다. 직접 배우고자 찾아오는 홈플러스의 수강생들과는 달리 배워야 한다고 권하고 시간 없다고 관심 없다고 하는 상인들을 찾아가 가르쳐야 하는 과정은 생각보다 많이 지치는 일이었습니다. 그렇지만 교육을 거부하던 상인들도 1:1로 친분을 쌓아가니 점점 마음의 문을 열기 시작했고 무언가 배우려고 하는 모습을 보이기 시작했습니다.

그렇게 카카오의 사업은 올해로 3년차가 되었고 저는 거의 모든 사업에 참여했습니다. 때로는 디지털튜터로서 상인들을 교육하고 때로는 상인회 직원들을 교육하고 때로는 매니저가 되어 함께하는 디지털튜터들을 이끌고 사업을 운영하면서 저는 정말 많은 사람들을 만나고 많은 케이스를 겪으며 성장해왔습니다. '어떻게 하면 점포가 조금 더 잘 되게 할 수 있을까?' '어떻게 하면 매출이 나오게 할 수 있을까?' '어떻게 하면 시장에 더 많은 손님들이 오게 할 수 있을까?' 점포 상인들과 혹은 상인회와 그리고 함께하는 디지털튜터들과 머리를 맞대고 아이디어를 나누고 발로 뛰면서 시키는 일만 하던 수동적인 저는 어느새 가장 앞에 서 있는 사람이 되어 있었습니다.

그리고 2024년 저는 한층 더 성장하게 되었습니다. 상반기에 참여했던 등대시장 조성 사업과 하반기에 참여했던 우수시장 조성 사업은 그전에 해왔던 일보다 조금 더 다각도에서 여러 가지 온라인 툴을 활용해서 소상공인들을 도와주는 작업이었습니다. 여러 가지 툴을 다룰 수 있어야 했고 수차례의 이벤트를 기획하고 진행해야 했습니다. 매니저로서 상인회와도 조금 더 깊이 협업하고 조율해야 했고 함께 일하는 디지털튜터들과도 힘을 합쳐야 했습니다. 다행히도 인복이 많은 저는 두 가지 사업 다 물심양면으로 도움을 주고 아이디어를 나눌 수 있는 상인회와 일하게 되었고 책임감 있고 열정 넘치는 디지털튜터들과 일할 수 있었습니다. 그리고 꽤나 좋은 성과들을 얻을 수 있었습니다.

다양한 사람을 만나고 의견을 나누며 서로의 아이디어를 모아 새로운 것을 만드는 과정이 너무나 즐거웠습니다. 이런 경험은 저에게 큰 성장의 기회가 됐으며 그동안 느끼지 못했던 보람과 성취감을 얻게 해주었습니다. 일방적으로 교육을 해드리는 것이 아니라 서로 소통하면서 많은 것들을 배울 수 있는 소중한 기회들이었습니다. 이제 저는 직장에서 주어진 일만 하는 사람이 아닌 스스로의 길을 개척하며 매일 새로운 도전과 기회를 찾아다니는 사람이 되었습니다.

포트폴리오가 점차 쌓여가면서 그 안에서 쌓은 경험들을 돌아보면 꽤나 근사해져 있는 내 모습에 뿌듯함도 느껴집니다. 내가 하는 일이 다른 사람들에게 영향을 주고, 그들의 삶에 변화를 가져오는 과정이라는 것은 정말 멋진 일이기 때문입니다. 저의 포트폴리오는 단지 내가 해온 일의 기록이 아니라, 내가 겪은 경험과 배움, 그리고 도전이 녹아 있는 소중한 결과물입니다. 앞으로도 계속해서 도전과 실패를 겪겠지만 그 과정에서 나만의 의미와 보람을 찾을 수 있을 거란 확신이 생겼습니다. 그리고 무엇보다 저는 이 일이 정말로 재미있고 좋습니다. 앞으로도 더욱 성장해 갈 제 모습이 너무나 기대됩니다.

40. 최영례 _ 50대 새로운 시작, 디지털튜터

Lovelymypet2011@gmail.com
대표경력: 서울노인복지센터, 삼양동종합복지센터 디지털강사/ 서울디지털재단 어디나지원단 2023~2024 우수강사
은퇴 후 제2의 인생을 디지털분야에서 펼치며 활약하는 디지털 튜터이자 교육 전문가입니다. 시니어를 대상으로 한 교육에 깊은 관심을 가지고 디지털 기술을 통해 삶에 실질적인 변화를 추구하고, 디지털 튜터로서 후배 양성과 교육 기회 확산에도 힘쓰고 있습니다.

경력단절의 고통, 그 뒤에 숨은 기회

많은 50대, 60대가 은퇴 후 경력 단절이라는 문제로 큰 고민에 빠집니다. 한때는 일을 통해 얻었던 자부심과 성취감이 이제는 막막함과 불안으로 변해버린 것입니다. 자녀들이 독립하고, 가정도 안정되면서 그동안의 삶을 돌아보게 되지만, 다시 시작할 무언가를 찾는 일은 쉽지 않습니다.

"내가 할 수 있을까?"라는 질문에 "할 수 있어"라고 답할 수 있는 사람이 얼마나 될까요? 직장생활에서 오는 스트레스를 견디지 못하고 퇴사를 생각하던 중, 엄마의 큰 수술이 퇴사를 결정하는 데 좋은 핑계가 되었습니다. 당시에는 엄마를 위해 퇴사한다고 생각했지만, 돌이켜보면 직장생활의 어려움을 이겨내지 못하고 엄마의 돌봄을 핑계 삼았던 것입니다.

퇴사 후 10년쯤 지나 스스로를 돌아보니 사회로부터 고립되고 생활은 나태해졌습니다. 그리고 "이 나이에 누가 써줄까" 하는 자조 섞인 말로 현실에 안주하는 제 모습을 발견하며 정신이 번쩍 들었습니다. 그때부터 무작정 새벽에 일어나 책을 읽기 시작했습니다.

디지털 세상에서 펼쳐지는 새로운 기회

독서를 하며 공부를 시작했고, 디지털 기술에 대해 알게 되었습니다. 그러던 중 어머니를 모시고 병원을 다니며 곳곳에 설치된 디지털 기기를 사용하지 못해 불편함을 겪는 어르신들을 자주 보게 되었습니다.

"어르신들에게 교육이 필요하겠다"는 생각이 들던 무렵, 서울디지털재단에서 주관하는 '어디나 지원단' 사업을 알게 되었습니다. 이 사업은 노노케어 개념으로, 시니어 강사를 양성해 시니어를 가르치는 프로그램이었습니다. 50대에게도 충분히 승산이 있겠다는 생각에 지원했고, 스마트폰과 키오스크 교육을 시작했습니다. 매번 바뀌는 수업 장소와 수강생을 만나는 방식 때문에 꺼리는 분들도 있었지만, 바꾸어 생각하면 다양한 환경과 수강생을 경험할 수 기회가 되었습니다.

두 번째 도전은 디지털 배움터에서 보조강사로 활동하는 일이었습니다. 강사로 도전하는 첫해였기 때문에 다른 강사들의 강의를 관찰하며 배우고 경험을 쌓아가자는 마음으로 시작했습니다. 주강사와 시간 조율이 어려울 때는 단독으로 수업을 진행하며 수강생들의 어려움과 수업 중 나타나는 성향을 파악했습니다. 강단에서는 볼 수 없는 어르신들의 고충을 이해할 수 있는 계기가 되었습니다.

세 번째 도전은 서울시 50플러스센터에서 주관하는 '디지털세대이음단' 사업의 강사로 활동한 일이었습니다. 디지털 배움터에서는 주강사와 협업했지만, 이 수업은 수강생의 수준을 파악하고 수업 계획을 세우는 등 강사로서 모든 과정을 스스로 수행해야 했습니다. 그 경험은 작가를 한 단계 성장시켰습니다.

새로운 시작에서 오는 시련, 좌절 그리고 극복

"할 수 있는 것부터 해보자"는 마음으로 지원했던 세 곳 모두 운 좋게 합격하여 활동을 시작했습니다. 그러던 중, 무모한 용기를 내어 동네 복지관을 방문해 스마트폰 수업 개설을 제안했습니다. 마침 기존 강사가 퇴사한다는 소식을 듣고 지원서를 제출하려 했지만, 인적사항란을 작성한 후 작성할 내용이 없다는 사실에 스스로 부끄러움을 느끼며 포기했습니다. 그때 깨달았습니다. "준비되지 않으면 기회를 잡을 수 없다." 섣부른 욕심을 버리고 경험을 쌓자는 마음으로 1년간 주어진 수업에 전념하며 제 스타일을 만들어갔습니다.

국가사업은 대체로 11~12월에 종강하므로 수업이 없는 기간에는 자격증 공부에 집중했습니다. 반도체 회사에서 20여 년 근무한 덕에 파워포인트 등 OA 프로그램은 수준급으로 다룰 수 있었지만, 이를 입증할 자료가 필요하다고 생각했습니다. 1년간의 다양한 경험과 최소한의 자격증을 준비한 후, 이듬해에는 노인복지기관에 지원해 강의를 시작했습니다. 매해 새로운 공부와 도전을 이어가며 시니어 전문 강사로 성장하고 있습니다.

경험을 통해 배움을 얻다

주변의 경력단절된 분들을 보면, 흔히 어떤 기회가 왔을 때 "내가 경력이 없다"며 포기합니다. 맞습니다. 경력이 없는데 써주지 않습니다. 그럼 경력을 만들어야 합니다. 자격증이 필요하면 자격증을 취득해야 합니다. 저 또한 경력단절의 틀을 깨고 나오려 할 때 같은 마음이었습니다. 자격증도 없고 경력도 없던 저를 누가 써줄까 고민했지만, 어딘가에는 나를 필요로 하는 곳이 있다고 믿었습니다. 그리고 그곳은 내가 직접 찾아가야 한다고 생각했습니다. 오랜 경력단절을 깨고 50대에 새로운 일을 시작하며, 길지 않은 시간이었지만 많은 교훈을 얻었습니다.

비교하지 말고 자신만의 길을 가라.

남들과 비교하지 말고 나를 돌아보는 계기를 만들자. 커뮤니티 활동을 통해 서로를 격려하며 공부할 수 있었지만, 앞서 있는 사람들을 보며 좌절감을 느끼기도 했습니다. 그러나 스스로가 장거리 선수인지, 단거리 선수인지 파악하지 못하고 남들처럼 하지 못한다고 자책했었습니다. 자신을 정확히 파악하고 자신의 속도에 맞춰 달리는 것이 중요하다는 것을 알게 되었습니다.

좌충우돌 부딪혀라. 실패던 성공이던 시도해야 결과를 알 수 있습니다. 고작 소그룹 수업 몇개월 해보고 무모하게 찾아갔던 기관에서 기회를 얻을 수 있었지만 스스로 포기했던 경험은 준비되지 않으면 기회가 와도 잡을 수 없다는 사실을 깨닫는 계기가 되었습니다. 이를 계기로 1년간 경험을 쌓고 자격증 취득에 전념할 수 있었습니다.

멀리가려면 함께 가라. 커뮤니티 멤버들의 격려는 힘들때 포기하지 않고 견딜 수 있는 힘이 되었습니다. 또한, 다른 강사 선배와 후배들에게서 새로운 정보를 얻고 도전의 기회를 공유받을 수 있었습니다. 같은 생각을 하고 같은 길을 가는 분들과 함께 하세요 마음을 읽어라. 시니어 강사는 단순히 기술을 가르치는 사람이 아닙니다. 디지털 기술을 통해 시니어들의 삶의 변화를 만들어간다는 사명감을 갖고, 그들의 마음을 읽고 공감할 수 있어야 합니다. 공감이 동반되어야 눈높이에 맞는 수업을 할 수 있습니다.

끝이 아닌 새로운 시작, 디지털 튜터의 길
경력단절로 인한 불안은 누구에게나 찾아올 수 있습니다. 하지만 그 불안을 새로운 가능성으로 바꾸는 것은 스스로에게 달려 있습니다. 흔히 자기개발도서나 인플루언서를 통해 많은 정보를 얻지만, 아무리 좋은 정보라도 내 것으로 만들지 않으면 공허한 메아리에 불과합니다. 새로운 도전을 꿈꾼다면, 지나간 시간에 스스로를 가두지 말고 일단 부딪혀 보세요

41. 허수정 _ 부업에서 직업으로: 디지털 강사로 성공하는 법

passion0704@kakao.com
디지털배움터 176회, 부산진구노인장애인복지관 38회
21년간 보험설계사로서 전문성을 쌓아온 워킹맘이자, 디지털 교육 분야의 새로운 패러다임을 이끌어가는 강사입니다. 보험회사 교육매니저를 거쳐 디지털 강사로 새롭게 도전하여 현재는 스마트폰 활용 교육과 진로직업체험 강의를 통해 부업에서 직업으로의 성공적인 전환을 이뤄내며 디지털 격차 해소에 기여하고 있습니다.

보험설계사로 21년째 일을 하고 있을 때, 새로운 기회로 보험회사 교육매니저로 교육을 시작하였습니다. 교육을 처음하면서 참 재미있고 제게 재능이 있음을 알게 되었습니다. 교육 매니저로 2년 차가 되던 해, 우연히 디지털튜터라는 직업을 알게 되었고 해 보고싶다는 생각이 들었습니다. 맞벌이로 고정 급여를 받는 보험회사 교육매니저를 그만두고 초보 강사만으로는 생활이 어렵기에 다시 설계사로 전환하기로 마음먹었습니다.

디지털튜터가 되기 위한 준비가 필요했습니다. 매일 새벽 4시 30분에 일어나 공부하며 1년을 준비했습니다. 그 결과, 저는 보험회사 교육매니저의 일을 내려놓고 2023년 디지털배움터 강사로 첫발을 내딛었습니다. 그렇게 부업으로 디지털튜터를 시작하게 되었습니다. 지금은 초, 중, 고등학교 진로직업체험 강사, 경제교육 강사, 그리고 노인복지관에서 스마트폰 강사로도 활동하고 있습니다. 다양한 연령층과 소통하며 제 지식을 나누는 일은 더없이 보람차고 즐겁습니다.

디지털튜터란 무엇인가?

디지털튜터는 오프라인과 온라인 환경에서 다양한 주제를 가르치며 학습자들이 디지털 기술을 더 잘 이해하고 활용할 수 있도록 돕는 사람을 말합니다. 시니어를 대상으로 한 스마트폰 활용법 강의부터 학생들을 위한 코딩 교육, 영상 편집이나 사진 촬영 같은 취미 강좌까지, 디지털튜터의 활동 범위는 매우 다양합니다. 이들은 단순히 지식을 전달하는 것을 넘어 학습자들과 소통하며 기술에 대한 자신감을 심어주고, 디지털 역량을 키우는 데 중요한 역할을 합니다.

부업으로 디지털튜터를 시작해야 하는 이유

디지털튜터는 부업으로 시작하기에 완벽한 선택입니다. 저처럼 맞벌이를 하며 가정과 직업을 병행하는 사람들에게, 디지털튜터는 시간을 유연하게 활용하면서도 꾸준히 수익을 창출할 수 있는 기회를 제공합니다. 무엇보다도, 자신의 지식과 경험을 나누며 보람을 느낄 수 있다는 점이 매력적입니다.

디지털튜터는 초기 투자 비용이 거의 들지 않습니다. 컴퓨터와 인터넷 연결만 있으면 누구나 시작할 수 있으며, 본업을 유지하면서도 주말이나 저녁 시간을 활용해 강의를 진행할 수 있습니다. 또한, 한번 제작한 강의 콘텐츠는 계속 수익을 창출하는 구조이기 때문에 장기적인 관점에서도 매우 유리합니다.

제가 새벽 시간을 활용해 준비했던 것처럼, 누구나 조금의 노력과 시간 투자로 디지털튜터로 성장할 수 있습니다. 새로운 도전을 통해 자신의 가능성을 발견하고, 가정과 직업의 균형을 유지하며 삶의 만족도를 높이는 데 디지털튜터는 큰 역할을 할 것입니다.

디지털튜터를 시작하는 방법

1. 주제 선택

자신이 잘 알고 있고 열정을 가진 주제를 선택하세요. 예를 들어, 시니어를 위한 스마트폰 사용법이나 영상편집, 학생들을 위한 코딩 강좌를 선택할 수 있습니다. 여러분의 강점이 무엇인지, 어떤 지식을 가장 잘 전달할 수 있을지 고민해보세요. 시작할 때는 주제에 대한 깊은 이해와 더불어 학습자들의 필요를 파악하는 것이 중요합니다.

2. 필요한 자격증 취득

디지털튜터로 활동하기 위해서는 전문성을 증명할 수 있는 자격증이 큰 도움이 됩니다. 예를 들어, 디지털튜터 1,2급, 스마트폰 활용지도사 1급, ITQ 정보기술자격, AICE(인공지능 활용능력), AIDE(데이터 라벨링)와 같은 자격증은 강의 내용의 전문성을 강화해줄 뿐 아니라 신뢰성을 높이는 데도 효과적입니다. 자신의 강의 주제에 맞는 자격증을 탐색하고, 이를 취득하는 과정에서 새로운 지식을 쌓을 수 있습니다.

저의 경우 디지털 튜터 1급을 취득하고 ITQ 정보기술자격 중에 MS 워드와 한글 파워포인트를 취득 후 2023년 디지털 배움터 강사에 지원하고 합격하여 강사로서 첫 발을 내디뎠습니다.

3. 강사 지원하기

강사를 처음 시작할 때, 강의 기회를 어디서부터 찾아야 할지 막막하게 느껴질 수 있습니다. 걱정하지 마세요! 아래의 방법들을 활용하면, 전문성을 살려 강의 기회를 효과적으로 만들어갈 수 있습니다.

1) 교육 기관 및 프로그램 활용

지역 주민센터, 평생교육원, 기업 연수 프로그램, 사회적 단체에서 운영하는 강사 모집 프로그램에 지원하세요. 특히 지역 커뮤니티를 적극 활용하여 첫 기회를 잡는 것이 좋습니다.

2) 네트워크 활용

이미 활동 중인 강사나 관련 분야 전문가들과 교류하세요. 경험 많은 강사들에게 조언을 구하거나 공동 강의를 제안할 수도 있습니다. 소셜미디어(LinkedIn, Facebook 등)를 활용해 자신의 강의 가능성을 알리고 네트워크를 확장하세요.

3) 무료 또는 저가 강의 제공

처음에는 경험을 쌓기 위해 무료나 저렴한 강의를 제안하는 것도 좋은 방법입니다. 이는 실전 경험과 후기, 포트폴리오를 만드는 데 유리합니다.

4) 온라인 플랫폼 활용

유튜브, 클래스101, 탈잉 등과 같은 플랫폼에 자신만의 강의를 올려 홍보와 수익화를 동시에 노려보세요. 블로그나 개인 웹사이트를 운영해 전문성을 알리고, 강의 의뢰를 받을 수 있는 창구를 마련하세요.

5) 공공기관 강사 공모 지원

정부와 지자체는 정기적으로 강사를 모집합니다. 공고문을 지속적으로 확인하고 지원서를 제출하세요. 교육강사, 직업훈련 강사 공모에서 요구하는 서류와 조건을 잘 준비하면 강의 기회를 얻을 가능성이 높아집니다.

디지털튜로서의 전망

디지털튜터라는 직업은 단순히 기술을 가르치는 것을 넘어 교육 패러다임의 변화를 주도하고 있습니다. 특히, 디지털 네이티브 세대와 디지털 소외 계층 간의 격차를 줄이고, 모든 이들이 디지털 시대에 동등한 기회를 누릴 수 있도록 돕는 데 중요한 역할을 하고 있습니다. 또한, AI, VR, AR 등 최신 기술과 융합된 교육 프로그램이 증가하면서 디지털 강사의 필요성은 더욱 높아지고 있으며, 이 분야의 전망은 매우 밝습니다.

디지털튜터는 자신의 경험과 지식을 새로운 방식으로 나누면서 동시에 추가적인 수익을 창출할 수 있는 멋진 부업입니다. 저는 현재 설계사와 디지털튜터를 병행하면서 강사로서 2년차가 되었습니다. 초기에는 어렵고 낯설 수 있지만, 스스로의 성장을 느끼고 더 많은 사람들과 연결되는 즐거움을 통해 큰 보람을 느낄 수 있을 것입니다. 초보 강사로서 두려움이 크게 느껴진다면 강사 커뮤니티를 찾아 함께 하시길 추천합니다. 저의 경우 강사를 처음 시작했을 때 강사 커뮤니티에서 선배 강사들의 도움으로 어려울 때 잘 헤쳐나갈 수 있었습니다. 지금 당장 시작해 보세요! 이 여정이 여러분의 새로운 기회와 성장을 가져다줄 것입니다.

42. 홍희정 _ 절망 끝에서 행복한 일상으로

hhj_68@naver.com
대표경력: 홈플러스 문화센터 강사 / 2023년 MKYU 디지털협회 우수협회원상 수상
시니어분들에게 디지털 세상으로 편안하고 친절한 길을 안내하는 디지털 멘토이자 작가입니다. 한국 디지털협회 정회원입니다. 시니어분들이 디지털 세상에 쉽게 다가갈 수 있도록 돕고 어려운 디지털 용어를 가장 쉬운 언어로 설명해 드립니다. 시니어분들의 눈높이에 맞춘 맞춤형 교육에 전념하고 있습니다.

20년 동안 직장 생활을 하던 중, 2020년 12월 건강진단을 받다가 충격적인 소식을 들었습니다. 폐암, 갑상선암, 유방암, 한 번에 세 가지 암 진단을 받았죠. 믿을 수 없었습니다. 아픈 곳 하나 없이 건강하다고 느꼈는데, 암이라니요? 하늘이 무너지는 것 같았습니다. 의사 선생님들이 거짓말을 하고 있다고 느낄 정도였습니다. 하나만으로도 감당하기 힘든 암이 세 가지나 있다니, 제 마음은 완전히 무너졌습니다. 육체적, 정신적으로 정말 힘든 시간이 시작되었습니다. 머리가 빠지고 체력이 급격히 떨어지면서, 나는 전과 다른 내 모습을 마주해야 했습니다.

처음에는 정신과에 다녀보았지만 큰 도움이 되지 않았습니다. 그러던 중 나만의 방법을 찾아 새벽 5시에 일어나는 루틴을 만들었습니다. 명상을 듣고, 미지근한 물 세 컵을 마신 후 10분간 스트레칭을 했습니다. 그 후에는 1시간 걷기 운동을 실천하며 마음과 몸을 다스렸죠. 이 생활 습관을 꾸준히 하다 보니, 정말 몸이 많이 좋아졌습니다.

그리고 MKYU에서 온라인 수업을 듣던 중, 디지털 튜터라는 직업을 알게 되었습니다. 처음엔 모든 것이 낯설고 어렵게 느껴졌지만, 매일 2시간씩 6개월간 꾸준히 수업을 들으며 조금씩 자신감을 쌓아갔습니다. 드디어 2023년 7월, 2급 시험에 합격했을 때의 기쁨은 이루 말할 수 없었습니다. 그 해 9월 15일과 16일, 은평구 축제에서 '그린디지털'에 관한 자원 봉사활동을 하며 디지털 튜터 협회와 함께하는 귀한 시간을 가졌습니다. 그곳에서 많은 디지털 튜터님들을 만나 지식을 나누고 새로운 인연을 만들었습니다.

MKYU에서 엑셀과 파워포인트, 블로그, 키네마스터, 사진 영상편집 온라인 과정 강의를 수료했습니다. 그 후 독서 모임에서 「트렌드 코리아 2024」, 「언어를 디자인하라」, 「퓨처 셀프」, 「THE 아웃풋 법칙」 등의 책을 읽으며 깊은 감동을 받았습니다. 특히 「THE 아웃풋 법칙」에서 "소비자가 되지 말고 생산자가 되어라"는 말과 "그냥 시작하면 된다"라는 메시지는 가슴속에 깊이 새겨졌습니다. 새로운 도전에 대한 두려움을 떨치고 용기를 가지게 되었습니다.

2024년 한 달 동안 매일 8시간씩 온라인 수업에 전념하며 디지털 튜터 1급 시험에 도전하였고, 마침내 4월에 합격 소식을 들었을 때 너무나 기뻤습니다. 자격증을 취득한 후 4월부터 홈플러스에서 보조강사로 일할 기회가 주어졌습니다.

보조강사 일을 하면서 기억나는 에피소드 한 가지를 소개하려 합니다. 87세 수강생분을 맡게 되었는데, 여러 가지 질문을 하셨습니다. 다행히도 제가 아는 내용이라 설명을 드렸습니다. 마지막 질문은 미국에서 사시다 오셨는데 미국에 있는 친구분들과 카톡을 공유하고 싶다고 하셨습니다. 하지만 우리나라 카톡으로는 연결이 안 되기에 그 상황을 설명드린 기억이 있습니다. 처음에는 몹시 당황했지만, 침착하게 대처했던 제가 자랑스럽게 생각되었습니다. 다시 일을 할 수 있다는 기쁨은 이루 말할 수 없었고, 새로운 도전 속에서 성취감을 느끼게 되었습니다. 이 모든 과정은 나를 더 강하고 단단하게 만들었으며, 삶에 대한 새로운 희망과 열정을 심어주었습니다.

비록 암이라는 것이 절망의 끝을 보여주었지만, 살고자 하는 마음이 너무나 절실했기에 새로운 인생의 터닝 포인트가 되었습니다. 매일 운동을 실천하는 계기가 되었고, 새로운 디지털 세계에서 디지털 튜터로서 열심히 공부하며 다른 디지털 튜터 강사님들과의 만남을 통해 많은 것을 배우고 성장할 수 있는 계기가 되었습니다. 이 과정을 통해 느끼는 성취감과 보람은 다 표현할 수 없을 것입니다. 새로운 인생을 다시 살면서 행복한 일상으로 돌아올 수 있다는 것이 저에게는 커다란 행운입니다.

디지털튜터로서 활동하고 싶은 분야를 적어보세요.

에필로그

"함께 만드는 디지털 포용의 미래"

20년간 출판 디렉터로 일하며 수많은 책의 탄생을 지켜보았지만, 이번 책만큼 특별한 의미를 가진 프로젝트는 없었습니다. 이 책은 단순한 교육 지침서가 아닌, 디지털 시대를 살아가는 우리 모두의 이야기이자 희망의 기록입니다.

1부에서 다룬 실전 노하우들은 현장에서 검증된 귀중한 자산입니다. 디지털 튜터들은 이러한 지식을 바탕으로 더 효과적인 교육을 제공할 수 있습니다. 또한 이 책의 진정한 가치는 2부에 담긴 디지털튜터들의 생생한 이야기에 있습니다. 그들의 도전과 성장, 좌절과 극복의 순간들은 앞으로 디지털 튜터의 길을 걸어갈 이들에게 큰 용기와 영감을 줄 것입니다.

특히 인상 깊었던 것은 각자의 자리에서 묵묵히 혁신을 이뤄낸 디지털 튜터들의 이야기였습니다. 전통시장의 디지털 전환을 이끈 튜터, 시니어 교육에 AI를 접목한 튜터, 농촌 지역의 디지털 격차 해소를 위해 노력한 튜터 등 그들은 각자의 방식으로 의미 있는 변화를 만들어냈습니다.

이제 디지털 기술은 선택이 아닌 필수가 되었습니다. 하지만 여전히 많은 이들이 이 변화의 흐름에서 소외되어 있습니다. 디지털 튜터는 이들을 위한 든든한 조력자가 되어야 합니다. 우리는 단순히 기술을 가르치는 것이 아니라 디지털 시대를 살아가는 데 필요한 자신감과 역량을 키워주는 역할을 해야 합니다.

앞으로도 기술은 계속 발전할 것이고, 새로운 도전과제들이 등장할 것입니다. 하지만 우리에겐 이미 충분한 경험과 지혜가 있습니다. 이 책에 담긴 이야기들이 증명하듯, 디지털 튜터들은 언제나 변화에 적응하고 혁신을 이뤄냈습니다.

본서의 1부에서 다룬 실전 노하우들은 앞으로도 계속 진화하고 발전할 것입니다. 새로운 기술이 등장하고 교육 환경이 변화하면서, 디지털 튜터들에게는 더 많은 도전과 기회가 찾아올 것입니다. 이러한 변화 속에서도 '사람'을 중심에 두는 교육 철학만큼은 변함없이 지켜나가야 할 것입니다.

2부에 담긴 디지털 튜터의 이야기는 단순한 성공담이 아닙니다. 그들의 좌절과 시행착오, 극복의 과정은 앞으로 디지털 튜터의 길을 걸어갈 이들에게 생생한 롤모델이 될 것입니다. 특히 전통시장 디지털화 프

에필로그

로젝트, 시니어 특화 교육과정 개발, 농촌 지역 디지털 격차 해소 등 각자의 전문 분야에서 이룬 성과들은 큰 귀감이 됩니다.

이 책이 디지털 튜터를 꿈꾸는 이들에게는 이정표가 되고, 현장에서 활동하는 튜터들에게는 든든한 길잡이가 되길 바랍니다. 기술은 계속 발전하겠지만 결국 그것을 의미 있게 활용하는 것은 사람입니다. 디지털 튜터야말로 이 시대가 필요로 하는 진정한 변화의 주역일 것입니다.

마지막으로, 이 책의 집필에 참여해주신 모든 분들께 깊은 감사를 전합니다. 여러분의 진정성 있는 이야기와 값진 경험이 이 책을 완성했습니다. 이 책이 디지털 튜터를 꿈꾸는 이들에게 나침반이 되고, 현장에서 활동하는 튜터들에게 든든한 동반자가 되기를 바랍니다.

디지털 포용의 여정은 계속됩니다. 우리는 함께 배우고, 성장하며, 더 나은 미래를 만들어갈 것입니다. 이것이 바로 디지털 튜터의 사명이자 보람일 것입니다. 이 의미 있는 여정에 동참해주신 모든 분들께 다시 한 번 감사드립니다.

이 책의 발간을 위해 귀중한 시간을 내어 원고를 집필해주신 모든 필진분들께 깊은 감사를 드립니다. 또한 기획 단계부터 출간까지 전 과정에서 아낌없는 조언과 격려를 보내주신 한국디지털튜터협회 임원진과 회원 여러분, 그리고 묵묵히 응원해주신 모든 분들께 진심으로 감사드립니다.

재노북스 수석편집장 윤서아 올림